Bob Bates

Der

5

D1641522

Minuten
Coach

Die wichtigsten
Coaching-Modelle
auf den Punkt

Die Originalausgabe erschien unter dem Titel
„The Little Book of Big Coaching Models" von Bob Bates
ISBN 978-1-292-08149-6

© Copyright der Originalausgabe 2015:
Copyright © Bob Bates 2015 (print and electronic)
This translation of The Little Book of Big Coaching Models 1/e is published
by arrangement with Pearson Education Limited.

Copyright der deutschen Ausgabe 2016:
© Börsenmedien AG, Kulmbach

Übersetzung: Irene Fried
Covergestaltung: Johanna Wack
Layout und Satz: Bernd Sabat, VBS-Verlagsservice
Herstellung: Daniela Freitag
Lektorat: Elke Sabat
Druck: CPI – Ebner & Spiegel, Ulm

ISBN 978-3-86470-334-8

Bibliografische Information der Deutschen Nationalbibliothek:
Die Deutsche Nationalbibliothek verzeichnet diese Publikation in der
Deutschen Nationalbibliografie; detaillierte bibliografische Daten
sind im Internet über <http://dnb.d-nb.de> abrufbar.

BÖRSEN ⚅ MEDIEN
AKTIENGESELLSCHAFT

Postfach 1449 · 95305 Kulmbach
Tel: +49 9221 9051-0 · Fax: +49 9221 9051-4444
E-Mail: buecher@boersenmedien.de
www.books4success.de
www.facebook.com/books4success

Für Irene und Charles

Inhalt

TEIL 1
EINEN ANFANG MACHEN

KAPITEL 1 WIE MENSCHEN DENKEN UND LERNEN

KAPITEL 2 WAS MENSCHEN MOTIVIERT

Katherine Myers & Isabell Briggs: De Myers - Briggs-
Typen indikator

Eric Berne: Transaktionsandlyse
Luft/Ingram: Das Johari-Fenster

KAPITEL 3 EIN GUTER KOMMUNIKATOR SEIN

KAPITEL 4 DIE RICHTIGEN ZIELE SETZEN

KAPITEL 5 COACHING DURCH DIRIGIEREN

Guthrie: Kontiguitätstheorie

Soziologe Robert Merton: Self-fulfilling prophecy

KAPITEL 6 COACHING DURCH UNTERSTÜTZUNG

Lernzielstufen — kognitiver Bereich / psychomotorischer Bereich / affektiver Bereich

Bandura: Modelllern
Festinger: Kognitive Dissonanz?
Merzenich: Neuroplastizität

Carl Rogers: Förderung der Lerner

KAPITEL 7 COACHING DURCH VORFÜHREN

Berliner Schule der Gestaltpsychologie: Einsichtstheorie

KAPITEL 8 COACHING DURCH STIMULATION

KAPITEL 9 DER UMGANG MIT VERHALTENS-AUFFÄLLIGKEITEN

Coaching durch Stimulation
Assoziatives Lern
Kognitive Dissonanz
Neuronale Plastiz

David Broadbent: Filtertheorie der Aufmerksamkeit
Richard Bandler / John Grinder: Neurolinguistisches P
+ anmerken

TEIL 2
WEITERFÜHRUNG

Gardner: Multiple Intelligenzen
Goleman: Emotionale Intelligenz

John Sweller: Cognitive-Load-Theorie

Virginia Satir: Anchoring & Self-Coaching

Boyatzis: Selbstgesteuertes Lernen

TEIL 3
BESSERE PERFORMANCE DURCH
ORGANISATIONS-COACHING

Bass: Transformationale Führung

KAPITEL 1 COACHING VON FÜHRUNGSKRÄFTEN

Argyris-Schön: Triple-Loop-Learning (Denken)

KAPITEL 2 BESSER ALS DIE WETTBEWERBER SEIN

McKinsey: 7-S-Modell

Deming: 14 Schritte zum Qualitätsmanagement

KAPITEL 3 DIE RICHTIGE ARBEITSPLATZKULTUR

Edgar Schein: Kulturebenen-Modell

KAPITEL 4 BESSER PLANEN

KAPITEL 5 QUALITÄT MANAGEN

Phil Crosby: Reifegradmodell – Maturity Grid

KAPITEL 6 AUF VERÄNDERUNG REAGIEREN

Kübler-Ross: Die fünf Phasen der Trau...
Belbin: Team rollen
Tuckman: Phasenmodell der Teanentwick...

KAPITEL 7 ZUSAMMEN ARBEITEN

WIE MAN AUS DEM BUCH MÖGLICHST VIEL HERAUSHOLT

Mit diesem Buch können Sie

- ein Verständnis dafür entwickeln, was die Menschen antreibt,

- Ihre Fähigkeiten als Coach entwickeln,

- das Beste aus Ihrer Belegschaft herausholen,

- und Sie und Ihre Belegschaft können den Mut aufbringen, persönlich zu wachsen und sich zu verändern.

Es eignet sich für Manager, die durch Coaching ihre Mitarbeiter fördern möchten, und bietet vielfältige Werkzeuge, die jeder Manager, unabhängig vom Gegenstand seines Unternehmens, mühelos einsetzen kann.

In jeder Organisation sind die Menschen das Wichtigste und dennoch halten viele Manager außerbetriebliche Fortbildungen für die beste Möglichkeit, ihre Mitarbeiter zu fördern. Oftmals beansprucht diese Form der Förderung einiges an Zeit und Geld und am Ende schwindet der anfängliche Enthusiasmus massiv, sodass man neu erworbene Kenntnisse oder Fähigkeiten nicht umsetzt. Jemanden im Unternehmen zu haben, der die richtige Eignung, die richtigen Fähigkeiten und Kenntnisse mitbringt, um diese Mitarbeiter zu unterstützen und zu ermutigen, ist die beste Art, Mitarbeiter zu fördern.

Dieses Buch ist unkompliziert in der Nutzung, aber äußerst effektiv. Es wendet sich an gestresste Manager, die eher an Lösungen für Probleme interessiert sind sowie an der Anwendung einer Theorie und weniger an einer kritischen Analyse derselben. Theorien und Modelle werden in weniger als 350 Wörtern beschrieben, ihre Umsetzung in unter 500 Wörtern.

Und genau das ist auch das Alleinstellungsmerkmal dieses Buches: Sie entscheiden, welches Problem es zu beheben gilt; Sie schlagen die jeweiligen Einträge nach, die sich damit befassen, und wählen anschließend den/die für Sie passenden aus.

Gegliedert ist das Buch in drei Teile:

- **Teil 1** deckt Kenntnisse und Techniken ab, die Sie benötigen, um Ihre Arbeit als Coach beginnen zu können.

- **Teil 2** beleuchtet fortgeschrittenere Theorien und zeitgemäße Coaching-Modelle.

- **Teil 3** untersucht das Coachen der Organisation.

In jedem Teil sind zahlreiche Abschnitte vorhanden, die typische, alltägliche Führungsaufgaben abdecken. Diese bestehen wiederum aus einer Reihe von Theorien und Modellen von führenden Denkern in diesem Bereich.

EINFÜHRUNG

WAS SIE VON DIESEM BUCH ERWARTEN KÖNNEN

N icht nur Manager und Coaches sollen mit diesem Buch angespro-
chen werden, sondern auch Mentoren, Lehrer, Trainer und Berater
von Individuen und Gruppen, die besser verstehen möchten, wie Menschen denken und warum sie bestimmte Dinge tun. Vielleicht möchten
sie darüber hinaus auch erfahren, wie sie dieses Verständnis einsetzen
können, um die Menschen bestmöglich zu fördern.
Mitnichten sollen durch die Kürze der einzelnen Einträge großartige
Theorien oder Modelle bagatellisiert werden. Dennoch soll berücksichtigt
werden, dass Manager, Coaches und die Menschen, mit denen sie arbeiten,
meist sehr beschäftigt sind und selten die Zeit aufbringen werden können, sich ganz der Lektüre von Carl Rogers „Entwicklung der Persönlichkeit: Psychotherapie aus der Sicht eines Therapeuten" (Klett-Cotta, 2014)
oder John Whitmores „Coaching for Performance: Potenziale erkennen
und Ziele erreichen" (Junfermann Verlag, 2014) zu widmen. Mein Anlie-
gen ist es, die verschiedenen Theorien und Modelle so prägnant wie nur
möglich zu erläutern und etwas beizusteuern, das in wissenschaftlichen
Arbeiten sehr oft fehlt: die Umsetzung dieser Instrumente in die Praxis.
Das Buch ist in drei Teile gegliedert:

• **Teil 1** deckt Kenntnisse und Techniken ab, die Manager aufweisen müssen, um ihre Arbeit als Coach beginnen zu können, dazu zählen unter
anderem: wie Menschen denken und lernen; was motiviert sie dazu,
lernen zu wollen; ihnen Anweisungen geben; ihnen zeigen, was sie tun
müssen; Vorschläge unterbreiten, wie sie etwas tun können, und sie anspornen, es auch zu tun. Auch wenn sie in einem vereinfachten Format
dargestellt werden, sind die den Modellen zugrunde liegenden Theorien
zuweilen sehr tiefsinnig und fußen auf der Arbeit berühmter Denker.

• **Teil 2** beleuchtet fortgeschrittenere Theorien und zeitgemäße Coaching-
Modelle. Dieser Teil richtet sich an Führungskräfte, die sich die grundlegenden Modelle erarbeitet haben und ihre Fähigkeiten als Coach weiter
ausbauen möchten. Auch für gestandene Coaches, Mentoren oder Lehrer,

die ihre Vorgehensweise verbessern wollen, ist er von Nutzen. Denn er ist eine Art Instrumentarium für Manager, die ein bewährtes, systematisches Verfahren bevorzugen, das sie beim Coaching einsetzen können.

- **Teil 3** untersucht das Coachen der Organisation. Manager, die die Performance ihres Unternehmens durch Coaching verbessern möchten, werden hier fündig, denn dieser Teil deckt die wesentlichen Aspekte von organisatorischem Verhalten ab, einschließlich Führung, Kultur, Planung, Qualität, Wandel und Teamarbeit.

In jedem Teil sind zahlreiche Abschnitte vorhanden, die typische, alltägliche Führungsaufgaben behandeln, die wiederum aus einer Reihe von Theorien und Modellen führender Denker in diesem Bereich bestehen. Jedes Modell, jede Theorie wird für Führungskräfte praxisnah erläutert. In den Einträgen unter der Überschrift „Die praktische Anwendung" habe ich verschiedene Herangehensweisen angewendet:

- **Aufgaben und Tipps** – hier finden Sie einfache, sachliche, sukzessive Vorgehensweisen, die Sie bei der Anwendung der Theorie oder des Modells befolgen können. Sie sind mit einem kleinen schwarzen Punkt markiert.

- **Reflexionspunkte und Herausforderungen** – bestärken Sie darin, über lebensechte Fallstudien, Probleme oder Auszüge aus der Welt des Sports oder des Kinos nachzudenken. Das hilft Ihnen dabei, zu verstehen, wie Sie die Theorien und Modelle anwenden können. Sie sind in den grauen Kästen zu finden.

- **Analogien und Metaphern** – entführen Sie für einen Moment aus der Realität (darunter der ein oder andere Kinobesuch). Dadurch können Sie die Theorie mit etwas in Verbindung bringen, das zwar augenscheinlich keine Relevanz für die Theorie/das Modell besitzt, woraus man aber dennoch ein gewisses Verständnis und eine Bedeutung ableiten kann.

- **Fragen, die Sie sich stellen sollten** – jeder Eintrag kann bis zu vier Fragen aufweisen, die Sie sich vor, während und nach der Anwendung der Theorie beziehungsweise des Modells stellen sollten.

WAS UNTERSCHEIDET DAS COACHING VON ANDEREN MASSNAHMEN?

Es ist wichtig, Coaching in Beziehung zu setzen zu den verschiedenen Weiterbildungsansätzen, die in einer Organisation möglich sind. Ein guter Ausgangspunkt ist die Metapher des *Fahrenlernens*. (Wenn Sie wirklich das Beste aus diesem Buch herausholen möchten, werden Sie sich damit anfreunden müssen, dass ich gerne Metaphern einsetze.)

- Ein *Berater* wird Ihnen das am besten geeignete Auto ans Herz legen.

- Ein *Betreuer* wird versuchen, etwaige Ängste, die Sie wegen des Fahrens haben, anzusprechen.

- Ein *Mentor* wird seine eigenen Lernerfahrungen mit Ihnen teilen.

- Ein **Coach** wird Sie anspornen, einzusteigen und das Auto vorschriftsmäßig zu fahren.

Die Maßnahmen können wie in der folgenden Grafik in Bezug auf die vier Punkte Herausfordernd, Unterstützend, Dirigierend und Nicht dirigierend dargestellt werden:

Taxonomie organisationale Interventionen

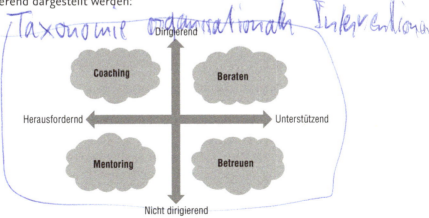

Eines haben alle in dieser Grafik dargestellten Ansätze gemeinsam: Sie möchten eine Art Verhaltensänderung in der Organisation oder beim

[...] werden sie sich damit anfreunden müssen, dass ich dem Metaphern ansetze

Coaching ≠ Wunschzustand

Einzelnen bewirken. Von anderen Maßnahmen unterscheidet sich Coaching im Grad der Herausforderung und der Anleitung, die erforderlich ist: Dabei meint herausfordernd, wie man die Menschen dazu bewegt, die gewünschten Ergebnisse zu liefern, und Anleitung, wie man ihnen sagt, was zu tun ist, oder sie dazu bewegt, selbst nachzudenken und zu handeln.

In diesem Buch verwende ich den Begriff *Wunschzustand* für das Ergebnis des Coachings. Wenn Sie jemandem das Fahren beibringen, ist der *Wunschzustand*, dass derjenige effektiv und effizient von A nach B kommt. Ich bevorzuge diesen Ausdruck, da die Verwendung von *Zustand* die Bewegung von einem Standpunkt zum anderen und *Wunsch* die Motivation, dort hinzugelangen, impliziert. Wenn es die Aufgabe des Coaches ist, einen Menschen bei der Entwicklung zu seinem Wunschzustand zu unterstützen, ist es verständlich, wenn Sie Coaching, Mentoring und Lehren als ein und dieselbe Sache begreifen. Daher sehe ich es als besonders wichtig an, die Unterschiede in all diesen Ansätzen hinsichtlich Beziehung, Zeit, Struktur und Ergebnis zu analysieren.

Im Allgemeinen sind Lehrer ausgebildete Fachkräfte, die mit Menschen daran arbeiten, ihr Verständnis für eine Sache zu entwickeln. Auch Coaches sind für gewöhnlich ausgebildete Fachkräfte, konzentrieren sich aber eher darauf, eine Person dabei zu unterstützen, spezielle Fähigkeiten zu entwickeln. Mentoren sind hingegen meist sehr erfahrene Personen, die ihr Wissen und ihre Erfahrung mit weniger erfahrenen Personen teilen.

Das Mentoring erfordert Zeit, in der beide Partner den jeweils anderen kennenlernen können, damit sich eine Beziehung gegenseitigen Vertrauens entfalten kann. Erst dann können die wahren Probleme geteilt werden. Lehren und Coachen können einen ganz kurzen Zeitraum umfassen, beispielsweise eine einzige Sitzung oder den Teil einer Sitzung, in dem die jeweilige Person Erkenntnisse entwickelt oder aber sich eine ganz bestimmte Fähigkeit aneignet.

Lehrer wählen das Thema, das Tempo und die Lernmethode, die bei dieser Entwicklung unterstützend wirkt. Coaches richten sich nach den Bedürfnissen des Einzelnen, haben eventuell aber eine starre Struktur in ihrer Vorgehensweise. Mentoren werden ihre Ansätze so ausrichten, dass sie auf die Bedürfnisse des Einzelnen eingehen.

Das Coaching und die Lehrtätigkeit sind aufgabenorientiert und legen ihren Fokus auf konkrete Themen und leicht zu messende Ergebnisse.

Mentoring = Beziehung gegenseitigen Vertrauens

Beim Mentoring steht eher die Beziehung im Vordergrund und die Konzentration auf die gegenseitige Entwicklung.

Wenn wir schon bei den Definitionen sind: Mir missfällt der Begriff „Coachee", daher sage ich dazu einfach „die gecoachte Person". In Teil 3 verwende ich „Kunde", weil das der zutreffende Begriff für eine Person/ Organisation ist, die das Coaching in Auftrag gibt.

Unabhängig davon, welchen Ansatz Sie wählen, müssen Sie der grundlegenden Überzeugung sein, dass die Person/die Mitarbeiter, mit der/ denen Sie arbeiten,

- sich verändern kann/können,
- die beste ihr/ihnen zur Verfügung stehende Wahl treffen wird/werden.

[handschriftliche Notiz: Basalprämissen des Coaching]

Sie dabei zu unterstützen, ihren Wunschzustand zu erreichen, gleicht mehr einer Reise, in der der Prozess des Lernens genauso wichtig ist wie das Wissen und die Fähigkeiten, die dabei gewonnen werden.

Das Coaching ist ein äußerst pragmatischer Berufszweig, der auf Theorien zurückgreift, die – für viele – in der Coaching-Praxis kaum eine Rolle spielen. Manche würden argumentieren, die Praxis führe die Theorie an und Coaching sei *atheoretisch*. Dieses Buch wird die Kluft zwischen Theorie und Praxis überbrücken.

Über 40 Jahre lang war ich in einigen sehr großen nationalen Konzernen, zahlreichen Einzelunternehmen, mehreren ehrenamtlich tätigen Einrichtungen und für Einzelpersonen als Coach und Trainer tätig. Eines habe ich in dieser Zeit gelernt: Viele Manager, Coaches und Lernende haben Schwierigkeiten damit, die Theorie in die Praxis umzusetzen. Und genau darum geht es in diesem Buch.

[handschriftliche Notiz: „Mentoren werden ihre Ansätze so ausrichten, dass sie auf die Bedürfnisse der Einzelnen eingehen."]

[handschriftliche Notiz: „Das Coaching und die Lehrtätigkeit sind aufgabenorientiert und legen ihren Fokus auf konkrete Themen und lenkt zu ... erreichen."]

TEIL 1

EINEN ANFANG MACHEN

[handwritten note: Mitarbeiter für Führungskraft kompensatorisch Ressource für Wettbewerbsdruck]

EINFÜHRUNG

Als Manager hat man es schwer. Wahrscheinlich stehen Sie unter dem enormen Druck, Ergebnisse erzielen zu müssen, ohne ausreichend Zeit und Geld dafür zur Verfügung zu haben. Ich vermute, das ist immer schon so gewesen – allerdings nie derart extrem wie heute angesichts des verwirrend raschen Wandels und des heftigen Wettbewerbs. Dennoch haben Sie einen entscheidenden Vorteil, der Ihre Aufgabe ein klein bisschen relativiert, und das sind Ihre Mitarbeiter. Durch nichts können Sie mehr erreichen als durch ein kompetentes und motiviertes Team, das mit Ihnen zusammenarbeitet.

Einen guten Manager zeichnet unter anderem die Begabung aus, die Leistungsfähigkeit seines Teams zu steigern. Effektives Coaching ermöglicht Ihnen, die Menschen um Sie herum dergestalt zu fördern, dass sie mehr Verantwortung übernehmen. Auf diese Weise gewinnen Sie mehr Zeit, um sich mit anderen Aspekten des Managements zu befassen, wie zum Beispiel der strategischen Planung und der Budgetierung. Der folgende Punkt ist so wichtig, dass ich ihn gleich zu Beginn dieses Buches anbringen möchte: Gutes Coaching ist eine Fähigkeit, die fundierte Kenntnisse und jede Menge praktische Erfahrung voraussetzt – wenn es sich für Sie, Ihre Organisation und die Menschen bezahlt machen soll, die Sie coachen. Im Umkehrschluss gilt leider: Manager, die nur zum Schein am Coaching teilnehmen, werden nicht die angestrebten Ergebnisse erreichen.

Da Sie dieses Buch zur Hand genommen haben, ist Ihnen bewusst, dass Sie die Verantwortung dafür tragen, Menschen zu fördern (Individuen oder auch Gruppen) – und Sie möchten diesbezüglich etwas unternehmen. Möglich, dass dieser Schritt etwas Neues für Sie ist. Oder aber Sie praktizieren das schon jahrelang. In jedem Fall möchte ich Sie warnen: Es gibt viele verschiedene Coaching-Ansätze: Manche sind fachspezifisch, einige allgemeiner, andere verlassen sich aufs Dirigieren und wieder andere sind darauf ausgerichtet, zu unterstützen. In dieser Hinsicht gibt es eine Reihe von Coaching-Stilen, die entweder der *Push*- oder der *Pull*-Strategie zuzuordnen sind. Sie werden in Teil 1 behandelt und umfassen

[handwritten notes: Coaching-Stile: Push- oder Pull-Strategien / "Gutes Coaching ist eine Fähigkeit, die fundierte Kenntnisse und jede Menge praktische Erfahrung voraus..."]

- das Dirigieren,

- das Zeigen,

- das Unterstützen,

- das Stimulieren.

Bevor ich mich den einzelnen Coaching-Stilen zuwende, müssen Sie sich einige grundlegende Fähigkeiten aneignen, die Ihnen ermöglichen, ein guter Coach zu werden – ungeachtet des Ansatzes, den Sie für sich wählen. Dazu gehört, dass Sie aufmerksam zuhören, effektiv kommunizieren, die entsprechenden Erfolgsziele bestimmen und die richtigen Knöpfe wählen, die Sie drücken können. In den ersten vier Kapiteln von Teil 1 dieses Buches werde ich daher behandeln, wie Sie diese Fähigkeiten entwickeln können.

Natürlich werden nicht alle Coaching-Sitzungen glattlaufen. Vielleicht sehen Sie sich auch Menschen gegenüber, mit denen Sie nur schwer zurechtkommen. Es kann zu Situationen kommen, in denen Sie trotz aller Bemühungen auf Widerstand stoßen. Dieser erste Teil des Buches schließt daher mit der Betrachtung von drei Theorien ab: Sie behandeln dem Umgang mit herausforderndem Verhalten, das häufig vorkommt, aber auch mit extremem und psychopathischem Verhalten.

Die Einträge dieses Teils stammen alle von großen Denkern, die mit ihrer Arbeit zu unserem Verständnis, wie Menschen lernen, beigetragen und effektive Wege aufgezeigt haben, diesen Lernprozess zu unterstützen.

1. WIE MENSCHEN DENKEN UND LERNEN

EINFÜHRUNG

A ls Coach ist es besonders wichtig, zu verstehen, wie Menschen denken und lernen. Ein Lernstil kann als die ganz eigene Art und Weise einer Person bezeichnet werden, Informationen einzuholen, zu verarbeiten, zu verstehen und zu speichern. Heute ist es weithin anerkannt, dass Individuen unterschiedliche Lernstile präferieren. Diese Präferenz kann eine dominante Eigenschaft sein, die sich in allen Lernsituationen niederschlägt, den Umständen entsprechend variieren oder sich mit anderen Lernstilen vermengen. Eines ist jedenfalls sicher: Für Lernstile gibt es kein Patentrezept, das zu jeder einzelnen Person in jeder Situation passt.   Kontingenz der Lerntypen + Implika

Ich habe drei verschiedene Lernstiltheorien ausgewählt, die das Lernen als etwas definieren, das entweder durch die Sinne des Lernenden, durch bisherige Erfahrungen oder durch die Persönlichkeit beeinflusst wird. Für all diese Theorien existieren Fragebögen, über die Sie Ihren bevorzugten Lernstil sowie denjenigen bestimmen können, den die von Ihnen gecoachte Person vorzieht. Einige stehen kostenlos online zur Verfügung, andere sind kostenpflichtig. Die gute Nachricht ist allerdings, dass die kostenpflichtigen Fragebögen eine Lizenz beinhalten, sodass Sie das Material kopieren und weiterverwenden können. Ich würde allerdings vorschlagen, dass Sie sie zuerst selbst ausprobieren. Auf diese Weise können Sie sich ein Bild von etwaigen Problemen und Fallen machen, die auftauchen könnten, wenn Sie das Material anderen Personen vorlegen. Wichtig ist, ruhig zu bleiben, selbst wenn sich herausstellt, dass Sie ein *extrovertierter kinästhetischer Pragmatiker* sein sollten (obwohl ich dann ungern in einer dunklen Gasse auf Sie treffen wollte).

Bevor wir die verschiedenen Lernstile näher beleuchten, müssen Sie verstehen, wie Menschen am besten lernen und ob es Unterschiede aufgrund des Alters gibt. *Pädagogik*, die Bildung von Kindern, und *Andragogik*, also die Bildung von Erwachsenen, sind Theorien, die eine Reihe von Annahmen abdecken, wie Kinder und wie Erwachsene lernen. Der Begriff *Pädagogik* leitet sich von dem altgriechischen Wort *Paidagogos* ab. Es bezeichnete einen Sklaven, der die Erziehung und Bildung der Sklavenkinder in den für sie vorgesehenen Berufen beaufsichtigte. Es war Aufgabe des *Paidagogos*, als Ausbilder zu fungieren und sicherzustellen, dass die Sklaven die täglichen Routinetätigkeiten zur Zufriedenheit ihrer Herren erledigten. Als Wissenschaft von der Bildung Erwachsener kam *Andragogik* in den 1950er-Jahren auf und entwickelte sich durch Malcolm Knowles' Pionierarbeit ab den 1970er-Jahren zu einer Theorie und zu einem Modell für die Erwachsenenbildung. Knowles definierte *Andragogik* als „die Kunst und Wissenschaft, Erwachsene beim Lernen zu unterstützen". Die Betrachtung von Knowles' Konzept wird den Ausgangspunkt für dieses Kapitel bilden. Diesem folgen anschließend drei klassische Theorien, die das Lernen mit den Sinnen, der Erfahrung und der Persönlichkeit in Beziehung setzen.

Pädagogik ⇒ Andragogik (Malcolm Knowles)

THEORIE **1**

MALCOLM KNOWLES: WIE ERWACHSENE LERNEN

Setzen Sie diese Theorie ein, um zu verstehen welche Auswirkungen auf Ihre Coaching-Strategie die Grundsätze des Lernens bei Erwachsenen haben.

Malcolm Knowles argumentierte, die meisten erwachsenen Lernenden seien selbstständig und wollten ihr Lernen selbst kontrollieren. Ferner behauptete er, je reifer jemand werde, desto mehr würde die Motivation zu lernen von einem inneren Wunsch (intrinsische Motivationsquellen) anstelle externer Impulse (extrinsische Motivationsquellen) angetrieben. Er bestimmte vier grundlegende Annahmen, die die Erwachsenenbildung unterstützen:

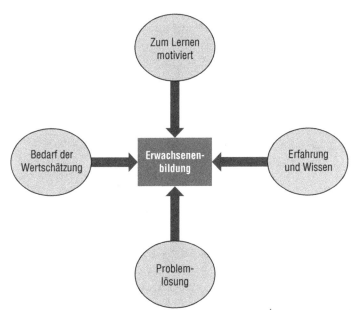

Andragogik: Erfahrung und Wissen, Problemlösung, Bedarf der Wertschätzung, zum Lernen motivieren

Knowles stellte die folgenden Grundsätze vor, die die Unterschiede zwischen der Erwachsenenbildung und dem charakterisieren, was man gemeinhin unter dem Begriff *Pädagogik* versteht.

ERWACHSENE LERNENDE SIND

> **)** von innen heraus motiviert, haben ihre ganz eigene Auffassung von sich selbst und ihren Bedürfnissen und sie decken diese Bedürfnisse zielorientiert,
>
> **)** reich an Lebenserfahrungen und Wissen, die sich als wertvolle Lernhilfe erweisen können,
>
> **)** praktisch und betrachten das Lernen eher als etwas, womit man Aufgaben erfüllt und Probleme löst, als einfach nur als etwas, womit man sich ein Thema erarbeitet,
>
> **)** glücklich, wenn man ihre Beiträge schätzt und respektiert.

Knowles betonte, wie wertvoll der Prozess des Lernens sei, der problemorientierte und kooperative Ansätze anstelle eines didaktischen Ansatzes nutze. Überdies sprach er sich dafür aus, dass mehr Gleichberechtigung zwischen Lehrer/Coach und Lernendem herrschen müsse, wenn es um die Art der Vermittlung und darum gehe, Inhalte auszusuchen. Knowles bestätigte, dass es wichtig sei – auch wenn nicht alle Lernenden das Stadium des erwachsenen Lernenden erreicht hätten –, dass der Coach sie ermutigt, sich mehr Eigenschaften eines erwachsenen Lernenden anzueignen.

DIE PRAKTISCHE ANWENDUNG

Knowles' Ideen zur Erwachsenenbildung können Sie folgendermaßen interpretieren:

- Beginnen Sie damit, die Person aktiv bei der Bestimmung der Ziele für das Coaching einzubinden. Allerdings werden nicht alle Personen die Gelegenheit beim Schopfe ergreifen, auf diese Weise einbezogen zu werden. Damit ihnen die Annäherung an eine größere Selbststeuerung einfacher fällt, müssen Sie eine Verbindung zu ihnen aufbauen, wahres Interesse an ihren Gedanken, an ihren Meinungen zeigen.

- Akzeptieren Sie, dass die meisten Menschen die Chance, ihr Wissen und ihre Erfahrungen zu teilen, nur allzu gerne annehmen. Finden Sie mehr über ihre Interessen und ihre bisherigen Erfahrungen heraus und bestärken Sie sie, bei der individuellen oder der Gruppenarbeit darauf zurückzugreifen.

- Respektieren Sie, dass sie zum Lernen motiviert sind, wenn der Bedarf erkannt wird, sich Wissen oder Fähigkeiten anzueignen, um ein echtes Problem zu lösen oder in einer realen Situation zu bestehen. Setzen Sie echte Fallstudien als Ausgangspunkt ein – darüber können Sie sie auf diesem Weg unterstützen.

- Zeigen Sie, dass Sie sie respektieren. Interessieren Sie sich für sie, erkennen Sie ihre Beiträge an und ermutigen Sie sie, ihre Ideen bei jeder Gelegenheit zu äußern, selbst wenn Sie nicht mit ihnen einer Meinung sind.

FRAGEN, DIE SIE SICH STELLEN SOLLTEN

- Stelle ich sicher, dass die von mir gecoachten Personen das Coaching mit ihren eigenen Zielen, ihrem Wissen und ihrer Erfahrung in Verbindung bringen?
- Wie gut ist mein Verständnis davon, was die Person, die ich coache, wirklich interessiert?

Moki: Passende Szenarien Rhetoriktrainings

Bu Theorie erwachsenen Lerner (Knowles)
Stelle ich sicher, dass die von uns gecoachten
Personen das Coaching motivieren, eigenen, Zielen und
ihnen Wissen und ihnen Erfahrung in Verbindung bringe

THEORIE **2**

NEIL FLEMING: DAS VAK-MODELL

Setzen Sie dieses Modell ein, wenn Sie verstehen wollen, welche Rolle die Sinne im Coaching-Prozess spielen.

Neil Flemings *visuelles, auditives, kinästhetisches* (VAK) Modell der Lernstile hat sich zu einer der meistgenutzten Bewertungstheorien für Lernstile entwickelt. Laut Fleming besitzen die meisten Menschen einen dominanten beziehungsweise einen bevorzugten Lernstil, der entweder auf Sehen, Hören oder Tun basiert.

DIESE LERNSTILE KÖNNEN WIE FOLGT BESCHRIEBEN WERDEN:

) **Der visuell Lernende** neigt dazu, durch Zusehen zu lernen, in Bildern zu denken und geistige Bilder herzustellen, um Informationen zu behalten.
) **Der auditiv Lernende** neigt dazu, durch Zuhören zu lernen, mehr in Worten als in Bildern zu denken und Wissen am besten über Vorträge und Gruppendiskussionen zu erwerben.
) **Der kinästhetisch Lernende** neigt dazu, durch Tun zu lernen, sich selbst durch Bewegung auszudrücken und am besten durch Interaktion mit anderen und dem Raum um sich herum zu lernen.

Fleming führte aus, dass einige Menschen, auch wenn sie eine Präferenz für einen Stil demonstrieren, eine ausgeglichene Mischung aller drei Stile aufweisen können.

Der visuell Lernende neigt dazu, durch Zusehen zu lernen, in Bildern zu denken und geistige Bilder herzustellen, um Informationen zu behalten

[handschriftliche Notiz oben:] Implikationen: Trainings, als ... ... Präsentationen, Reden, Übungen

DIE PRAKTISCHE ANWENDUNG

Wahrscheinlich wird dieses Modell am häufigsten zur Bewertung von Lernstilen eingesetzt, daher existieren online zahlreiche Tests dafür. Der geläufigste besteht aus einer Anzahl von Aussagen (im Allgemeinen etwa ein Dutzend) mit drei möglichen Antworten, die jeweils eine Präferenz für einen der drei Lernstile anzeigen. Im Folgenden finden Sie einige Tipps, die Ihnen bei der Planung von Coachings helfen, die sich je nach Lernstilpräferenz eignen:

- Ein visuell Lernender kann Gesehenes oder Beobachtetes bevorzugen. Daher sollten Sie in Ihrem Coaching sicherstellen, Bilder, Grafiken, Vorführungen, Handouts oder Filme einzuarbeiten. Darüber hinaus sollten Sie sich bewusst machen, dass visuell Lernende Sätze wie „Zeigen Sie mir ..." oder „Sehen wir uns das mal an" verwenden und eine neue Aufgabe dann gut ausführen werden, nachdem sie die Anweisungen gelesen oder jemanden anderen bei der Ausführung beobachtet haben.

- Jemand mit einem auditiven Lernstil bevorzugt wahrscheinlich das Hören von gesprochenen Worten oder von Klängen und Geräuschen. Er wird Sätze wie „Sagen Sie mir ..." und „Lassen Sie uns das besprechen" verwenden und eine neue Aufgabe dann gut ausführen, nachdem er sich die Anweisungen vom Coach angehört hat.

- Kinästhetisch Lernende bevorzugen körperliche und sinnliche Erfahrungen, einschließlich Berühren, Fühlen, Halten, Tun. Sie werden Sätze benutzen wie „Lassen Sie mich das versuchen" oder „Kann ich das mal probieren" und werden eine neue Aufgabe erlernen, indem sie sich daran machen und es ausprobieren. Sie werden beim Tun lernen. Diesen Menschen gefallen praktische Erfahrungen. Sehen Sie als ihr Coach daher zu, ihnen genau das bei jeder Gelegenheit zu ermöglichen.

Nur weil jemand eine spezielle Präferenz aufweist, heißt das nicht, dass Ihr Coaching ausschließlich auf den bevorzugten Stil ausgerichtet sein sollte. Es hat viele Vorzüge, den Personen bei der Entwicklung weiterer Lernstile zu helfen, denn nicht jede Information wird ihnen stets in der bevorzugten Form präsentiert werden.

[handschriftliche Notiz unten:] Baker: „Es hat viele Vorzüge, den Personen bei der Entwicklung weiterer Lernstyle zu helfen, denn nicht jede Information wird ihnen stets in der bevorzugten ..."

FRAGEN, DIE SIE SICH STELLEN SOLLTEN

- Berücksichtige ich in meinen Schulungsunterlagen den bevorzugten Lernstil der jeweiligen Person?

- Stelle ich sicher, dass sie auch anderen Lernstilen neben dem bevorzugten ausgesetzt wird?

Metafrage: Berücksichtige ich in meinen Schulungsunterlagen den bevorzugten Lernstil der jeweiligen Person?

David Kolb: Experiental Learning

Experimentieren → Tun → Nachdenken → Theoretisieren

THEORIE 3

DAVID KOLB: DER ERFAHRUNGS-BASIERTE LERNZYKLUS

Setzen Sie diese Theorie ein, wenn das Verfahren die Lernerfahrung sicherstellen soll.

Trainingstheorie!

David Kolb wies darauf hin, dass Lernen durch Erfahrung erst dann stattfindet, wenn wir diese Erfahrung verarbeiten und verstehen. Die Erfahrung an sich reicht nicht aus, um das Lernen zu erleichtern. Man muss hinterher reflektieren, was vorgefallen ist; Überlegungen anstellen, was geschehen könnte, falls man etwas anders macht; aktiv damit experimentieren, wenn man tatsächlich etwas anders macht; sowie die Ergebnisse daraus testen. Diesen Prozess beschrieb er als ein zyklisches Modell, das im Allgemeinen wie folgt dargestellt wird:

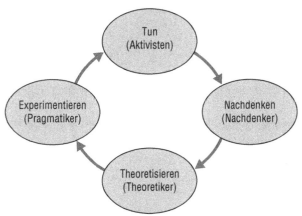

Quelle: Kolb, D. (1984): „Experiential Learning: Experience as the Source of Learning and Development", Prentice-Hall, Englewood Cliffs, New Jersey.

Kolb beschrieb die charakteristischen Eigenschaften der Menschen, die einen bestimmten Lernstil bevorzugen.

DIE EINZELNEN CHARAKTEREIGENSCHAFTEN SIND:

Taxonomie der Lerncharakteristik

Aktivisten sind aufgeschlossen und enthusiastisch und fürchten sich nicht davor, etwas Neues auszuprobieren.

) **Nachdenker** sind akribisch und denken gerne darüber nach, warum Dinge so eintreten, wie sie es tun.

) **Theoretiker** sind Denker, die gerne mit neuen Erkenntnissen zu Problemen aufwarten.

) **Pragmatiker** sind experimentierfreudig und setzen gerne neue Ideen ein.

Laut Kolb gibt es keinen festen Einstiegspunkt in den Zyklus. (Wenn beispielsweise der bevorzugte Lernstil einer Person der Theoretiker ist, wird er an diesem Punkt einsteigen.) Allerdings wird ein Lernen erst dann stattfinden, wenn diese Person jede Phase des Zyklus durchläuft.

DIE PRAKTISCHE ANWENDUNG

Mumford /Honey : Learning Styles Questionnaire

Hierbei handelt es sich um ein einfaches, langlebiges und effektives Modell für das Verständnis vom Lernen. Darüber hinaus kann es einen soliden Rahmen für die Planung von Coachings bieten. Es gibt zahlreiche Tests, mit denen man den bevorzugten Lernstil einer Person feststellen kann. Der geläufigste, der Learning Styles Questionnaire (LSQ), wurde von Alan Mumford und Peter Honey entwickelt und besteht aus 80 Aussagen, die man entweder als zutreffend annehmen oder als nicht zutreffend ablehnen kann. Die positiv beschiedenen Feststellungen werden anschließend in ein Raster mit den vier Lernstilen eingetragen. Diejenigen, die den LSQ ausfüllen, werden für gewöhnlich eine Präferenz für einen oder gegebenenfalls auch für zwei Stile aufweisen.

Eine tiefe Kenntnis der Lernstile ist bei der Planung von Coaching-Sitzungen durchaus hilfreich. Daher finden Sie im Folgenden ein paar Tipps als Unterstützung.

Lernstil	Art des Coachings
Aktivisten	Schaffen Sie neue Erfahrungen: Aktivisten mögen es, ins kalte Wasser geworfen zu werden.
Nachdenker	Gestatten Sie ihnen, sich im Hintergrund zu halten und vor dem Handeln zuzuhören und zu beobachten: Nachdenker denken gerne über eine Aufgabe nach.
Theoretiker	Erarbeiten Sie mit ihnen Ideen und abstrakte Konzepte: Theoretiker beherrschen es glänzend, umfangreiche Informationen zu erfassen und diese klar und logisch zu strukturieren.
Pragmatiker	Erarbeiten Sie technische Aufgaben mit ihnen und gestatten Sie ihnen, mit neuen Ideen zu spielen: Am besten lernen Pragmatiker bei der praktischen Anwendung.

Setzen Sie diese Theorie in Verbindung mit Honey und Mumfords LSQ ein. Ich empfehle Ihnen ausdrücklich, den LSQ für sich selbst gleich zu Anfang auszufüllen, um herauszufinden, welche Präferenz Sie als Lernender haben. Denn mir ist aufgefallen, dass viele Trainer einen Coaching-Stil anwenden, der ihren eigenen Lernstil widerspiegelt. Solange sich die ausgewählten Übungen für die Lernstile der einzelnen Personen eignen, ist das auch kein Problem.

FRAGEN, DIE SIE SICH STELLEN SOLLTEN

- Lasse ich zu, dass meine eigene Lernstilpräferenz diktiert, wie ich andere coache?
- Sorge ich dafür, dass die von mir gecoachte Person alle Stadien des erfahrungsbasierten Lernzyklus durchläuft?

Myers-Briggs-Typenindikator: Welche Rolle spielt die
Persönlichkeit im Coaching-Prozess

THEORIE 4

KATHERINE MYERS UND ISABEL BRIGGS: DER MYERS-BRIGGS-TYPENINDIKATOR (MBTI)

Setzen Sie dieses Modell ein, wenn Sie verstehen wollen, welche Rolle die Persönlichkeit im Coaching-Prozess spielt.

Der Myers-Briggs-Typenindikator (MBTI) baut auf vier verschiedenen Skalen auf, die erstmals von Carl Jung zur Beschreibung von Persönlichkeitstypen verwendet wurden. Katherine Myers und Isabel Briggs gingen davon aus, dass jedes Individuum Persönlichkeitseigenschaften aufzeigt, die an dem einen oder anderen Ende einer Reihe von Skalen zu finden sind:

DIE MYERS-BRIGGS-SKALEN SIND: MoK₁ wohl ENTP

》 Der Extrovertierte ◄─────────► Der Introvertierte
(Extrovert – E)   (Introvert – I)
Diese Einteilung erkundet, wie Menschen auf die Außenwelt reagieren und mit ihr interagieren. Personen mit hohen E-Eigenschaften sind im Allgemeinen handlungsorientiert und genießen häufig das gesellschaftliche Miteinander. Ausgeprägte I-Charakterzüge hingegen kennzeichnen nachdenkliche Menschen, die die Einsamkeit genießen.

》 Der Sensorische ◄─────────► Der Intuitive
(Sensor – S)   Informationsverarbeitung   (Intuitive – N)
Diese Einteilung untersucht, wie Menschen von der Außenwelt Informationen einholen. Personen mit hohen S-Eigenschaften konzentrieren sich auf Fakten und Details und machen gerne praktische Erfahrungen. Im Gegensatz dazu achten intuitive Personen (N-Eigenschaften) mehr auf Muster und Eindrücke, spekulieren gerne und stellen sich zukünftige Möglichkeiten vor.

Exhavertiert – Introvertiert
Sensorisch – intuitiv

❭ Der Denkende ◄──────────► **Der Fühlende**

(Thinker – T)   (Feeler – F)

Diese Einteilung untersucht, wie Menschen anhand von eingeholten Informationen Entscheidungen treffen. Personen, die ausgeprägte T-Eigenschaften aufweisen, legen größten Wert auf Fakten und objektive Daten und neigen dazu, konsequent, logisch und objektiv Entscheidungen zu treffen. Ausgeprägte F-Charakterzüge weisen hingegen auf subjektive Menschen hin, die andere Menschen und Emotionen bei Entscheidungen berücksichtigen.

❭ Der Beurteilende ◄──────────► **Der Wahrnehmende**

(Judge – J)   (Perceiver – P)

Diese Einteilung untersucht, zu welchem Umgang mit der Außenwelt Menschen neigen. Diejenigen mit einem hohen J-Wert bevorzugen Struktur und Ordnung, die mit einem hohen P-Wert sind flexibler.

Der MBTI-Fragebogen besteht aus vier Fragen. Jede Frage beinhaltet zwei Spalten mit einer Vielzahl von Aussagen. Die Person wird aufgefordert, diejenige Spalte zu wählen, die sie am besten beschreibt. Die jeweiligen Antworten lassen erkennen, an welchem Ende der Skala die Persönlichkeit dieser Person zu finden ist (E/I, S/N, T/F und J/P). Anschließend wird die Person in eine der 16 Persönlichkeitstypen eingeteilt. Menschen, die durch ihre Präferenzen zu den *Extrovertierten, Sensorischen, Denkenden* und *Beurteilenden* gehören, werden als *ESTJ* eingestuft.

DIE PRAKTISCHE ANWENDUNG

Mithilfe des MBTI gewinnen Sie einen Eindruck, wo auf den vier Skalen Sie und die von Ihnen gecoachte Person sich befinden. So können Sie ein Verständnis dafür entwickeln, ob Ihr Coaching-Stil mit dem Lernstil der Person vereinbar ist. Im Folgenden finden Sie einige Tipps, die Ihnen bei der Planung eines Coachings helfen, das für Menschen mit der jeweiligen Persönlichkeit geeignet ist:

Persönlichkeitstypus	Spricht besser an, wenn ...
ESTJ	man ihn bittet, die Anweisungen genau auszuführen.
ESTP	er anhand realer Dinge lernt: Ansichten, Klänge und Erfahrungen.

Persönlichkeits-typus	Spricht besser an, wenn ...
ESFP	er zur Problemlösung auf seine Instinkte und Fähigkeiten vertrauen kann.
ESFJ	er sich in Situationen befindet, in denen die Dinge bestimmt und kontrolliert ablaufen.
ENFP	er sich nicht mit Routine- und wenig anregenden Aufgaben befassen muss.
ENFJ	er darüber nachdenkt, wie andere betroffen sein könnten.
ENTP	er neue Ideen und Theorien entwickeln darf anstatt die Details dazu.
ENTJ	er der Konfrontation oder hitzigen Diskussionen aus dem Weg gehen kann.
ISTJ	er mit genau bestimmten Zeitplänen und Aufträgen arbeiten kann.
ISTP	er lernt und versteht, wie die Dinge funktionieren.
ISFP	er an konkreten Informationen arbeiten darf und nicht an abstrakten Theorien.
ISFJ	er sich zurücklehnen und andere beobachten kann.
INFP	er Probleme anhand persönlicher Werte und nicht anhand der Logik lösen kann.
INFJ	er sich schriftlich ausdrücken kann.
INTP	er ermutigt wird, seine Gedanken mit anderen zu teilen.
INTJ	er autonom arbeiten darf und nicht in der Gruppe.

Denken Sie daran: Auch wenn es sicherlich hilfreich sein kann, die Persönlichkeit eines Menschen zu kennen, um sein Verhalten vorherzusagen, ist es keine verlässliche Prognose.

FRAGEN, DIE SIE SICH STELLEN SOLLTEN

- Welcher Persönlichkeitstyp bin ich?
- Plane ich Coachings, die für Menschen mit bestimmtem Persönlichkeitstypus geeignet sind?

2. WAS MENSCHEN MOTIVIERT

„Die Motivation ist einer der komplexesten Themen, mit denen man sich auseinandersetze..."

Extrinsische Motivation vs. intrinsische Motivation

EINFÜHRUNG

Die Motivation ist eines der komplexesten Themen, mit denen man sich auseinandersetzen kann. Die Definitionen reichen von *das, was du tust, um andere zu etwas zu bewegen* (extrinsische Motivation) bis hin zu *etwas, das in den Menschen passiert und sie dazu bewegt, etwas zu tun* (intrinsische Motivation). Mich überrascht die Uneinigkeit bei der Definition eines Konzeptes, das derart wichtig für das Coachen beziehungsweise Führen von Mitarbeitern hin zu effektiven Führungskräften ist.

Möchten Sie ein guter Coach werden, müssen Sie akzeptieren, dass die Menschen nur zum Lernen motiviert sind, wenn sie

- akzeptieren, dass sie lernen müssen,

- glauben, dass sie dazu in der Lage sind, zu lernen,

- das Lernen vorrangig behandeln.

Diese Aussagen können eine wertvolle Checkliste für jedes Coaching sein. Trifft auch nur einer dieser drei Punkte nicht zu, dann müssen Sie das ansprechen. Ansonsten könnten sich alle weiteren Versuche des Coachings als zwecklos erweisen. In Bezug auf die Motivation existiert eine Vielzahl von Theorien. Für dieses Kapitel habe ich drei berühmte ausgewählt, die Ihnen dabei helfen sollen, sicherzustellen, dass das Individuum den für die Lernbereitschaft richtigen Grad an Motivation aufbringt.

Auch wenn sich die gewählten Theorien unterscheiden, sie haben einige Grundsätze gemeinsam: Die von Ihnen gecoachten Menschen lernen bereitwilliger, wenn

- gute Räumlichkeiten und Gerätschaften für das Coaching zur Verfügung stehen,

- die Gecoachten bei Konzeption und Durchführung des Coachings ein Wörtchen mitreden dürfen,

Motivation
- Akzeptieren, dass sie lernen müssen
- glauben, dass sie in der Lage zu lernen sind
- Lernen vorrangig behandelt un...

- der Coach sich für das Thema begeistert und aufgeschlossen, aber professionell ist,

- der Coach anspruchsvolle und zugleich realistische Ziele festsetzt,

- das Feedback positiv und hilfreich erfolgt.

Nicht nur auf die Lernfähigkeit des Einzelnen hat eine geringe Motivation eventuell Auswirkungen. Sie kann auch zu störenden Verhaltensweisen beitragen (siehe Theorien 26–28). Sorgen Sie für eine gute Motivation, dann müssen Sie sich nicht mit Verhaltensproblemen auseinandersetzen.

- Partizipatives Coaching
- Begeisterung und zugleich Professionalität
- anspruchsvolle und realistische Ziele
- hilfreiches und positives Feedback

„Sorgen Sie für eine gute Motivation, dann müssen sie sich nicht mit Verhaltensproblemen auseinandersetzen"

ARCS - Modell: Interesse und Motivation beim Lernenden erzeugen.

Attention, Relevance, Confidence, Satisfaction

ARCS

THEORIE 5

JOHN KELLER: DAS ARCS-MODELL DES MOTIVATIONALEN DESIGNS

Setzen Sie dieses Modell ein, wenn Sie beim Lernenden Interesse und Motivation erzeugen möchten.

John Keller gab an, dass das von ihm entwickelte *ARCS-Modell des motivationalen Designs* einen Coach in die Lage versetzt, Coaching-Strategien auszusuchen, die sich mit den Zielen des Coachings verknüpfen, und gleichzeitig beim Lernenden Interesse und Motivation zu wecken. Das Akronym ARCS steht für *Aufmerksamkeit (attention)*, *Relevanz (relevance)*, *Leistungszuversicht (confidence)* und *Zufriedenheit (satisfaction)*. Laut Keller sind das die vier Variablen, die die Motivation beeinflussen.

DIE WESENTLICHEN TEILE DES MODELLS KÖNNEN WIE FOLGT ZUSAMMENGEFASST WERDEN:

❯ **Aufmerksamkeit (attention):** Es gibt drei Möglichkeiten, die Aufmerksamkeit einer Person zu gewinnen: (a) durch wahrnehmungsbasierte Erregung (perceptual arousal) – eine Veränderung der Stimmintensität (Lautstärke), der Lichtintensität, der Umweltbedingungen oder eine überraschende Information; (b) durch nachfragebasierte Erregung (inquiry arousal) – eine Aufgabe stellen, die nur gelöst werden kann, wenn der Lernende neue Kenntnisse oder Fähigkeiten erwirbt; (c) durch Variabilität (variability) – baut man das Prinzip der Veränderung mit ein, verhindert dies, dass der Lernende sich langweilt und abschaltet.
❯ **Relevanz (relevance):** Dieser Punkt verdeutlicht, wie wichtig es ist, dass eine Person versteht, warum sie sich bei einer gegebenen Aufgabe anstrengen soll. Um das zu erreichen, stehen drei Wege zur Verfügung: (a) Zielorientierung (goal orientation) – veranschaulichen Sie, wie

Attention ⟨ *perceptual arousal*
inquiry arousal
variability

die neu erworbenen Kenntnisse oder Fähigkeiten ihr helfen, aktuelle oder künftige Ziele zu erreichen; (b) Anpassung an Motivation (motive matching) – hier geht es darum, zu verstehen, dass die Motivationsstruktur einer Person zu einem verantwortlichen Lernumfeld führen kann; (c) Vertrautheit (familiarity) – die Gecoachten zeigen oftmals ein größeres Interesse, wenn der Inhalt des Coachings eine Verbindung mit vergangenen Erfahrungen aufweist.

) **Leistungszuversicht (confidence):** Hier wird die Wichtigkeit hervorgehoben, dass die gecoachte Person daran glaubt, erfolgreich sein zu können. Das kann über die folgenden drei Wege erreicht werden: (a) Lernanforderungen (learning requirements) – gibt an, was von ihr erwartet wird; (b) Erfolgsgelegenheiten (success opportunities) – ermöglichen der Person ein paar schnelle Erfolge bei Aufgaben; (c) Selbstkontrolle (personal control) – hierbei soll der gecoachten Person Eigenverantwortung für ihre Entwicklung vermittelt werden.

) **Zufriedenheit (satisfaction):** Das Selbstwertgefühl der Person (nach der Erledigung einer Aufgabe) wird hierunter zusammengefasst, und zwar in Form (a) natürlicher Konsequenzen – hier erfährt sie Zufriedenheit einzig durch den Erwerb neuer Fähigkeiten und Kenntnisse; (b) positiver Konsequenzen – hier erfolgt der Anreiz über Geld, Beförderung oder konkrete Privilegien durch die Anwendung der neuen Fähigkeiten und Kenntnisse.

Keller versichert, dass sein Modell als Unterstützung diene, um das Coaching mit den Zielen der gecoachten Person zu verknüpfen, für Anregungen sorge und angemessene Herausforderungen biete.

DIE PRAKTISCHE ANWENDUNG

Mit Kellers ARCS-Modell entwickeln Sie eine Coaching-Strategie, durch die ein größeres Verständnis für die folgenden Punkte ermöglicht wird: Was treibt einen Lernenden an, dass er es schafft, die Sitzung durchzuhalten; wie können Sie das Interesse des Lernenden aufrechterhalten und Ihre Sitzungen sowohl für sich als auch für den Lernenden ansprechender gestalten? Im Folgenden finden Sie einige Tipps, wie Sie dieses Modell nutzen können:

- Als Erstes müssen Sie die Aufmerksamkeit der Lernenden für sich gewinnen. Tun oder sagen Sie etwas, das sie aufsitzen und zuhören lässt. Oftmals bewirkt die Erwähnung einer überraschenden Tatsache oder einer Statistik genau das. Ein weiterer Ansatz könnte sein, dass sie eine anspruchsvolle Aufgabe oder ein schwieriges Problem lösen müssen. Wichtig ist, dass Sie ihre Neugierde wecken, den Wunsch, mehr zu erfahren.

- Sie müssen ihnen zweitens verdeutlichen, inwiefern der Inhalt der Sitzung für sie relevant ist. Die Lernenden müssen wissen, was die Sitzung ihnen bringt. Informieren Sie sie daher, wozu sie am Ende der Sitzung in der Lage sein werden und welche Auswirkung das auf sie haben wird. Die Verwendung von Fallstudien, die aufzeigen, was andere mit einem Coaching erreicht haben, ist hierfür eine sehr gut geeignete Methode.

- Drittens – nachdem Sie sich vergewissert haben, dass Sie sie nicht mit lächerlichen Erwartungen darüber vergrault haben, wozu sie fähig sein werden – müssen Sie ihnen die Zuversicht vermitteln, dass sie die an sie gestellten Erwartungen meistern werden. Wenn sie mit einzelnen Aspekten des Coachings kämpfen, sagen Sie ihnen, dass auch Sie nicht unfehlbar sind und wie hart Sie daran arbeiten mussten, um Probleme zu überwinden.

- Zum Schluss wird jeder Einzelne für eine gut gemachte Aufgabe Anerkennung erwarten. Achten Sie darauf, durchweg entsprechendes Feedback zu geben und nicht nur am Ende der Coaching-Sitzung. Es ist entscheidend, dass Sie ihre Anstrengungen genauso wie das Ergebnis loben. Sind die Personen mit dem zufrieden, was sie erreicht haben, bringen Sie sie dazu, darüber nachzudenken, welche Schritte sie als Nächstes gehen sollten.

FRAGEN, DIE SIE SICH STELLEN SOLLTEN

- **Wie gut kenne ich die Menschen, die ich coache?**

- **Habe ich den Inhalt der Sitzung so gestaltet, dass der Lernende es verstehen kann und dennoch gefordert wird?**

THEORIE **6**

DOUGLAS MCGREGOR: DIE X- UND Y-THEORIE

Setzen Sie diese Theorie ein, wenn Sie wissen möchten, welche Motivationsmethode zu verwenden ist.

Douglas McGregors Theorie wurde ursprünglich eingesetzt, um Manager einstufen zu können. Sie basiert auf einer Reihe von Annahmen, die jeweils eine übertriebene Sicht der Dinge darstellen.

ANHÄNGER DER THEORIE X GLAUBEN, DASS DIE MEISTEN MENSCHEN

❭ wo immer möglich vermeiden werden, sich Mühe zu geben,
❭ dazu bewegt werden müssen, Leistung zu zeigen,
❭ kaum Ehrgeiz haben,
❭ nicht kreativ sind.

ANHÄNGER DER THEORIE Y GLAUBEN, DASS DIE MEISTEN MENSCHEN

❭ bereit sind, sich anzustrengen,
❭ bereitwillig die Verantwortung für ihre Arbeit übernehmen,
❭ Ehrgeiz zeigen,
❭ kreativ sind.

Interpretiert man McGregors Konzept vor dem Hintergrund des Coachings würde das darauf hindeuten, dass

Kontingenz: Es bleibt ausreichend Platz für
beide Konzept

- **Coaches der Theorie X** sich auf Zwang und externe Anreize verlassen, um eine Veränderung im Verhalten voranzutreiben. Sie glauben, es liege in ihrer Verantwortung, das Coaching zu strukturieren und die von ihnen gecoachten Personen anzuspornen.

- **Coaches der Theorie Y** sich darauf verlassen, dass die von ihnen gecoachten Menschen den inneren Wunsch verspüren, ihr Verhalten ändern zu wollen. Sie glauben, es liege in ihrer Verantwortung, das Klima zu schaffen, in dem selbstmotivierte Menschen aufblühen.

Bei dieser Interpretation ist es enorm wichtig, zu betonen, dass nicht alle als *X eingestuften* Coaches schlecht und nicht alle als *Y eingestuften* Coaches gut sind. In Anbetracht des Charakters der Personen, mit denen sie zusammenarbeiten, und der Umstände, unter denen eine Verhaltensänderung eintritt, bleibt ausreichend Platz für beide Konzepte.

DIE PRAKTISCHE ANWENDUNG

Eine schlechte Nachricht habe ich jetzt allerdings: Sie werden auf Menschen treffen, die Sie managen oder coachen, die in die Kategorie X fallen: Lernen interessiert sie nicht im Mindesten und Veränderungen widersetzen sie sich (siehe Theorien 26–28). Wenn Sie das bestürzt, holen Sie sich direkt bei Kübler-Ross einen Rat ein (siehe Theorie 72). Sobald Sie die Phasen des *Schocks* und des *Zorns* durchlaufen haben, gelangen Sie an den Punkt des *Verhandelns*. Hier müssen Sie entscheiden, ob Sie die Situation annehmen und weitergehen oder ob Sie etwas dagegen unternehmen wollen. Womöglich muss man eine harte Linie verfolgen und diese Personen von Coaching-Sitzungen ausschließen. Vielleicht müssen aber auch Bedingungen ausgehandelt werden, damit Sie einen externen Anreiz oder Wege anbieten können, die ihren inneren Drang, sich verändern zu wollen, verbessern. Egal, wofür Sie sich entscheiden. Wichtig ist, dass Sie Rückhalt im Unternehmen haben. Diese Tipps dienen zu Ihrer Unterstützung:

- Beim Coaching nach der Theorie X geht es um Befehle, Kontrolle und Angst. Ihr Stil ist dadurch charakterisiert, dass Sie der von Ihnen gecoachten Person mitteilen, was getan werden muss, und die Folgen benennen, falls dies nicht getan wird (siehe Theorien 14–16).

- Das Coaching nach der Theorie Y kennzeichnet sich durch Kooperation und ein gutes Arbeitsverhältnis. Ihr Stil äußert sich darin, Vorgehensweisen vorzuschlagen und die von Ihnen gecoachte Person dazu anzuregen, fortzufahren und selbst zu handeln (siehe Theorien 17–22).

Denken Sie nicht, dass es beim Coaching stets richtig wäre, den Weg der Theorie Y einzuschlagen und Theorie X gänzlich zu missachten. Vielleicht müssen Sie einen Ansatz übernehmen, der irgendwo zwischen den beiden Extremen angesiedelt ist. Wenn Sie sich tatsächlich für eine Mischform entscheiden, achten Sie darauf, einheitlich vorzugehen. Vor allem wenn Sie eine Personengruppe coachen. Behandelt man Menschen aus einer Gruppe unterschiedlich, kann das dazu führen, dass man der Bevorzugung beschuldigt wird.

FRAGEN, DIE SIE SICH STELLEN SOLLTEN

- **Sehe ich mich selbst als Coach der Theorie X oder der Theorie Y?**
- **Übernehme ich einen Ansatz, der sowohl den Beteiligten als auch die Umstände berücksichtigt, in denen das Coaching stattfindet?**

Theorie X, Y: Übernehme ich einen Ansatz, der sowohl den Beteiligten als auch die Umstände berücksichtigt, in denen das Coaching stattfindet?

THEORIE **7**

FREDERICK HERZBERG:
HYGIENE- UND KITA-FAKTOREN

Setzen Sie diese Theorie ein, wenn Sie verstehen möchten, welche Faktoren bei der Arbeit zu Zufriedenheit beziehungsweise Unzufriedenheit führen und wie diese zu beeinflussen sind.

Frederick Herzberg regte an, dass es zwei Arten von Faktoren gibt, die den Grad der Zufriedenheit beziehungsweise Unzufriedenheit der Menschen bei der Arbeit beeinflussen. Er nutzte den Begriff *Motivatoren*, um Handlungen zu beschreiben, die Zufriedenheit erzeugen. *Hygienefaktoren* nannte er die Bedingungen, die Unzufriedenheit verursachen, wenn sie unter ein annehmbares Niveau fallen. Zu den *Motivatoren* zählen beispielsweise Erfolg, Anerkennung und Verantwortung. Zu den *Hygienefaktoren* gehören Bezahlung, Arbeitsbedingungen und Kontrolle.

Herzberg betont dabei, dass die Eliminierung eines Unzufriedenheitsfaktors nicht zwangsläufig für Zufriedenheit sorgt. Er verwendet den Begriff *KITA* (wörtlich „kicks in the derriere", na ja nicht ganz wörtlich, und zu Deutsch: regelrechte Tritte in den Hintern – RTH), um einige ineffektive Motivationsstrategien zu beschreiben.

DIESE KÖNNEN WIE FOLGT ZUSAMMENGEFASST WERDEN:

❱ **Negative physische KITA:** Hierzu zählen Rufen, Schreien, Drohen und jede andere Form der Einschüchterung.
❱ **Negative psychologische KITA:** Hierzu gehören subtilere Formen der Einschüchterung sowie emotionale Spielchen und andere psychologische Manipulationen.

Motivatoren: Erfolg, Anerkennung, Verantwortung
Hygienefaktoren: Bezahlung, Arbeitbedingungen, Kontrolle

Herzberg folgerte, dass die stärkste Motivationsquelle der Erfolg sei. Menschen würden nicht, so behauptete er, durch Versagensängste motiviert, sondern durch Erfolgserlebnisse, für die sie im Anschluss Anerkennung erfahren würden.

DIE PRAKTISCHE ANWENDUNG

Wenn Sie als Coach für die von Ihnen gecoachte Person einen Unzufriedenheitsfaktor eliminiert haben, sollten Sie nicht dem Irrglauben verfallen, dass Sie Zufriedenheit erzeugt haben. Sie haben lediglich die Unzufriedenheit beseitigt. Beschwert sich die von Ihnen gecoachte Person beispielsweise darüber, dass Sie nicht freundlich genug sind, wird ein Lächeln und ein gelegentlicher Witz die Unzufriedenheit mit Ihrer Persönlichkeit abbauen. Laut Herzberg haben Sie deshalb aber noch keine Motivationsquelle geschaffen. Sie müssen sich die Faktoren bewusst machen, die Menschen wirklich motivieren, lernen zu wollen. Diese Tipps dienen zu Ihrer Unterstützung:

• Gestalten Sie das Coaching interessant, indem Sie den präferierten Lernstil des Einzelnen herausfinden (siehe Theorien 2–4). Setzen Sie anspruchsvolle, aber realistische Lernziele (siehe Theorien 11–13). Sind diese zu hochgesteckt, wirkt es demotivierend; sind sie zu leicht, erzeugt das Selbstgefälligkeit. Wenn Ihre Schützlinge etwas infolge Ihres Coachings erreichen, dann würdigen Sie das Erreichte und teilen Sie es allen im Team mit.

• Wo immer möglich, geben Sie positives Feedback. Unterschätzen Sie nie den Wert eines gelegentlichen „Gut gemacht" oder „Das war sehr gut". Es ist schon erstaunlich, welche Auswirkung das auf die Stimmung und Produktivität hat, wenn es öffentlich geschieht.

• Vermeiden Sie um jeden Preis den Einsatz von KITA. Das Arbeitsrecht missbilligt physische oder psychische Einschüchterungen. Aber selbst wenn es keine derartigen Gesetze gäbe, Zwang auszuüben oder emotionale/seelische Spielchen zu spielen, lässt sich das kaum mit einem ethischen Coaching vereinbaren.

Emotionale/seelische Spielchen zu spielen ist nicht mit ethischem Coaching vereinbar

FRAGEN, DIE SIE SICH STELLEN SOLLTEN

- Wie gut verstehe ich die Faktoren, die die von mir gecoachten Menschen motivieren?

- Wie gut kann ich die Errungenschaften der von mir gecoachten Personen loben?

Mit Herzberg: Wie gut kann ich die Errungenschaften der von mir gecoachten Person loben?

3. EIN GUTER KOMMUNIKATOR SEIN

EINFÜHRUNG

V or einiger Zeit nahm ich an einem zweitägigen Seminar teil, bei dem ein paar andere und ich von einem Mann zum Thema „Wie wird man ein effektiver Manager" gecoacht wurden. Wir sollten eine Präsentation über Teamarbeit erstellen. Ein paar Minuten lang warteten wir, dass der Coach etwas sagt. Doch er saß nur da. Teilnahmslos, den ganzen Tag, und er sagte kein Wort. Also fuhren wir mit der Arbeit an unserer Präsentation fort. Dasselbe Spiel am zweiten Tag: Stumm wie ein Fisch saß er da. Am späten Vormittag hatten wir schon eine beträchtliche Anzahl von Flipcharts zusammen, die unsere Gedanken skizzierten. Wir waren mit dem, was wir geschafft hatten, zufrieden. Genau in jenem Moment murmelte unser Coach: „Hm! Viel Papier, kaum Entwicklung." Das hat uns tief erschüttert und alsbald begannen wir, die Ideen unserer Präsentation zu hinterfragen.

Ich erinnere mich auch noch genau an meine Zeit als 21-jähriger Referendar. Ich war so enttäuscht über die Weigerung der Schüler, mir zuzuhören, dass ich rief: „Ihr seid die schlimmste Klasse, die ich je unterrichtet habe." Ein Schüler erwiderte, dass er gehört habe, wie ich tags zuvor einer anderen Klasse dasselbe gesagt hatte. Durch meine Reaktion hatte ich also lediglich erreicht, dass meine Glaubwürdigkeit bei der Klasse und meine Kontrolle über sie weiter abnahmen.

Was ich damit sagen will: Um effektiv zu sein, muss Kommunikation eine deutliche Botschaft enthalten. Und sie muss so erfolgen, dass sie die größte Wirkung entfalten kann. Gute Kommunikation kann mit effektiver Motivation zusammenhängen, wenn es um die Vermittlung von Gedanken und weniger von Informationen geht. Das heißt: Was sollen sie verstehen, nicht, was sollen sie hören.

Die Theorien dieses Kapitels umfassen das grundlegendste und am häufigsten eingesetzte Kommunikationsmodell und darüber hinaus zwei Lehrmeinungen über den Geisteszustand, in dem sich Menschen befinden, wenn sie Nachrichten senden und empfangen. Wenn Sie diese drei Theorien zusammen einsetzen, werden Sie zu einem noch effektiveren Kommunikator.

*Argyles Kommunikations Zyklus : Idee, Kodierung,
Kanal, Dekodierung, Empfang, Verständnis*

THEORIE 8

MICHAEL ARGYLE:
DAS KOMMUNIKATIONS-
ZYKLUS-MODELL

Setzen Sie dieses Modell ein, wenn Sie
Kommunikationsausfälle vermeiden wollen.

Für Michael Argyle ist Kommunikation ein essenzielles Tool, das Coaches
perfektionieren müssen, um einen effektiven Unterricht halten zu können. Es sei eine Fähigkeit, die man ausbauen könne. Für ihn drückt sich
dieser Prozess in einem linearen Modell mit sechs Kernkomponenten
aus, das sich wie folgt darstellen lässt:

Idee entwickelt sich	Nachricht wird kodiert	Kommuni-kations-kanal	Nachricht wird empfangen	Nachricht wird dekodiert	Nachricht wird verstanden

Feedbackschleife

AUF DAS COACHING BEZOGEN LAUTEN DIE
KERNKOMPONENTEN:

) **Idee entwickelt sich:** Hier möchte der Coach etwas mit dem Kunden
ausprobieren, von dem er annimmt, dass es die Leistungsfähigkeit steigern wird.
) **Nachricht wird kodiert:** Der Coach muss anschließend entscheiden,
was er sagen oder tun muss, um die Idee zu verdeutlichen.
) **Kommunikationskanal:** Der Coach muss bestimmen, welche Kommu-
nikationsmethode (mündlich, schriftlich, vorführen) verwendet werden
sollte, um die Nachricht zu übermitteln.
) **Nachricht wird empfangen:** Der Coach muss die Bestätigung erhalten,
dass die Nachricht empfangen wurde.

Kommunikation ist wichtig: physische, psycho-
logische oder semantische Barriere

> **Nachricht wird dekodiert:** Der Kunde muss die Nachricht entschlüsseln und deren Bedeutung analysieren. Der Coach muss sicherstellen, dass die Nachricht effizient und effektiv dekodiert wurde.
> **Nachricht wird verstanden:** Der Coach muss sicherstellen, dass der Kunde die Nachricht vollständig versteht.

Abwandlungen von Argyles Modell beinhalten eine Feedback-Schleife von dem Punkt *Nachricht wird verstanden* zu Punkt 1 *Anfangsidee*, wodurch sich das Modell weg von seiner linearen Form hin zu einem Zyklus entwickelt.

Steven Covey: Emotionales Beziehungskonto

DIE PRAKTISCHE ANWENDUNG

Argyles Modell ist wohl unter allen Kommunikationsmodellen das einfachste und am häufigsten eingesetzte. Es beruht auf dem Prinzip, dass ein Sender (der Coach), ein Empfänger (die gecoachte Person), die Nachricht (was der Coach erreichen möchte) und eine Übermittlungsmethode für die Nachricht – *Dirigieren* (Theorien 14–16), *Zeigen* (Theorien 17–19), *Unterstützen* (Theorien 20–22), *Stimulieren* (Theorien 23–25) – benötigt werden sowie eine Bestätigung, dass die Nachricht empfangen und verstanden wurde. Probleme tauchen dann auf, wenn die Kommunikation durch *physische, psychologische* oder *semantische* Barrieren beeinträchtigt wird. Hier finden Sie einige Tipps, um diese zu umgehen:

- **Physische Barrieren:** Diese beziehen sich darauf, dass die Nachricht nicht deutlich genug gehört oder gelesen wird. Die Ursachen können Außenlärm, mangelnde Klarheit im schriftlichen Ausdruck oder technische Ausfälle sein. Vermeiden Sie das Coaching, wenn Ablenkungen vorhanden sind. Vergewissern Sie sich, dass die mündliche und schriftliche Kommunikation klar und deutlich ist und testen Sie alle Geräte vor der Sitzung auf deren korrekte Funktionsweise.

- **Psychologische Barrieren:** Diese treten auf, wenn es in der Coaching-Beziehung an Respekt oder Vertrauen mangelt. Steven Covey nutzt die wunderbare Metapher des *emotionalen Beziehungskontos* zur Beschreibung. Hier können beide Parteien *Einzahlungen* in Form von gutem Benehmen und dem Einhalten von Zusagen vornehmen oder aber

Nachrichtenübermittlung — Dirigieren
Zeigen
Stimulieren — Unterstützen

Abhebungen, indem Sie schlechtes Benehmen zeigen oder Zusagen brechen. Zu viele Abhebungen werden die Beziehung zugrunde richten. Achten Sie auf das Guthaben, indem Sie auf das hören, was die andere Person zu sagen hat, indem Sie rücksichtsvoll sind und ihre Bedürfnisse befriedigen, Verpflichtungen nachkommen und Zusagen einhalten.

- **Semantische Barrieren:** Diese Hindernisse tauchen dann auf, wenn Sie eine Sprache oder eine Wortbedeutung verwenden, die über das Verständnis der gecoachten Person hinausgehen. Wie hört sich das für Sie an? *Je nach Derivat, das als impliziertes Subjekt bezeichnet wird, ist eine Veranlagung für die unvergängliche Abstinenz von der Wissensvermittlung des eigenen maternalen Vorgängers bezüglich der Vakuuminduktion beim aviären Ovum wesentlich.* Mal sehen, wie lange Sie brauchen, um das aufzudröseln.

Eine gute Möglichkeit, alle diese Komplikationen zu vermeiden, ist es, von der von Ihnen gecoachten Person Feedback einzufordern. Vergewissern Sie sich, dass sie Ihre Nachricht hören und verstehen kann und sie nicht wegen Ihrer mangelnden Glaubwürdigkeit als Coach infrage stellt.

FRAGEN, DIE SIE SICH STELLEN SOLLTEN

- **Sind Ablenkungen vorhanden, die die Coaching-Sitzung beeinträchtigen können?**
- **Sind meine Anweisungen deutlich und leserlich?**
- **Behalte ich das emotionale Guthaben zu der Person bei, die ich coache?**

Kommunikationszyklusmodell (Argyll):
Behalte ich das emotional Guthaben zu
der Person bei, die ich coache?

Transaktionsanalyse: Eigener Geisteszustand und
Güte der Kommunikation

THEORIE 9

ERIC BERNE:
DIE TRANSAKTIONSANALYSE

Setzen Sie diese Theorie ein, wenn Sie verstehen möchten,
wie der Geisteszustand, in dem Sie sich befinden, sich darauf
auswirkt, wie gut die Kommunikation funktioniert.

Eric Berne wies darauf hin, dass der Geisteszustand, in dem wir uns befinden, wenn wir mit Menschen kommunizieren, einen Einfluss darauf hat, wie die andere Person die übermittelte Botschaft empfängt, interpretiert oder darauf reagiert. Er sah folgende fünf Geisteszustände oder *Ich-Zustände* vor, die Menschen bei der Kommunikation nutzen:

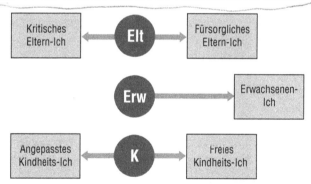

Quelle: Adaptiert aus Berne, E. (1964): „Games People Play:
The Psychology of Human Relationships", Penguin, London.

DIE *ICH-ZUSTÄNDE* KÖNNEN WIE FOLGT AUF DAS COACHING ANGEWANDT WERDEN:

❭ **Der kritische Eltern-Ich-Zustand:** In diesem Zustand ist der Coach
anderen gegenüber herrisch und sagt ihnen, was sie zu tun haben, weil
er denkt, sein Weg sei der einzig richtige.

Berne, Eric (1964): „Games People Play: The Psychology of Human Relations

> **Der fürsorgliche Eltern-Ich-Zustand:** Hier drückt der Coach seine Anteilnahme aus und bietet Ratschläge und Unterstützung an.
> **Der freie Kindheits-Ich-Zustand:** In diesem Zustand scheut sich der Coach nicht, seine Gefühle mit den anderen zu teilen.
> **Der angepasste Kindheits-Ich-Zustand:** Der Coach fühlt sich gehemmt, sich selbst vor anderen auszudrücken.
> **Der Erwachsenen-Ich-Zustand:** Hier handelt der Coach, indem er sich selbst ruhig und verantwortungsbewusst ausdrückt.

Das Verhalten im *Erwachsenen-Ich*-Zustand ist laut Berne im Allgemeinen der effektivste Coaching-Ansatz. Dennoch soll es vorkommen, dass der *Eltern-Ich*- oder sogar der *Kindheits-Ich*-Zustand Resultate erzielen.

DIE PRAKTISCHE ANWENDUNG

In der Vergangenheit arbeitete ich mit Führungskräften des mittleren Managements eines großen britischen Automobilherstellers. Karen, die einzige Frau in dieser Führungsmannschaft, erzählte mir, dass der direkte Vorgesetzte ihr das Leben zur Hölle machte. Ständig würde an ihrem Stuhl gesägt und er sprach stets höhnisch mit ihr. Für mich war es offensichtlich, dass sich Karens Vorgesetzter in dem Zustand des kritischen Eltern-Ichs befand. Um dem zu entsprechen, war Karen in den Zustand des angepassten Kindheits-Ichs gefallen. Das Ergebnis war, dass der Manager seinen Willen bekam und Karen sich bei der Arbeit verzweifelt und unglücklich fühlte.

Doch anstatt mangelndes Selbstvertrauen zu entwickeln und dem Drang, gefallen zu wollen, nachzugeben, begann sie anhand von Bernes Modell die Fragen zu stellen: Wieso wollte er, dass sie immer alles erledigte? Wie könnten sie lösungsorientiert zusammenarbeiten? Wie könnte sie ihn dabei unterstützen, die Dinge zu erledigen? Indem sie die Beziehung „kritisches Elternteil spricht angepasstes Kind an" in „Erwachsener spricht Erwachsenen an" transformierte, veränderte sie die Ausgangssituation und konnte eine zufriedenstellendere Arbeitsbeziehung herstellen.

Molli: Es gibt zwar nicht eine Theorie, die alles erklärt, aber es gibt Varianzaufklärung

Diskursiver Erwachsenen - Ich: Wie, weshalb, warum, wesholl

Im Folgenden finden Sie einige Tipps, falls Sie Bernes Modell nutzen möchten:

- Analysieren Sie, in welchem Ich-Zustand Sie sich im Umgang mit anderen Personen befinden (das könnte jeder der fünf Ich-Zustände sein).

- Erkennen Sie, dass Sie die Fähigkeit besitzen, jeden Ich-Zustand anzunehmen.

- Sehen Sie ein, dass die Beziehung
  - *Eltern* zu *Kind* oder *Kind* zu *Eltern* kurzfristige Ergebnisse erzielen kann,
  - *Eltern* zu *Eltern* zu Spannungen führen kann, vor allem, wenn beide sich im Modus *kritisches Eltern-Ich* befinden,
  - *Kind* zu *Kind* zu Trägheit führen kann, vor allem, wenn sich beide im Modus *angepasstes Kindheits-Ich* befinden,
  - *Erwachsener* zu *Erwachsenem* der beste Zustand für langfristige Ergebnisse ist.

- Beginnen Sie jede Interaktion mit „Wie", „Was", „Wann" oder „Weshalb". Ich verspreche Ihnen, so gelangen Sie zu der Beziehungsebene *Erwachsener* zu *Erwachsenem*. Dafür mag Durchhaltevermögen erforderlich sein, aber letzten Endes werden Sie diesen Zustand erreichen.

In Ihrer Sammlung kann sich dieses Modell als ein sehr mächtiges Instrumentarium erweisen. Wenn Sie sich nur ein paar wenige Theorien als Coach aneignen möchten, dann sollten Sie diese auf jeden Fall übernehmen.

FRAGEN, DIE SIE SICH STELLEN SOLLTEN

- Bin ich mir sicher, dass ich mich in der richtigen Geisteshaltung befinde, wenn ich mit der von mir gecoachten Person kommuniziere?

- Erkenne ich an, in welcher Geisteshaltung sie sich befindet?

- Habe ich den richtigen Ich-Zustand für die Kommunikation gewählt, der ein langfristig zufriedenstellendes Ergebnis erbringt?

Implikation der Transaktionsanalyse: Bin ich mir sicher, dass ich mich in der richtigen Geisteshaltung ... und an dieser Person ...

Johari – Fenster: Arena, Fassade, Blinder Fleck, Verborgen

THEORIE 10

JOSEPH LUFT UND HARRY INGRAM: DAS JOHARI-FENSTER

Setzen Sie diese Theorie ein, wenn Sie wissen möchten, wie gut Sie als Coach Feedback geben und annehmen.

Joseph Luft und Harry Ingram vertraten die Meinung, dass man ein besseres Verständnis für effektive Kommunikation entwickelt, wenn man das Niveau der Selbsterkenntnis und der Erkenntnis anderer grafisch darstellt. Sie waren der Ansicht, je offener man anderen gegenüber ist und je aufgeschlossener man Feedback von anderen gegenübersteht, desto besser wird man mit ihnen kommunizieren können. Zur bildlichen Darstellung haben sie das *Johari-Fenster* (ein Akronym aus ihren Vornamen) entwickelt. Dieses Fenster umfasst vier Fensterpaneele – das *Offene (Arena)*, der *blinde Fleck*, das *Verborgene (Fassade)* und das *Unbekannte* –, die im Allgemeinen so abgebildet werden:

Das Offene (Arena)	Der blinde Fleck
Das Verborgene (Fassade)	Das Unbekannte

Quelle: Luft, J. und Ingram, H. (1955): „The Johari Window: A Graphic Model of Interpersonal Awareness", Proceedings der Western Training Laboratory in Group Development, UCLA Extension Office, Los Angeles.

Die Größe der einzelnen Fenster wird durch das Ausmaß der Selbsterkenntnis und der Erkenntnis anderer bestimmt.

JEDES FENSTER KANN WIE FOLGT ZUSAMMENGEFASST WERDEN:

❱ Das Offene (Arena): Mir selbst und anderen bekannt.
❱ Der blinde Fleck: Anderen, nicht aber mir bekannt.
❱ Das Verborgene (Fassade): Mir, nicht aber anderen bekannt.
❱ Das Unbekannte: Mir selbst und anderen nicht bekannt.

Luft und Ingram entwickelten einen Eigenschaftstest, mit dem man abschätzen kann, wie viel man über sich selbst weiß und in welcher Beziehung das zu den Dingen steht, die die Mitmenschen über einen wissen. Die Ergebnisse können dann in dem Gitter so dargestellt werden, dass ein Fensterrahmen mit unterschiedlich großen Flügeln entsteht. In einem idealen Rahmen für eine effektive Kommunikation wäre das *Offene (Arena)* der größte Flügel.

DIE PRAKTISCHE ANWENDUNG

Informationen über sich selbst weiterzugeben reicht möglicherweise für einen Coach nicht aus, um den Bereich *Arena* zu erweitern. Sie sollten für das empfänglich sein, was die von Ihnen gecoachten Menschen über Sie wissen oder von Ihnen halten. Dadurch wird die Größe des *blinden Flecks* minimiert, aber Sie müssen das Feedback der anderen ohne Furcht vor Demütigung annehmen. Mit den folgenden Tipps können Sie als Coach ein offeneres Kommunikationsfenster entwickeln.

• Scheuen Sie sich nicht, um Feedback zu bitten. Vergewissern Sie sich, dass die von Ihnen gecoachten Personen wissen, dass Sie das erwarten und es Ihnen wichtig ist, was sie zu sagen haben. Vermitteln Sie nicht den Eindruck eines Besserwissers und reagieren Sie auf das Gesagte. Sie mögen nicht immer mit ihrer Meinung übereinstimmen, sollten aber für das, was sie sagen, Verständnis und Respekt aufbringen.

• Geben Sie bereitwillig Dinge über sich preis. Teilen Sie den Menschen, die Sie coachen, Ihre Gedanken mit. Wenn ihnen bewusst wird, was Sie denken, kann es ihnen dabei helfen, zu verstehen, was Sie mit ihnen gemeinsam erreichen möchten.

- Seien Sie offen dafür, mehr über sich selbst herauszufinden. Der Selbstfindungsprozess wird oftmals von Coaches ignoriert, die das Coaching als Einbahnstraße sehen. Aus dieser Einbahnstraße wird eine gemeinsame Entdeckungsreise, wenn man die Dinge zusammen mit der Person oder den Menschen erarbeitet, die man coacht. Wichtig ist hierbei, zu erkennen, dass man weder sich selbst noch andere ändern kann, wenn man überhaupt nicht wahrnimmt, was geändert werden sollte. Der Selbstfindungsprozess und die gemeinsame Entdeckungsreise helfen Ihnen, mit diesem Problem umzugehen.

Dass zwei Typen mit Namen Joe und Harry etwas geschaffen haben, das so weit verbreitet Anwendung findet, ist faszinierend. Pädagogen nutzen diese Methode für die Analyse, wie gut Menschen Feedback geben und annehmen. Sogar im Geschäftsverkehr wird die Methode als eine Art psychometrischer Test eingesetzt, um zu ermitteln, wie offen die Mitarbeiter sind.

FRAGEN, DIE SIE SICH STELLEN SOLLTEN

- **Was hält mich davon ab, meine Gedanken mit anderen zu teilen?**
- **Wie kann ich aufgeschlossener dem gegenüber sein, was andere von mir denken?**

4. DIE RICHTIGEN ZIELE SETZEN

Topoi der Coachingziele: Wissen, Fähigkeiten, Gefü

S pezifisch
M essbar
A usführbar
R ealistisch
T erminiert
E xciting erlebnisreich
R entierlich

EINFÜHRUNG

Zielsetzung + Coaching (handwritten annotation)

Der Ausgangspunkt und unter Umständen der wichtigste Aspekt des Coaching-Prozesses ist die Vereinbarung von Zielen. Der Vorgang der Zielsetzung bündelt die Aufmerksamkeit, beeinflusst das Verhalten und hat somit direkte Auswirkung auf die Leistungsfähigkeit. Je genauer und messbarer ein Ziel ist, desto effektiver bewirkt es wahrscheinlich ein verändertes Verhalten. Dass Zielvorgaben machbar und für die Bedürfnisse der Organisation wie auch für diejenigen des Individuums relevant sind, wird zu wesentlichen Auswirkungen auf die Motivation der Person führen, die gecoacht wird. Ein Zeitplan für die Fertigstellung kann zudem ein Gefühl der Dringlichkeit für die Erfüllung der Aufgabe hervorrufen. Dieser Vorgang wird häufig mit den SMART-Kriterien dargestellt (*spezifisch, messbar, ausführbar, realistisch und terminiert*). Dieses Akronym wurde in den vergangenen Jahren um die Begriffe *exciting (aufregend)* und *rewarding (rentierlich)* erweitert, wodurch sich SMARTER-Ziele ergeben.

Wenn wir annehmen, dass Coaches mit Mitarbeitern an Themen arbeiten, die sich entweder auf Wissen, Fähigkeiten oder Gefühle beziehen, ist ein Rahmen für die Vereinbarung von Zielen vonnöten. Dieser muss sicherstellen, dass die Vorgaben auf dem richtigen Niveau festgelegt werden und der Anforderung genügen, SMARTER zu sein. In diesem Abschnitt habe ich daher Theorien aufgenommen, die eine Hierarchie der Lernziele nach Wissen, Fähigkeiten und Gefühlen abdecken. Zusammengenommen ergeben sie die *Lerndomänen*:

- Die geistige Entwicklung gilt als die *kognitive* Domäne.

- Die Entwicklung der Fähigkeiten gilt als die *psychomotorische* Domäne.

- Die Entwicklung von Gefühlen und Emotionen gilt als die *affektive* Domäne.

In jeder einzelnen Domäne ordnet eine Struktur die Lernstufen von einem sehr niedrigen Niveau bis hin zu äußerst komplexen Ebenen. Oftmals wird dies als *Taxonomie* bezeichnet. Eine *Taxonomie* kennzeichnet

Strukturen der Lernstufen: Taxonomie (handwritten annotation)

Metapher der Stufen der Lernerfahrung: Das Fahrenlernen

sich unter anderem dadurch, dass jede Stufe bewältigt werden sollte, bevor zur nächsten Stufe vorgerückt werden kann. Zu Zwecken der Demonstration, wie die einzelnen Theorien anzuwenden sind, werde ich in jedem Eintrag eine Lernerfahrung beschreiben, die die meisten Erwachsenen schon gemacht haben – das *Fahrenlernen*. Ich werde abdecken, was, wie und wo gelernt werden soll, und dieses für jede Kategorie bewerten. Vielleicht können Sie die jeweilige *praktische Anwendung* so übernehmen und anpassen, dass sie auf die Bedürfnisse der von Ihnen gecoachten Personen eingeht.

Bloom: Lernzielstufen im kognitiven Bereich
Wissen
Verstehen
Anwenden
Analysieren
Synthese
Evaluation

THEORIE **11**

BENJAMIN BLOOM: LERNZIELSTUFEN IM KOGNITIVEN BEREICH

Setzen Sie diese Theorie ein, um den Menschen das Maß an Unterstützung zukommen zu lassen, das ihnen bei der Entwicklung ihrer geistigen Fähigkeiten hilft.

Benjamin Bloom trug zu der Entwicklung von Taxonomien in allen drei Lerndomänen bei. Dennoch war es Mitte der 1950er-Jahre seine Arbeit zum Thema Lernen im kognitiven Bereich, die die Grundlage für Ideen zur Vorbereitung von Lernzielen bildete, die entwickelt und von Lehrern, Trainern und Coaches weltweit eingesetzt worden sind.

Die Bloom'sche Taxonomie basiert auf einer Struktur mit sechs Stufen, die wie folgt dargestellt werden kann:

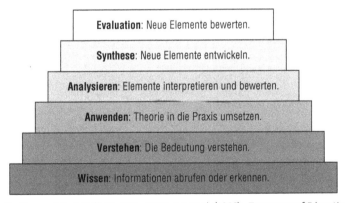

Evaluation: Neue Elemente bewerten.

Synthese: Neue Elemente entwickeln.

Analysieren: Elemente interpretieren und bewerten.

Anwenden: Theorie in die Praxis umsetzen.

Verstehen: Die Bedeutung verstehen.

Wissen: Informationen abrufen oder erkennen.

Quelle: Bloom, B.S., Engelhart, M.D., Furst, E.J. et al. (1956): „Taxonomy of Educational Objectives: The Classification of Educational Goals. Handbook I: Cognitive Domain", David McKay Company, New York.

Bloom war der Ansicht, dass Erkenntnis und die Fähigkeit, Wissen anzuwenden, unerlässlich seien, bevor ein höherer geistiger Entwicklungsstand erreicht werden könne.

DIE PRAKTISCHE ANWENDUNG

Nehmen wir an, Sie coachen Fahrschüler bezüglich der Kenntnisse, die sie zum Bestehen der Führerscheinprüfung benötigen. Grundlegendes Wissen lernen Fahranfänger am besten in einem Unterrichtsraum. So könnten Sie die einzelnen Niveaus durcharbeiten:

- Grundsätzlich soll der Fahranfänger in der Lage sein, Fakten aus der Straßenverkehrsordnung abzurufen oder zu erklären, wo sich die Bedienelemente befinden. Einfache Fragen und Antworten oder Multiple-Choice-Fragen funktionieren hier gut.

- Auf der zweiten Stufe sollen Fahrschüler die Bedeutung eines gegebenen Szenarios erklären beziehungsweise interpretieren können. Fragen Sie sie zum Beispiel, woran sie einen Unfall erkennen oder was passiert, wenn sie einen anderen Gang einzulegen versuchen, ohne die Kupplung zu treten.

- Sobald gezeigt wurde, dass er Fakten kennt und versteht, bringen Sie den Lernenden dazu, sein Wissen und seine Kenntnisse in Reaktion auf reale Umstände einzusetzen. Entwerfen Sie eine komplexere Situation rund um das Fahren und fragen Sie, wie er darauf reagieren würde.

- Die Prozesse der Analyse und Synthese umfassen das Aufspalten der Bestandteile eines Konzeptes und den Aufbau einer neuen Einheit. Dies würde den Rahmen des Fahrenlernens sprengen, aber zu dieser Kategorie würde gehören, gewonnenes Wissen auf andere Konzepte zu übertragen.

Wahrscheinlich ist dies die unkomplizierteste Domäne in Bezug auf Planung, Durchführung und Bewertung. Tatsächlich muss der Coach keine natürliche Fahrbegabung vorweisen können und das Coaching kann online erfolgen. Die Bewertung baut auf den Antworten zu den Fragen auf, wobei die Antworten entweder richtig oder falsch sind.

Versuchen Sie nun, das auf Ihr eigenes Coaching zu übertragen.

FRAGEN, DIE SIE SICH STELLEN SOLLTEN

- Habe ich entschieden, auf welcher Stufe ich das Ziel festlegen muss?

- Habe ich das mit der Person, die ich coache, abgestimmt?

- Woher weiß ich, wann wir die erforderliche Stufe erreicht haben?

Implikation Lernzielstufen im Regulativ?
↳ Woher weiß ich, wann wir die erforderlichen Lernstufen erreicht haben

THEORIE 12

RAVINDRAKUMAR DAVE: LERNZIELSTUFEN IM PSYCHOMOTORISCHEN BEREICH

Setzen Sie diese Theorie ein, um den Menschen das Maß an Unterstützung zukommen zu lassen, das ihnen bei der Entwicklung ihrer Fähigkeiten hilft.

Aus der Vielzahl von Taxonomien, die für die psychomotorische Domäne entwickelt worden sind, ist Ravindrakumar Daves Version aus den späten 1960er-Jahren die berühmteste. Sie bezieht sich auf die Erwachsenenbildung und wird am häufigsten eingesetzt.

Daves Taxonomie basiert auf einer Struktur mit fünf Stufen, die wie folgt abgebildet werden kann:

=) *Automatisierung als Expertise*

Naturalisierung: Fähigkeiten automatisch anwenden.

Handlungsgliederung: Eine Reihe von Fähigkeiten integrieren.

Präzisierung: Eine Handlung ohne Hilfe genau ausführen.

Manipulation: Eine Handlung aus dem Gedächtnis wiedergeben.

Imitation: Die Handlungen anderer beobachten und kopieren.

Quelle: Dave, R.H. (1970): „Psychomotor levels", in: Armstrong, R.J. (ed.) „Developing and Writing Behavioral Objectives", Educational Innovators Press, Tuscon, Arizona.

Dave behauptete, das Vermögen, Fähigkeiten zuerst wahrzunehmen und zu imitieren, um sie anschließend aus dem Gedächtnis heraus nachzubilden, müsse zuerst beherrscht werden, bevor höhere Niveaus dieser Kunstfertigkeit zu erreichen wären.

Lernzielstufen im psychomotorischen Bereich
4 Imitation, Manipulation, Präzisierung, Handlungsgliederung, Naturalisierung

DIE PRAKTISCHE ANWENDUNG

Nehmen wir an, Sie coachen Fahrschüler bezüglich der Kenntnisse, die sie zum Bestehen der Führerscheinprüfung benötigen. Grundlegende Fähigkeiten lernen Fahranfänger am besten in einem Auto. So könnten Sie die einzelnen Niveaus durcharbeiten:

• Beginnen Sie, indem Sie verschiedene Tätigkeiten vormachen: die Kupplung drücken, das Schalten und so weiter. Anschließend soll der Fahranfänger alles, was Sie vorgeführt haben, genau kopieren.

• Sobald Sie sicher sind, dass er diese Handlung korrekt reproduzieren kann, lassen Sie ihn das Ganze anhand mündlicher Anweisungen wiederholen.

• Anschließend sollte der Lernende ohne Hilfe oder Anleitung eine Reihe von Aufgaben präzise ausführen, beispielsweise Hochschalten oder Lenken auf der Geraden.

• Lassen Sie den Lernenden am Straßenverkehr teilnehmen, damit er seine Aktivitäten in annehmbarer Form anpassen und in den Fahrvorgang integrieren kann.

• Sobald er das Stadium der unbewussten Kompetenz erreicht (in der man Dinge präzise ausführen kann, ohne darüber nachzudenken), ist er bereit für die Führerscheinprüfung.

• Aber Achtung: Das Stadium, das auf die unbewusste Kompetenz folgt, ist die unbewusste Inkompetenz (man macht etwas falsch, ohne sich dessen bewusst zu sein, dass es falsch ist). Lassen Sie nicht zu, dass die Lernenden aus Selbstgefälligkeit da hineinrutschen.

Dieser Bereich ist etwas vielschichtiger als das Lehren in der kognitiven Domäne. Hier muss der Coach Fähigkeiten zeigen und Leistungsbeurteilungen vornehmen, die auf Interpretation beruhen und für die kein einfaches Richtig oder Falsch gilt.
Versuchen Sie nun, das auf Ihr eigenes Coaching zu übertragen.

FRAGEN, DIE SIE SICH STELLEN SOLLTEN

- Habe ich entschieden, auf welcher Stufe ich das Ziel festlegen muss?
- Habe ich das mit der Person, die ich coache, abgestimmt?
- Woher weiß ich, wann wir die erforderliche Stufe erreicht haben?

Lernzielstufen affektiver Bereich
Empfangen
Reagieren
werten
Konzeptualisieren: Innere Konflikte und
vorhandene Werte an
Verinnerlichen

THEORIE **13**

DAVID KRATHWOHL UND BENJAMIN BLOOM: LERNZIELSTUFEN IM AFFEKTIVEN BEREICH

Setzen Sie diese Theorie ein, um den Menschen das Maß an Unterstützung zukommen zu lassen, das ihnen bei der Entwicklung ihrer Gefühle und Emotionen hilft.

David Krathwohl und Benjamin Bloom entwarfen eine Struktur, mit deren Hilfe Einstellungen und Gefühle weiterentwickelt werden können. Ihr fünfstufiges Modell wird im Allgemeinen wie folgt dargestellt:

Verinnerlichen: Ein neues Wertesystem übernehmen.

Konzeptualisieren: Innere Konflikte mit vorhandenen Werten abstimmen.

Werten: Dem Lernprozess Bedeutung beimessen und persönliche Ansichten ausdrücken.

Reagieren: Auf eine Lernaktivität reagieren und daran teilnehmen.

Empfangen: Die Bereitschaft zeigen, der Lernerfahrung offen gegenüberzustehen.

Quelle: Krathwohl, D., Bloom, B.S. und Masia, B.B. (1973): „Taxonomy of Educational Objectives: The Classification of Educational Goals. Handbook II: Affective Domain", David McKay Company, New York.

Krathwohl und Bloom gaben an, dass eine Empfänglichkeit für schwierige Gefühle und Emotionen sowie ein aufrichtiger Wunsch zur Veränderung die wesentlichen Elemente dieses Modells seien.

Von den drei Domänen werden die meisten Coaches aller Wahrscheinlichkeit nach mit dieser die größten Schwierigkeiten haben. Sie ist komplexer als die anderen beiden Taxonomien und die Unterschiede zwischen den einzelnen Stufen sind feiner, vor allem zwischen den Niveaus 3, 4 und 5.

DIE PRAKTISCHE ANWENDUNG

Nehmen wir an, Sie coachen Fahrschüler, damit sie die Ängste beziehungsweise die emotionalen Hindernisse, die sie bezüglich des Fahrens hegen, überwinden. Emotionen und Gefühle erschließen Fahranfänger am besten an einem ruhigen Ort abseits von Fahrzeug und Unterrichtsraum. So könnten Sie die einzelnen Niveaus durcharbeiten:

- Suchen Sie sich als Allererstes einen geeigneten Platz, an dem Sie den Lernenden dazu bringen können, mit Ihnen über etwaige Probleme – ob nun psychologischer oder physischer Natur –, die er mit dem Fahren verbindet, zu sprechen. Denkbar wären ein persönliches Gespräch oder eine kleine Gruppensitzung; richten Sie sich danach, womit der Lernende sich wohlfühlt.

- Bauen Sie ein Vertrauensverhältnis zum Lernenden auf, indem Sie Dinge mit ihm besprechen, die nicht mit dem Fahren zusammenhängen.

- Lassen Sie ihn untersuchen, welche Punkte ihm beim Fahren Schwierigkeiten bereiten und wieso sie seine Lernfähigkeit blockieren. Denken Sie sich nicht zu sehr in Probleme hinein, die über Ihre Kenntnisse hinausgehen. Sprengen die physischen und psychologischen Probleme Ihr Betätigungsfeld, dann verweisen Sie ihn an Fachberater.

- Wenn er seine Probleme benennen und quantifizieren kann, dann sollten Überlegungen folgen, was man diesbezüglich unternehmen kann.

- Vermeiden Sie es, ihm die Antwort auf seine Schwierigkeiten zu geben: Der Lernende muss sie schon selbst lösen.

Die Anwendbarkeit dieses Modells für das Coaching von Fahranfängern ist auf den ersten Blick nicht erkennbar. Erst wenn man sich damit befasst, erschließt man die Einsatzgebiete. Unter anderem wäre es möglich, dass der Coach die Ängste des Fahranfängers bezüglich des Fahrens untersucht oder aber die Sorglosigkeit gegenüber anderen

Verkehrsteilnehmern. Werturteile sind erforderlich, für die es eventuell kein Richtig oder Falsch gibt.

Versuchen Sie nun, das auf Ihr eigenes Coaching zu übertragen.

FRAGEN, DIE SIE SICH STELLEN SOLLTEN

- **Habe ich entschieden, auf welcher Stufe ich das Ziel festlegen muss?**

- **Habe ich das mit der Person, die ich coache, abgestimmt?**

- **Woher weiß ich, wann wir die erforderliche Stufe erreicht haben?**

5. COACHING DURCH DIRIGIEREN

EINFÜHRUNG

Behaviorismus im 20. Jhdt. der Ansatz (einzelnen

Auf dem Prinzip von Reiz und Reaktion basiert der behavioristische Ansatz, der das Dirigieren und Anweisungen geben umfasst. Diese Handlungen werden vom Coach ausgeführt und sie setzen voraus, dass der Coach kontrolliert, was getan werden muss, wie etwas getan wird und welche Belege für die Verhaltensänderung zu erbringen sind. Die Grundannahme des Behaviorismus ist, dass Menschen angeleitet werden müssen. Und wenn der Reiz nun etwas ist, das sich das Individuum wünscht (zum Beispiel eine Belohnung) oder fürchtet (beispielsweise eine Strafe), dann wird es dementsprechend reagieren und eine merkliche Veränderung seines Verhaltens herbeiführen.

Die Theorie wurzelt in den Untersuchungen des menschlichen Verhaltens aus dem späten 19. Jahrhundert und in der Entwicklung der Psychologie als wissenschaftliche Disziplin. Viele Prinzipien, die den Behaviorismus stützen, wurden von Psychologen anhand von Tierversuchen entwickelt, die ihre Theorien später auf den Menschen übertrugen. Auch wenn Teile der Theorie durch Forschungen festgestellt wurden, die heute als unethisch gelten, blieb der Behaviorismus über das 20. Jahrhundert hinweg die Basis für Lehransätze. Und er ist noch immer nützlich: Unter anderem dann, wenn man mit weniger reifen Lernenden oder an Themen arbeitet, die eine genaue Einhaltung der Abläufe unbedingt erforderlich machen, oder aber in Umgebungen, die ein Gesundheitsrisiko bergen. Der Behaviorismus ist nicht frei von Kritik, da er als autokratischer, übertragungsgesteuerter Ansatz angesehen wird, der die unabhängige und wissbegierige Natur der Menschen verkennt.

Für dieses Kapitel habe ich drei Theorien aus der behavioristischen Lernschule ausgewählt. Zwei gehören zum klassischen Behaviorismus, wohingegen die dritte einen zeitgenössischen Blick auf den Effekt der Bevormundung von Menschen wirft. Die Rolle des Coaches ist in allen drei Varianten, die Kontrolle zu haben und die zu coachende Person anzuleiten.

Kritik: Behaviorismus verkennt unabhängige und wissbegierige Strukturen des Menschen

Handwritten annotations at top:
Iwan Pawlow: 1904 Nobelpreis
Motiv: Triggern auch eine Form Klassisches ... Konditionierung

> ## THEORIE 14
>
> # IWAN PAWLOW: DIE KLASSISCHE KONDITIONIERUNG
>
> **Setzen Sie diese Theorie ein,** wenn Sie die negativen Gefühle reduzieren möchten, die einem Thema entgegengebracht werden.

Iwan Pawlows Erkenntnisse als Physiologe sowie seine Forschungsarbeit über die Verdauungssekrete bei Hunden, für die er 1904 den Nobelpreis erhielt, trugen wesentlich zu unserem Kenntnisstand darüber bei, wie Menschen lernen.

Seine Forschungen ergaben: Bietet man einem Hund Futter dar (ein *unkonditionierter Reiz*), kann dieser Reiz den Speichelfluss beim Hund als Reflexhandlung auslösen (eine *unkonditionierte* beziehungsweise *unbedingte Reaktion*). Wenn Sie den Reiz um eine Begleiterscheinung (beispielsweise dem Ertönen einer Glocke) ergänzen und nach einer gewissen Zeit den ursprünglichen Reiz (das Futter) entfernen, wird der Hund auf den Glockenton allein mit Speichelfluss reagieren. Pawlow nannte dieses Phänomen *konditionierte* beziehungsweise *bedingte Reaktion*, weil dem Hund beigebracht worden war, sein Futter mit dem Glockenton zu assoziieren.

In späteren Experimenten entdeckte Pawlow, dass sich die konditionierte Reaktion verlor, wenn dem Hund bewusst wurde, dass mit dem Glockenton nicht zwangsläufig Futter bereitgestellt wurde. Für dieses Konzept prägte er den Begriff *klassische Konditionierung*, deren Prinzip sich als bahnbrechender Schritt bei der Etablierung der Psychologie als wissenschaftliche Disziplin erwies und großen Einfluss auf die Arbeit anderer Verhaltenspsychologen ausübte.

DIE PRAKTISCHE ANWENDUNG

In Ihrer Arbeit als Coach werden Sie feststellen, dass die von Ihnen gecoachten Personen gelegentlich unwillig auf das reagieren, was Sie mit ihnen erreichen müssen. Das mag schlicht daran liegen, dass sie nur widerwillig an der Übung teilnehmen (siehe Theorien 5–7) oder eine regelrechte Furcht vor dem Thema haben. Eine ganze Palette negativer Gefühle und Phobien können angegangen werden, wenn man die negative Reaktion einer Person auf das Thema beseitigt. Das zu erreichen, helfen Ihnen folgende Tipps:

- Bewegen Sie als Erstes die Person dazu, die eigentliche Ursache ihrer negativen Gefühle gegenüber dem Thema zu untersuchen, bevor Sie ihr die Bedeutung des Themas für sie selbst verdeutlichen.

- Versuchen Sie, den Versagensdruck, den Tests in diesem Themenkomplex aufbauen können, zu mindern. Sie können das erreichen, indem sie zuerst einfache Aufgaben stellen, die für den Lernenden erfolgreich zu meistern sind. Anschließend können Sie den Schwierigkeitsgrad der Aufgaben allmählich anheben.

- Achten Sie schließlich darauf, dass Sie ausreichend loben, wenn der Lernende eine Aufgabe bewältigt hat. Dadurch konditionieren Sie die Lernenden dahingehend, dass sie sich auf das Thema freuen.

Lassen Sie mich eins jedoch klarstellen: Es ist sehr unwahrscheinlich, dass Sie jemanden, für den Mathe furchtbar ist, über Nacht in einen Mathematiker vom Kaliber eines Bertrand Russells oder in die britische Mathequiz-Komoderatorin Carol Vorderman verwandeln. Sie können aber zusammen daran arbeiten, die Furcht vor dem Thema zu überwinden.

FRAGEN, DIE SIE SICH STELLEN SOLLTEN

- Wie gut konnte ich meinen Kunden dazu bewegen, die tiefer liegende Ursache seiner negativen Einstellung dem Thema gegenüber zu untersuchen?

- Habe ich ausreichende Reize geboten, damit er sich mit dieser Negativität befasst?

Kontiguitätstheorie (Guthrie): Wie man substituiert
1. schlechte Gewohnungen durch Gute.

THEORIE 15

EDWIN GUTHRIE:
DIE KONTIGUITÄTSTHEORIE

Setzen Sie diese Theorie ein, wenn Sie die schlechten
Gewohnheiten eines Menschen durch gute ersetzen
möchten.

Obwohl Edwin Guthrie zu den Behavioristen im klassisch-traditionellen
Sinne gehörte, lehnte er die Vorstellung einiger Verhaltensforscher ab,
dass die Konditionierung einer Verstärkung bedürfe (ob positiv oder negativ), um erfolgreich zu sein. Er argumentierte stattdessen: Ist der Ablauf
einer Handlung einmal gelungen, wird man diese Handlung in Erwartung
desselben Ergebnisses kontinuierlich wiederholen – bis etwas eintritt,
das eine andere Reaktion hervorruft. Diesen Vorgang bezeichnete er als
die *Kontiguitätstheorie.*

Guthrie vertrat dabei die Ansicht, dass man einer Person die schlechten Angewohnheiten nicht abgewöhnen kann, man kann sie allerdings
durch gute ersetzen.

DIES KANN ERREICHT WERDEN DURCH:

❱ **Die Schwellenmethode:** Beginnen Sie damit, die Reizintensität so zu
reduzieren, dass dem Einzelnen die negative Reaktion auf den Reiz
kaum mehr sinnvoll erscheint.
❱ **Die Ermüdungsmethode:** Präsentieren Sie immer wieder denselben
Reiz, bis der Einzelne ein Ermüdungsniveau erreicht, bei dem er den
Wunsch verliert, sich schlecht zu verhalten. Dann kann sich der Wandel
von einer negativen zu einer positiven Reaktion vollziehen.
❱ **Die Methode der inkompatiblen Reize:** Präsentieren Sie einen Reiz,
der ein Verhalten erzeugt, das mit dem ungewünschten Verhalten in-
kompatibel ist.

[handschriftliche Notizen: Kontiguitätstheorie — Schwellenmethode / Ermüdungsmethode / Methode der inkompatiblen R...]

Im Kontext der Verhaltensänderung riet Guthrie für die Arbeit mit Gruppen, dass der Coach sich darauf konzentrieren sollte, was der Einzelne tut, und nicht auf das, was die Gruppe insgesamt macht. Diesbezüglich gab er zu bedenken, dass das durchschnittliche Gruppenverhalten nicht der Verhaltensweise von Individuen entspricht.

DIE PRAKTISCHE ANWENDUNG

Ich möchte Ihnen eine wahre Geschichte erzählen.

> Vor einigen Jahren nervten mich ein paar Jungs. Jeden Abend um etwa 19 Uhr vor meinem Haus machten sie laut Musik. Als ich sie bat, sie mögen etwas leiser spielen, ignorierten sie mich lediglich. Am darauffolgenden Abend bat ich sie nochmals höflich, sie mögen etwas leiser spielen, doch sie beachteten mich wieder nicht. Nach einer Woche mit dem allabendlichen Ritual sagte ich ihnen, allmählich würde mir ihre Musik gefallen und ich würde ihnen zwei Pfund bieten, wenn sie in der folgenden Nacht wiederkämen. Sie kamen, spielten ihre Musik und ich bot ihnen ein Pfund für den kommenden Abend an. Sie beklagten sich, das wäre nur die Hälfte dessen, was ich zuvor bezahlt hatte – aber sie erschienen dennoch. Dieses Mal bat ich sie, erneut zu kommen, doch leider könne ich es mir nicht leisten, ihnen etwas zu bezahlen. Einer der Jungs sagte: „Wenn Sie glauben, dass wir das hier umsonst machen ...", und sie trollten sich grummelnd. Ich habe sie nie mehr wiedergesehen.

Was war passiert? Ich habe lediglich ihren inneren Drang, jemanden ärgern zu wollen, durch einen externen Reiz (Geld) ersetzt. Nach Guthries *Schwellenmethode* habe ich die Reizintensität bis an jenen Punkt gesenkt, an dem der Reiz nicht mehr den gewünschten Effekt erzielte, und die Motivation, die ihrer Handlung zugrunde lag, verschwand. Selbstverständlich hätte ich auch die *Ermüdungsmethode* anwenden oder sie einfach ignorieren können. Irgendwann wären sie genervt abgezogen, um jemand anderen zu ärgern. Zugegebenermaßen, ich war mir nicht sicher, wie lange das dauern konnte. Wahrscheinlich hätte auch die *Methode der inkompatiblen*

Reize gewirkt: Ich hätte mir meine AC/DC-Platten, die Lautstärke bis zum Anschlag aufgedreht, anhören können, bis ihnen Hören und Sehen vergeht. Ich weiß nur nicht, wie meine Nachbarn darauf reagiert hätten. Und der Gedanke, dafür in meinem Alter noch ein Verfahren wegen asozialen Verhaltens zu kassieren, hielt mich doch davon ab.

Denken Sie darüber nach, wie Sie als Coach Guthries Theorie anwenden können, um mit den schlechten Angewohnheiten eines Menschen umzugehen – ganz egal, welche das sind. Welche Methode zum Einsatz kommt, hängt von dem Problem ab, das Sie lösen müssen, und wie viel Zeit Ihnen dafür bleibt.

Jetzt muss ich Ihnen allerdings etwas beichten: Die Geschichte mit den Musikern ist frei erfunden. Ich dachte, wenn Sie annehmen, die Geschichte wäre echt, würden Sie sie eventuell lesen (meine Instinkte gehören zur *Kategorie X*). Natürlich hätte ich darauf vertrauen müssen, dass Sie sie wegen Ihres inneren Wunsches, so viel wie möglich lernen zu wollen, auf jeden Fall lesen werden (meine Instinkte der *Kategorie Y*). (Falls Sie mehr über Instinkte der Kategorien X und Y erfahren möchten, siehe Theorie 6.)

FRAGEN, DIE SIE SICH STELLEN SOLLTEN

- Wie gut habe ich das Ausmaß der schlechten Angewohnheiten meines Kunden abschätzen können?

- Habe ich die richtige Methode ausgewählt, damit er sich damit befasst?

Bates: Self-fulfilling prophecy für mehr Selbstsicherheit

self-fulfilling prophecy: Bsp. Kuen

THEORIE 16

ROBERT MERTON: DIE SELBST-ERFÜLLENDE PROPHEZEIUNG

Setzen Sie diese Theorie ein, wenn Sie der von Ihnen gecoachten Person zu mehr Selbstsicherheit verhelfen möchten.

Kulturgeschichtlich: self-fulfilling prophecy — orientalisch und indisch

Auch wenn in der Literatur Beispiele der *selbsterfüllenden Prophezeiung* zu finden sind, die bis zu den antiken Zivilisationen Griechenlands, Chinas und Indiens zurückreichen, so war es doch Robert Merton, der diesen Ausdruck in den 1950er-Jahren prägte. Er beschrieb das Phänomen als eine unbegründete Vorhersage, die direkt oder indirekt eine Auswirkung auf andere hat und bewirkt, dass diese Vorhersage dann auch eintritt. Anders formuliert, sobald Menschen sich selbst davon überzeugen, dass etwas der Wahrheit entspricht, unabhängig davon, ob es das tut oder nicht, werden sie entsprechend dieser Überzeugung handeln.

Merton setzte seine Theorie ein, um zu analysieren, was in einem fiktiven Banken-Run geschehen würde. Im Folgenden finden Sie eine Zusammenfassung seiner Geschichte:

> Die Last National Bank ist eine typische Bank: Sie verfügt über einen gewissen Betrag an flüssigen Mitteln, hat allerdings den Großteil ihrer Vermögenswerte in anderen Unternehmungen angelegt. Eines Tages möchte eine große Zahl von Kunden Abhebungen vornehmen. Denn es geht das Gerücht um, dass die Bank in finanziellen Schwierigkeiten steckt. Und so strömen immer mehr Kunden zur Bank. Schließlich übersteigt das Ausmaß der Abhebungen die vorgehaltenen Zahlungsmittelbestände, was dazu führt, dass die Bank zahlungsunfähig wird. Das Gerücht, obgleich unbegründet, ist zur Realität geworden.

Merton weist darauf hin, dass der Kreislauf der sich selbsterfüllenden Prophezeiung lediglich durch eine Neudefinition der Annahmen durchbrochen werden kann, die der Ursprungsvorhersage zugrunde liegen. In Bezug auf die Bank, so regte er an, würde das eine zeitige und positive Stellungnahme oder Geste erfordern, um den Gerüchten möglichst frühzeitig ein Ende zu bereiten.

Merton, der seine Theorie auch auf das Coaching bezog, war der Ansicht, dass Menschen, die tendenziell in negativen selbsterfüllenden Prophezeiungen gefangen seien, oftmals an einem geringen Selbstwertgefühl litten, wodurch sie auf eine übermäßig kritische Beurteilung ihrer Performance entsprechend handelten. Dies führe zu einer Tendenz, der Welt und ihrer Fähigkeit, die eigene Situation zum Besseren hinwenden zu können, pessimistisch gegenüberzustehen.

DIE PRAKTISCHE ANWENDUNG

Ich erzähle Ihnen eine Geschichte mit drei Figuren, die verzweifelten Bedarf an positivem Denken haben:

> Wie kann man einen Feigling in einen Helden, einen Dummkopf in ein Genie oder ein emotionales Vakuum in einen großartigen Liebhaber verwandeln? Genau dieser Herausforderung sieht sich der Coach (verkleidet als Zauberer) in Frank Baums unvergesslicher Geschichte „Der Zauberer von Oz" gegenüber. Er verlieh dem feigen Löwen einen Orden für seinen Mut, der Vogelscheuche ein Diplom für ihren Verstand und dem Blechmann eine schlagende Uhr als ein Herz (nun ja, damals hatte der Herzchirurg Christiaan Barnard die Herztransplantation noch nicht perfektioniert). Wenn Sie die Geschichte nicht kennen, dann sehen Sie sich den Film an; er ist ein Klassiker.

Unterschätzen Sie niemals den Einfluss, den Sie auf die Menschen, die Sie coachen, haben. Sie üben eine enorme Macht über ihr Leben aus und können sie – je nachdem, wie Sie sich ihnen gegenüber verhalten – zu erfolgreichen Menschen oder zu Versagern machen. Wenn Sie ihnen sagen, sie seien zum Scheitern verdammt, könnten sie das Scheitern als unausweichliche Konsequenz akzeptieren. Im Folgenden finden Sie einige Tipps, wie Sie die selbsterfüllende Prophezeiung einsetzen können, um eine positive Wirkung zu erzielen:

- Geben Sie den Personen, die Sie coachen, ein paar Aufgaben, die verhältnismäßig einfach zu lösen sind. Respektieren Sie die Erfüllung der Aufgabe. Ein einfaches „Gut gemacht!" oder das Feiern der Leistung mit anderen wird ausreichend sein.

- Honorieren Sie den Einsatz ebenso wie den Erfolg. Achten Sie darauf, dass jeder Einzelne den Zusammenhang zwischen Einsatz und Erfolg sieht.

- Animieren Sie sie, das Gelernte mit den anderen Teammitgliedern zu teilen. Bauen Sie eine Beziehung unter den Teammitgliedern auf. Dadurch können sie den Einsatz und die Erfolge der anderen anerkennen. Je nach Situation kann ein anerkennendes Nicken oder ein Applaus angemessen sein.

- Bringen Sie den von Ihnen gecoachten Personen bei, mit Misserfolgen, die sie unweigerlich erleben werden, umzugehen. Bestärken Sie sie darin, aus Fehlern und auch aus Erfolgen zu lernen.

Der Weg des Zauberers war denkbar einfach. Er hatte die Macht, jeden Einzelnen der Hilfesuchenden zu vernichten. Indem er ihnen allerdings sagte, sie wären mutig/klug/herzlich, bewirkte er, dass sie an sich selbst glaubten und jene Eigenschaften erlangten, die sie sich so sehr wünschten.

FRAGEN, DIE SIE SICH STELLEN SOLLTEN

- Was kann ich den von mir gecoachten Personen sagen, das ihnen den Glauben an sich selbst verleiht?

- Wie erreiche ich das, ohne dass sie allzu selbstbewusst oder gar arrogant werden?

Self-fulfilling prophecy: Zauberer von Oz

6. COACHING DURCH UNTERSTÜTZUNG

Humanisten: Menschen mögen es nicht, deren
Teil zu werden

[handwritten top: Humanismus = Entwicklung führt ein selbstbestimmtes Leben und die Freiheit, Entscheidungen zu treffen]

EINFÜHRUNG

Zu akzeptieren, dass Sie nicht die absolute Kontrolle über den Coaching-Prozess haben und dass andere Menschen ebenfalls einen wertvollen Beitrag zu leisten haben, sind zentrale Grundsätze im *Humanismus*. Das beruht auf der Überzeugung, dass das Individuum ein selbstbestimmtes Leben führt und die Freiheit besitzt, eigene Entscheidungen zu treffen. Der Humanismus ist ein personenzentrierter Ansatz, in dem das Individuum aktiv entscheiden kann, welche Rolle es bei der Bestimmung spielt, was zu lernen ihm erlaubt sein sollte.

Die Grundannahme des Humanismus ist, dass Menschen eine Begabung fürs Lernen haben und signifikante Erkenntnisse dann gewonnen werden, wenn sie erkennen können, dass das Thema für sie selbst relevant ist. In solch einer Situation agiert der Coach als Vermittler – er fördert das Lernen, anstatt spezielle Methoden und Unterrichtsverfahren ausfindig zu machen.

Auch wenn die Wurzeln der humanistischen Bewegung zurückgeführt werden können auf Religion und Philosophie, so war es die Arbeit von Maria Montessori und Alexander S. Neill zu Beginn des 20. Jahrhunderts, die diese Bewegung in der Bildung bekannt gemacht hat. Bis in die frühen 1940er-Jahre hinein wurde die Theorie nicht weiter entwickelt. Erst in den 1960er- und 1970er-Jahren wurde sie wieder populärer. Denn eine Gruppe von Psychologen hinterfragte den Wert des behavioristischen Ansatzes, der für sie die Fähigkeit einer Person zur Selbstbestimmung negativ darstellte, sowie der kognitivistischen Methode, die sich ihrer Ansicht nach zu sehr auf die Bedeutung und das Verständnis konzentrierte.

Während die wachsende Bewegung immer mehr Menschen darin bestärkte, ihre eigenen Entscheidungen bezüglich der Dinge zu treffen, die ihr Leben betrafen, verlagerte sich der Schwerpunkt weg von einem coachzentrierten hin zu einem personenzentrierten Lernen. Unterstützer der humanistischen Methode sind der Ansicht, dass Menschen es schätzen, nicht bewertet oder beurteilt zu werden, und begeistert sind von der Chance, dass ihre Überlegungen verstanden werden. Kritiker behaupten, nicht jeder suche nach Emanzipation oder fühle sich wohl mit dieser Verantwortung, und geben zu bedenken, dass einige Menschen durchaus angewiesen werden möchten, was zu tun sei.

[handwritten bottom: Humanisten: Maria Montessori, Alexander S. Neill]

Für dieses Kapitel habe ich drei Theorien ausgewählt: die der beiden wohl einflussreichsten Humanisten (Maslow und Rogers) sowie die mit einem zeitgenössischen Zugang zur humanistischen Bewegung (Mezirow). Die Rolle des Coaches ist in allen drei Varianten, die Kontrolle abzugeben und die zu coachende Person dahingehend zu unterstützen, einen Teil des Verfahrens in die eigene Hand zu nehmen.

[handwritten: Bedürfnispyramide: Motive der Menschen verstehen, mit denen man zusammenarbeitet]

THEORIE **17**

ABRAHAM MASLOW:
DIE BEDÜRFNISPYRAMIDE

Setzen Sie diese Theorie ein, wenn Sie die Bedürfnisse der Menschen verstehen möchten, mit denen Sie zusammenarbeiten.

[handwritten: Bedürfnispyramide als humanistisches Modell]

Abraham Maslow ist weithin bekannt für seine Untersuchungen im Bereich Motivation. Seine berühmteste Arbeit war die „Bedürfnishierarchie": Hier wird die Reaktion einer Person auf Bildung durch das dominiert, was zu diesem Zeitpunkt das vorherrschende Bedürfnis ist.

Die Bedürfnishierarchie ist in zwei Phasen gegliedert. In den beiden unteren Kategorien beziehen sich die Bedürfnisse auf die physiologischen und sicherheitsrelevanten Aspekte des Lernens (physische und psychische Sicherheit). Erst wenn die Bedürfnisse der unteren Ebenen erfüllt sind, ist ein Übergang in die nächsthöhere Kategorie möglich. Im Allgemeinen wird dieses Modell als eine Pyramide oder eine Reihe von Stufen dargestellt:

Selbstverwirklichung: Volle Entfaltung des Potenzials.

Anerkennung und Wertschätzung: Achtung anderer.

Sozialbedürfnis: Zugehörigkeitsgefühl.

Sicherheit: Physische und psychische Unversehrtheit.

Biologische Grundbedürfnisse: Wärme, Licht, Trinken und Essen.

Quelle: Maslow, A.H. (1943): „A theory of human motivation", *Psychological Review* 50(4), S. 370–96.

[handwritten: Maslow als Neoaristoteliker]

Maslow gibt zu bedenken, dass nur wenige Menschen die Selbstverwirklichung in vollem Umfang erfahren würden. Viele erleben jedoch Zeiten der

[handwritten: ▸ Selbstverwirklichung (Maslow): Volle Entfaltung des Potenziale]

„Gipfelerfahrungen", in denen sie Erfolgserlebnisse beim Erlernen neuer Fähigkeiten oder beim Analysieren von Informationen haben.

Für Maslow ist im humanistischen Ansatz der innere Wunsch, etwas erreichen zu wollen (intrinsische Motivation), von wesentlicher Bedeutung. Auch wenn, so schränkt er ein, die Motivation, jede Stufe zu erklimmen, durch extrinsische oder intrinsische Kräfte angetrieben werden kann.

DIE PRAKTISCHE ANWENDUNG

Sie sollten nicht das Gefühl haben, dass es an Ihnen als Coach liegt, für die vollständige Befriedigung der Bedürfnisse aller zu sorgen. Menschen können in verschiedenen Zufriedenheitsstadien funktionieren, und sie tun es auch. Auch an Sie als ihren Coach werden Erwartungen gestellt. Selbst wenn die Umstände nicht immer perfekt sind, sie sollten im Mindesten tolerierbar sein. Im Folgenden versuche ich, Ihnen zu zeigen, wie man auf die Bedürfnisse eingehen und sie zum Teil, oder auch vollständig, befriedigen kann:

- In einer Sitzung möchte man sich wohlfühlen. Daher sollten Sie dafür sorgen, dass Beleuchtung, Heizung und Belüftung einwandfrei funktionieren. Bauen Sie ausreichend Trink- und Toilettenpausen ein. Ordnen Sie die Sitzgelegenheiten entsprechend der Bedürfnisse der von Ihnen gecoachten Person/Personen an. _Seriously?_

- Darüber hinaus möchte man sich sicher fühlen vor physischem und psychischem Schaden. Achten Sie folglich darauf, mit bedrohlichem Verhalten von Gruppenmitgliedern entsprechend umzugehen (siehe Theorien 26–28). Wenn Sie eine Gruppe coachen, behandeln Sie alle Mitglieder dieser Gruppe anständig und auf eine positive, nicht beängstigende Weise.

- Man möchte sich sowohl vom Coach als auch von den Teilnehmern angenommen fühlen. Zeigen Sie ihnen, dass sie Ihnen wichtig sind, und fördern Sie die Interaktion innerhalb der Gruppe. Nehmen Sie sich die Zeit, sich über ihre Interessen zu informieren, und durchmischen Sie die Mitglieder der Gruppe in praktischen Übungen.

Jede Stufe aus intrinsischer oder extrinsischer Motivation heraus erklimmen

- Des Weiteren möchte man auf Errungenschaften stolz sein können. Ermutigen Sie sie, neue Ideen und originelle Lösungsansätze für Probleme zu formulieren. Lob, das von Ihnen kommt, ist gut. Doch das Lob ebenbürtiger Teilnehmer ist noch wichtiger, daher sollten Sie sie davon überzeugen, ihre Ideen mit dem Rest der Gruppe zu teilen.

- Zu guter Letzt möchten Menschen das Gefühl haben, dass das Coaching ihnen hilft, ihr Potenzial voll auszuschöpfen. Als Coach müssen Sie selbstverständlich realistisch beurteilen, was an dieser Stelle zu erreichen ist. Sparen Sie nicht damit, Erfolge zu feiern. Aber vergessen Sie darüber nicht, auch die Bemühungen zu loben.

Verständnis für die Bedürfnisse der Menschen und die richtigen Ansätze für den Umgang mit diesen Bedürfnissen zu haben, sagt eine Menge über Sie aus. Nicht nur als Coach, sondern als Person.

FRAGEN, DIE SIE SICH STELLEN SOLLTEN

- Sorge ich für die richtigen Voraussetzungen, damit das Coaching effektiv sein kann?

- Wie gut ist das Gefühl, das ich den von mir gecoachten Personen sich selbst gegenüber vermittle?

„Verständnis für die Bedürfnisse der Menschen und die richtigen Ansätze für den Umgang mit diesen zu haben, sagt eine Menge über Sie aus. Nicht nur als Coach, sondern als Person."

THEORIE 18

CARL ROGERS:
FÖRDERUNG DES LERNENS

Setzen Sie diese Theorie ein, um Ihre Fähigkeiten als moderierender Coach zu erweitern.

Carl Rogers galt in der humanistischen Bewegung als treibende Kraft und setzte sich dafür ein, den Fokus innerhalb des Lernprozesses vom Lehrer/Coach hin zum Individuum zu verlagern. Dieser Wechsel hatte zur Folge, dass der Coach nicht länger die autoritäre Rolle des kompetenten Lösungsanbieters innehatte, sondern diese sich dahingehend veränderte, den Prozess der Einzelnen zu fördern, eigene Lösungen zu finden.

Rogers identifizierte drei Elemente, die für ihn einen wichtigen Teil der effektiven Förderung darstellten:

Die wesentlichen charakteristischen Merkmale dieser Elemente beschrieb er als:

- **Kongruenz:** Authentizität und Ehrlichkeit zeigen.

- **Empathie:** Verständnis für die Emotionen anderer aufbringen können.

Rogers / Kongruen[z] Empath[ie] Respek[t]

- **Respekt:** Positive Wertschätzung gegenüber der anderen Person zeigen.

Rogers war davon überzeugt, niemandem etwas beibringen, sondern lediglich ein Umfeld bieten zu können, das ein effektives Lernen fördert. Diese Einstellung bildet das Grundprinzip dieser Theorie.

DIE PRAKTISCHE ANWENDUNG

Bei der Lernförderung als Coaching-Methode geht es eher darum, wie man etwas lehrt, als was man lehrt. Der Lernprozess soll für die Menschen einfacher gestaltet werden. Um diesem Ansatz folgen zu können, müssen Sie fest daran glauben, dass Sie die Rolle eines Vermittlers und nicht die einer Aufsicht oder eines Leiters einnehmen. Wenn Sie nicht vollständig davon überzeugt sind, werden Sie keinen humanistischen Ansatz wählen. Aus diesem Grund ist es sehr wichtig, die Verhaltensweisen und Maßnahmen durchzugehen, die für eine gute Förderung notwendig sind:

VERHALTENSWEISEN

Selbstimplikationen Rogers

- Seien Sie sich selbst gegenüber ehrlich und haben Sie keine Angst, Ihre Gefühle auszudrücken.

- Seien Sie offen, die Dinge vom Standpunkt des Gegenubers zu betrachten.

- Nehmen Sie den anderen so, wie er ist. Kritisieren und beurteilen Sie ihn nicht.

MASSNAHMEN

- Schaffen Sie die richtige Stimmung und das richtige Umfeld für die Coaching-Sitzung. Welchen Eindruck Sie auf die anderen während der

Begrüßungsphase machen, wird eine beträchtliche Auswirkung auf ihre Leistung in der Sitzung haben.

- Bringen Sie in Erfahrung, was sich die Teilnehmer von der Sitzung erhoffen. Erzielen Sie eine vollständige Einigung über die Lernergebnisse. Notieren Sie sie (um während der Sitzung darauf zurückkommen zu können).

- Halten Sie eine Reihe von Lernmitteln parat (Übungen, Aufgaben und so weiter).

- Fungieren Sie als flexible Hilfe, die genutzt werden kann, und haben Sie keine Angst, zu einem lernenden Teilnehmer zu werden.

- Bringen Sie in Erfahrung, welchen Nutzen andere aus der Sitzung gewonnen haben.

- Teilen Sie bereitwillig Ihre eigenen Eindrücke über die Lernerfahrung.

- Seien Sie offen für Kritik und scheuen Sie sich niemals, Ihre eigenen Grenzen zu erkennen und anzunehmen.

Das Verhalten und die Maßnahmen, die Sie während einer Sitzung an den Tag legen, werden den Wunsch der anderen anregen, mehr als nur den Inhalt der Sitzung über das Thema erfahren zu wollen.

FRAGEN, DIE SIE SICH STELLEN SOLLTEN

- **Artikuliere ich meine Eindrücke über die Leistung der von mir gecoachten Personen zu widerwillig?**

- **Betrachte ich die Probleme von ihrer Warte?**

- **Bin ich ihren Werten und Überzeugungen gegenüber voreingenommen?**

JACK MEZIROW: TRANSFORMATIVES LERNEN

Setzen Sie diese Theorie ein, wenn Sie die Menschen zu weitreichenderen Veränderungen veranlassen möchten.

Jack Mezirow vertrat die Meinung, dass transformatives Lernen, anders als andere Lernmethoden, weitreichendere Verhaltensänderungen beim Einzelnen veranlassen und eine weit größere Wirkung beziehungsweise einen Paradigmenwechsel hervorrufen würde.

Er entwickelte zwei Konzepte: zum einen die *Bedeutungsperspektive*, also die umfassende Sichtweise der Person auf die Welt, zum anderen die *Bedeutungsschemata*, dabei handelt es sich um spezifisches Wissen und Werte, die sich auf die Erfahrungen des Individuums beziehen. Er war der Ansicht, dass sich Bedeutungsperspektiven infolge von Reaktionen auf Lebenserfahrungen verändern und den Rohstoff für die Veränderungen liefern, die durch transformatives Lernen auftreten. Mezirows Theorie des transformativen Lernens fußt auf drei wesentlichen Bereichen, die wie folgt dargestellt werden können:

DIE DREI BEREICHE KÖNNEN WIE FOLGT ZUSAMMENGEFASST WERDEN:

❱ **Lebenserfahrung** bildet den Ausgangspunkt in jedem Coaching.

❱ **Kritische Reflexion** ist das Differenzierungsmerkmal in der Erwachsenenbildung und der Mechanismus, durch den die gecoachte Person die Gültigkeit ihrer Überzeugungen und Werte hinterfragt.

❱ **Rationaler Diskurs** veranlasst die gecoachte Person, die Tiefe und die Bedeutung ihrer Überzeugungen und Werte zu analysieren und diese mit dem Coach und den Kollegen zu teilen.

Mezirow glaubte, die Kombination aus Reflexion und Diskurs ermutige die gecoachte Person, ihre Ansichten zum Leben so zu transformieren, dass sie integrativer sind, was im Gegenzug zu größeren Abhängigkeiten und mehr Mitgefühl für andere führen würde.

DIE PRAKTISCHE ANWENDUNG

Seien wir mal ehrlich: Nicht alle Coaches sind prädisponiert, sich eingehend mit dem transformativen Lernen zu befassen. Nicht alle Coaching-Situationen bieten sich für eine derartige Erfahrung an und nicht alle gecoachten Menschen fühlen sich wohl dabei, wenn ihre Werte und Überzeugungen infrage gestellt werden. In den unwahrscheinlichsten Situationen kann es jedoch Umstände geben, in denen Sie das Gefühl haben, es sei Ihre Pflicht, inakzeptables Verhalten kritisch zu hinterfragen. Ein Musterbeispiel hierfür ist, wenn jemand, den Sie coachen, sich in einer Sitzung rassistisch oder sexistisch äußert. Gehen Sie passiv oder aktiv damit um? Im Folgenden finden Sie einige wichtige Punkte, die Ihnen in dieser Situation Unterstützung bieten:

• Wenn Sie sich dafür entscheiden, für jemanden ein Umfeld des transformativen Lernens zu erzeugen, muss es frei von Zwang sein. Zwingen Sie anderen niemals Ihre Ansichten auf.

• Ermutigen Sie die Personen, ihre Überzeugungen kritisch zu reflektieren und offen darüber zu reden.

• Sorgen Sie für die Zustimmung aller Betroffenen (Sie einbegriffen), nach Gemeinsamkeiten oder einer Synthese verschiedener Standpunkte zu suchen.

• Suchen Sie nach unterschiedlichen Möglichkeiten, transformatives Lernen anzuregen, zum Beispiel durch Erfahrungsaustausch, Metaphern, Rollenspiele und Fallbeispiele.

• Sobald jemandem auffällt, dass die alten Denkmuster neuen weichen, unterstützen Sie ihn dabei, diese Muster in seinen Werten und Überzeugungen zu verankern.

Fragen Sie sich stets: Welches Recht habe ich, auf dem Gebiet des transformativen Lernens aktiv zu werden? Wenn Sie hierauf keine positive Antwort finden, dann lassen Sie es lieber von vornherein bleiben.

FRAGEN, DIE SIE SICH STELLEN SOLLTEN

• Versuche ich, meine Werte und Überzeugungen der gecoachten Person aufzuzwingen?

• Ermutige ich die gecoachte Person, aus ihren Fehlern zu lernen und gleichzeitig die Faktoren ihrer Erfolge zu erkunden?

• Helfe ich der gecoachten Person, Annahmen und Überzeugungen, die ihre Leistung möglicherweise behindern, zu untersuchen?

7. COACHING DURCH VORFÜHREN

EINFÜHRUNG

M it einer Person daran zu arbeiten, wie sie das, was Sie vorgeführt haben, anpassen und annehmen kann, wird als *Kognitivismus* bezeichnet. Dabei geht man davon aus, dass Informationen im Gehirn einer Person aktiv verarbeitet werden und dass Lernen stattfindet, indem man nach Zusammenhängen sucht, die zwischen den einzelnen Informationen existieren. Die Grundannahme ist, dass Lernen ein Prozess ist, in dem man alle relevanten Informationen sammelt, bis sich ein vollständiges Bild zu formen beginnt. Hier greift die Analogie zu einem Puzzle ganz gut, bei dem die einzelnen Teile kaum Sinn ergeben, bis sie mit anderen Stücken verbunden werden und sich allmählich ein Bild ergibt.

Die kognitivistische Theorie entwickelte sich aus der Unzufriedenheit mit dem Behaviorismus heraus. Entschiedene Kritiker jenes Ansatzes waren der Ansicht, hier gehe es einzig und allein um das Erreichen eines bestimmten Ergebnisses und nicht darum, dem Potenzial des Einzelnen Raum zur Entfaltung zu geben. Innerhalb des Kognitivismus gibt es zahlreiche Formen wie den Konstruktivismus und den Konnektivismus. Wobei einige argumentieren würden, dass diese zwei Formen eigenständige Theorien sind. Ich nehme in diesem Abschnitt den Standpunkt ein, sie als Variationen des Hauptthemas Kognitivismus zu behandeln.

Je weiter in der Lehre und im Coaching das Bedürfnis wuchs, Menschen zu fördern, die zu tieferem Verständnis und vernünftigem Denken fähig sind, desto mehr entwickelte sich der Kognitivismus zu dem neuen Denktrend. Kritiker des kognitiven Ansatzes heben hervor, dass mehr der persönliche entwicklungsorientierte Kontakt als Lernergebnisse im Mittelpunkt stünden und nicht jeder die Kapazität oder den Wunsch habe, unendlich viel Zeit aufzuwenden, um Informationen zu verarbeiten.

Von den bisher abgedeckten Theorien ist der Kognitivismus wahrscheinlich die am schwersten verständliche. Die Basis der drei in diesem Kapitel behandelten Theorien ist, dass Menschen lernen, indem sie besseren Einblick in die Probleme gewinnen und Techniken wie Versuch und Irrtum oder Rollenmodelle anwenden, um diese Probleme selbst zu lösen. Die Rolle des Coaches ist in allen drei Theorien, der zu coachenden Person vorzuführen, wie diese Techniken anzuwenden sind, es aber ihr selbst zu überlassen, die Lösung zu finden.

THEORIE **20**

BERLINER SCHULE DER GESTALTPSYCHOLOGIE: DIE EINSICHTSTHEORIE

Setzen Sie diese Theorie ein, wenn es der gecoachten Person schwerfällt, für ein Problem eine Lösung zu entwickeln.

Wolfgang Köhler, Kurt Koffka und Max Wertheimer begründeten in den 1920er-Jahren die Gestaltbewegung in Deutschland. Das Wort *Gestalt* hat dabei sowohl die Bedeutung „Form" als auch „organisiertes Ganzes". Der Grundgedanke hinter der Gestalttheorie ist, dass *Wahrnehmung*, *Lernen*, *Verständnis* und *Denken* als ein interagierendes Beziehungsgeflecht betrachtet werden sollten, das zusammengenommen, wie im folgenden Bild dargestellt, die *Einsicht* formt:

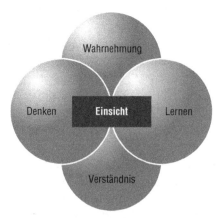

Durch diese Interaktion erklären die „Gestaltisten", dass Menschen Geistesblitze haben können, wenn sie versuchen, Lösungen für ein Problem zu formulieren.

Kritiker der Gestalttheorie sind der Ansicht, dass die Problemlösung eher ein Ergebnis aus der vergangenen Erfahrung im Umgang mit dem Problem ist als ein Geistesblitz. Viele Fachkräfte erkennen jedoch an, dass Menschen durchaus in der Lage sind, die Einzelteile eines Problems mental zu organisieren und aufschlussreiche Lösungen zu entwickeln. Die Reaktion von Menschen, „wenn der Groschen fällt", kann sowohl für Sie als Coach als auch für die gecoachten Personen bereichernd sein.

DIE PRAKTISCHE ANWENDUNG

Auch wenn manche der Ansicht sind, dass die Filmreihe „Planet der Affen" nicht in derselben Liga wie „Gorillas im Nebel" spielt, ist sie durchaus sehenswert. In „Planet der Affen: Prevolution" gibt es eine großartige Szene, in der der Affe Caesar sein erstes kohärentes Wort spricht und damit das Machtgefüge zwischen Menschen und Affen zugunsten der Affen verändert.

Wieso ich hier über Affen spreche? Na ja, anhand ihrer Untersuchungen an Menschenaffen, die sich an der Lösung von Problemen versuchten, entwickelten die Gestaltisten ihre Theorie vom *Lernen durch Einsicht*. Sie beobachteten, dass Affen imstande waren, mehrere mögliche Lösungen zu erfassen, bevor sie die beste auswählten. Dies bezeichneten sie als *Einsicht, Offenbarung* oder als *Geistesblitz*. Von dem Prozess von Versuch und Irrtum, bei dem die Lösung über das Tun erzielt wurde, unterschied sich das enorm.

Ihnen nun zu sagen, wie Sie diese Theorie anwenden sollen, würde das Ziel verfehlen. Menschen dahingehend zu coachen, dass sie einsichtig werden, ist nicht möglich. Man kann lediglich das Umfeld schaffen, indem Einsicht sich entfalten kann. Als Coach erreichen Sie das anhand der LEAP-Methode:

• **L**et – lassen Sie den Menschen den Freiraum, Risiken einzugehen.

• **E**ncourage – ermutigen Sie sie, neue Ideen zu verfolgen.

Allow – akzeptieren Sie, dass sie nicht einverstanden sein müssen mit einer zu hohen Konzentration auf Inhalte.

Provide – lassen Sie ihnen Zeit, um über das Gelernte nachzudenken.

Ich kann es mir nicht verkneifen, das Beispiel von Dick Fosbury, Goldmedaillengewinner bei den Olympischen Spielen von 1968 in Mexiko-Stadt, anzubringen.
Hätte ihm sein Hochsprungtrainer gesagt, dass die Idee, die Latte rücklings zu überqueren, lächerlich sei, würden Hochspringer noch heute den Wälz- oder Schersprung anwenden und somit nie die aktuell erreichten Höhen überspringen.

FRAGEN, DIE SIE SICH STELLEN SOLLTEN

- Billige ich den Menschen ausreichend Freiraum zu, damit sie Risiken eingehen können?

- Unterstütze ich sie dabei, aus den Fehlern, die sie machen, zu lernen?

THEORIE **21**

KARL PRIBRAM, GEORGE MILLER UND EUGENE GALLANTER: DAS TOTE-MODELL (TEST-OPERATE-TEST-EXIT)

Setzen Sie dieses Modell ein, wenn Sie ein Verfahren benötigen, um die Effektivität eines Konzeptes zu testen.

Karl Pribram, George Miller und Eugene Gallanter entwickelten das TOTE-Modell als eine Art Versuch-und-Irrtum-Prozess. Dabei verfolgt jemand einen bestimmten Weg, testet die Ergebnisse und nimmt dann so lange Änderungen vor, bis das gewünschte Resultat erreicht wird oder er sich entscheidet, den Prozess einzustellen. Darstellen lässt sich der Prozess wie folgt:

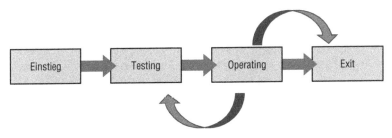

DIE EINZELNEN ELEMENTE DES PROZESSES KÖNNEN FOLGENDERMASSEN ZUSAMMENGEFASST WERDEN:

) **Einstieg** – ist der Punkt, an dem Sie feststellen, dass Sie an Ihrem Ist-Zustand etwas verändern müssen.
) **Testing** – erlaubt Ihnen, den Ist- mit dem Soll-Zustand zu vergleichen.
) **Operating** – hier werden Sie tätig und nehmen alle notwendigen Anpassungen vor, um den Soll-Zustand zu erreichen. So entsteht ein neuer

Ist-Zustand. Stimmen neuer Ist- und Soll-Zustand überein, können Sie den Prozess verlassen. Wenn nicht, müssen Sie zurück in die Test-Phase gehen.

Exit – wenn Sie den Soll-Zustand erreicht haben.

Pribram, Miller und Gallanter erläutern, dass ein wichtiger Teil des Prozesses in der Aufzeichnung dessen liegt, was in jeder Prozessphase erforderlich ist, und im Verständnis dafür, dass mehrere Schlaufen zwischen *Testing* und *Operating* notwendig sind, bevor der Wunschzustand erreicht werden kann.

DIE PRAKTISCHE ANWENDUNG

Mit jemandem die Anwendung des TOTE-Prozesses einzuüben, ist nicht kompliziert. Denn dieses Verfahren wenden wir jeden Tag mindestens ein Dutzend Mal an. Möchten Sie etwas erreichen, verhalten Sie sich auf eine bestimmte Art und Weise, die Sie ans Ziel bringen soll. Dann prüfen Sie, ob Sie Ihr Ziel schon erreicht haben. Waren Sie erfolgreich – Ende der Geschichte. Wenn nicht, versuchen Sie etwas anderes.

Als ich in den 1970er-Jahren an der Universität Mathematik studierte, entwickelte ich eine Faszination für den Fermat'schen Satz. Ich langweile Sie jetzt nicht mit den Einzelheiten. Aber diese Formel war eines jener Rätsel, das nicht nur in der Mathematik, sondern auch im Leben vorkommt: Sie wissen, dass etwas wahr ist, können es aber nicht beweisen. Wie viele Mathematiker verführte auch mich das Angebot von 100.000 Dollar, die für denjenigen ausgelobt waren, der diesen Satz beweisen könne. Und so verbrachte ich die nächsten 25 Jahre damit, mich an mögliche Antworten abzuarbeiten. Mein Problem war Folgendes: Obwohl ich dem Aufbau folgte, der dem TOTE-Modell zugrunde liegt, hinkte mein eigentliches Prüfverfahren. Ich setzte auf Versuch und Irrtum, während ich mit logischen Schlussfolgerungen besser dran gewesen wäre. Als Andrew Wiles 1993 mit seinem bahnbrechenden Beweis aufwartete, musste auch er feststellen, dass ihm ein Fehler unterlaufen war. Erst zwei Jahre später, in Zusammenarbeit mit Richard Taylor, konnte er das Rätsel endlich knacken. Gerade rechtzeitig, um die 100.000 Dollar für sich zu beanspruchen.

Wenn Sie ein Verfahren wie TOTE anwenden, ist es wichtig, eines nicht zu vergessen: Selbst die einfachsten Prozesse scheitern, wenn bei der Durchführung an irgendeinem Punkt innerhalb des Verfahrens Fehler vorliegen. Wenn Sie einen Test durchführen, sollten Sie sich also vergewissern, dass dieser stichhaltig und zuverlässig ist, und Sie sollten den Prozess nur dann einstellen, wenn Sie davon überzeugt sind, dass der gewünschte Zustand erreicht wurde.

FRAGEN, DIE SIE SICH STELLEN SOLLTEN

- Bin ich mir im Klaren darüber, was genau und warum es geprüft wird?
- Stelle ich sicher, dass die gecoachte Person den Prozess nicht einstellt, bis der Wunschzustand erreicht wurde?

THEORIE 22

ALBERT BANDURA: LERNEN AM MODELL

Setzen Sie diese Theorie ein, um die Anwendung von Rollenmodellen und Peer-Coaching zu fördern.

Laut Albert Bandura verändern Menschen ihr Verhalten stärker durch die Beobachtung anderer als durch Belohnungen oder Strafen. Der Beobachtungsprozess ist geprägt von der Idee, dass eine Verhaltensänderung erreicht wird, indem die Handlungen anderer beobachtet werden, wobei die Handlungen im Geiste auf ihre Eignung geprüft und anschließend das Verhalten eingeleitet wird, das als angemessen erachtet wurde.

Bandura stützte seine Theorie auf Experimente, die mit zwei Gruppen von Kindern durchgeführt wurden. Die eine Gruppe bekam Szenen von Erwachsenen zu sehen, die eine aufblasbare Puppe physisch und verbal attackierten. Die andere sah Ausschnitte von Erwachsenen, die die Puppe streichelten und sich liebevoll mit ihr unterhielten. Allein gelassen imitierten die Gruppen in beiden Fällen das Verhalten der Erwachsenen, die sie beobachtet hatten.

Damit man das Verhalten eines Vorbilds erfolgreich imitieren kann, hat Bandura eine Vielzahl von Strategien entwickelt.

BANDURA GAB AN, DER EINZELNE MÜSSE ERMUNTERT WERDEN,

❱ auf das Verhalten zu achten,
❱ sich an das Gesehene oder Gehörte zu erinnern,
❱ das Kopieren des Verhaltens zu leisten,
❱ die Motivation aufzubringen, es kopieren zu wollen.

Bandura war der Ansicht, dass Menschen empfänglicher für das Nachahmen guten Verhaltens wären, wenn sie daran glauben würden, dass sie dieses Verhalten auch ausführen könnten. Hierfür führte er den Begriff *Selbstwirksamkeit* ein. Die Beobachtung gleichrangiger Peers anstelle bekannter Persönlichkeiten, so Bandura, würde den Glauben des Einzelnen in seine Fähigkeit stärken, dieses Verhalten nachzubilden.

DIE PRAKTISCHE ANWENDUNG

Für Sie als Coach ist die Anwendung von Rollenmodellen und Peer-Coaching eine hervorragende Möglichkeit, um zu demonstrieren, welches Verhalten der Person, mit der Sie arbeiten, angemessen oder nicht angemessen ist. Das funktioniert natürlich nur, wenn die gecoachte Person die als Vorbild genommene Person auf dieselbe Weise wahrnimmt wie Sie.

San Patrignano ist ein Dorf im Osten Italiens mit knapp über 1.300 Einwohnern. Das Ungewöhnliche an diesem Örtchen ist, dass über 80 Prozent der Anwohner drogenabhängig und in der Rehabilitierung sind. Als ich dort zu Besuch war, stellte ich überrascht fest, dass es kein offizielles Polizeiwesen und kaum Kriminalität gab. Recht und Ordnung wird über ein Verfahren mit Rollenmodellen geschaffen, bei dem ehemalige Abhängige in Zweiergesprächen mit Neuankömmlingen arbeiten und ihnen Verhaltensweisen zeigen, mit denen sie ihre Abhängigkeit beenden können. Im Jahr 1978, ganz zu Beginn, lebte eine Handvoll Abhängiger in einer Hausgemeinschaft. Heute kann das Dorf 250 Mitarbeiter, 100 Freiwillige, eine Schule, ein Krankenhaus, Restaurants und Italiens viertbeste Pizzeria vorweisen.

Die folgenden Punkte sollten Sie sich einprägen, wenn Sie am Modell lernen oder Peer-Coaching anwenden möchten:

- Andere werden einfach über die Beobachtung guter Vorbilder schon sehr viel lernen. Sie als Coach müssen daher angemessene Verhaltensweisen zeigen und Fehlverhalten wie zum Beispiel rassistische oder sexistische Kommentare oder Unpünktlichkeit vermeiden.

• Beschreiben Sie die Folgen guten Benehmens, denn so wird angemessenes Verhalten gesteigert. Schildern Sie im Gegenzug die Folgen schlechten Benehmens, denn so wird unangemessenes Verhalten gemindert.

• Bringen Sie andere nicht mit stereotypen Rollenmodellen in Kontakt, da dies nur die Klischeevorstellungen stärkt, was richtig oder falsch ist.

• Achten Sie darauf, dass die Personen realistische Erwartungen haben, was sie durch das Kopieren angemessener Verhaltensweisen erreichen werden, und dass sie daran glauben, neues Verhalten auch kopieren zu können.

• Bewegen Sie die von Ihnen gecoachte Person dazu, über Menschen nachzudenken, die ihr Leben beeinflusst haben. Bitten Sie sie, jeweils zwei oder drei Menschen auszuwählen, die positiv beziehungsweise negativ auf sie eingewirkt haben. Anschließend soll sie erkunden, was genau diese Personen zu einem guten Vorbild gemacht hat und welchen Aspekten ihres Verhaltens sie nacheifern würde. Das Gleiche soll auch für die schlechten Vorbilder geschehen: Was machte sie dazu und welche Punkte ihres Verhaltens würde die Person vermeiden wollen?

FRAGEN, DIE SIE SICH STELLEN SOLLTEN

• Bin ich ein positives Vorbild für die Menschen, die ich coache?

• Wo finde ich Peers für die gecoachte Person, die sich als gute Vorbilder eignen?

8. COACHING DURCH STIMULATION

EINFÜHRUNG

D ie in diesem Abschnitt behandelten Theorien sind unter der Überschrift *Neurolismus* zusammenzufassen. Sie brauchen kein Wörterbuch bemühen. Sie müssen den Begriff auch nicht googeln. Er existiert nicht. Diesen Ausdruck verwende ich, um Phänomene abzudecken, die als *gehirngerechtes Lernen* oder *Informationsverarbeitungstheorie* bekannt sind. Da die drei bisher in diesem Teil des Buches beleuchteten Haupttheorien (Kapitel 5–7) Anfang bis Mitte des 20. Jahrhunderts entwickelt worden sind, habe ich ein Kapitel eingeplant, in dem das Lernen aus einer anderen Perspektive beleuchtet wird und das auf der kognitiven Methode des Lehrens und Lernens aufbaut.

Neurolismus knüpft an Forschungsarbeiten an, die von Neurowissenschaftlern und Neurophysiologen durchgeführt worden sind. Das Fundament des *Neurolismus* ist daher die Anatomie des Gehirns und seine Fähigkeit, mit komplexen Erscheinungen wie Emotionen, Intelligenz, Denken und Lernen zurechtzukommen. Um den Sinn der folgenden Beiträge zu verstehen, stellen Sie sich das Gehirn wie einen Computer vor und die Art, wie dieser Informationen verarbeitet. Legen wir diese Metapher zugrunde, erkennen wir, dass eine Reihe von Verarbeitungssystemen aufgrund der eingehenden Informationen aktiv wird. Die Informationen werden von den einzelnen Systemen in gewisser Weise angenommen, zurückgewiesen oder umgewandelt, wodurch eine wie auch immer geartete Reaktion ausgelöst wird.

Der Unterschied zwischen der angenommenen Metapher und der Wirklichkeit des Gehirns besteht in der Art der Verarbeitung, zu der sie jeweils fähig sind. Computer können nur ein Informationsbit verarbeiten, bevor sie zum nächsten übergehen. Das Gehirn hingegen nimmt oftmals eine Vielzahl von Informationsbrocken gleichzeitig auf. Ein weiterer Punkt ist die Vorhersagbarkeit. Auf den gleichen Input reagiert der Computer immer auf genau die gleiche Weise, während das Gehirn emotionalem und umgebungsbedingtem Druck ausgesetzt sein kann, der Unterschiede in der Reaktion verursacht. Abgesehen von den Differenzen gibt es hinsichtlich der *Aufnahme*, der *Wahrnehmung* und der *Speicherung* Gemeinsamkeiten, die für unser Verständnis der Theorie wichtig sind und die ich in diesem Abschnitt untersuchen möchte.

THEORIE 23

DONALD HEBB: ASSOZIATIVES LERNEN

Setzen Sie diese Theorie ein, wenn Sie Fragen in Zusammenhang mit dem Lernen und dem Gedächtnis nachgehen möchten.

Um zu erläutern, was genau während des Vorgangs des assoziativen Lernens geschieht, erarbeitete Donald Hebb eine Theorie. Für ihn findet assoziatives Lernen nämlich genau dann statt, wenn Nervenzellen im Gehirn simultan und wiederholt aktiv sind und so Synapsen (oder Verknüpfungen) schaffen, die zu Zellverbänden führen. Diese Theorie steht hinter dem bekannten Spruch *Zellen, die miteinander aktiv sind, vernetzen sich auch miteinander („cells that fire together, wire together")*.

Hebb führt an, dass der Assoziationsvorgang beim Lernen im Kindesalter, wenn neue Zellverbände gebildet werden, auffallender ist. Er nimmt das Beispiel eines Babys, das Schritte hört (*auditive Verbände*), dann ein Gesicht sieht (*visuelle Verbände*) und hochgehoben wird (*taktile Verbände*), um den Vorgang zu beschreiben, der wie folgt darstellbar ist:

Hebb argumentiert, dass der Lernprozess bei Erwachsenen komplizierter ist als bei Kindern und ausschließlich die Neuordnung vorhandener Zellverbände umfasst und nicht das Anlegen neuer.

DIE PRAKTISCHE ANWENDUNG

Gut, nun sind wir keine Neurowissenschaftler und das Studium der Funktionsweise des Gehirns ist unglaublich kompliziert. Das Verständnis, wie man als Coach die Hebb'sche Lernregel anwendet, basiert auf dem Prinzip, dass Lernen das Gehirn auf zweierlei Arten beeinflusst: Es erzeugt neue Synapsen (Verknüpfungen) oder ordnet vorhandene neu. So oder so wird das Gehirn runderneuert, sodass es neue Daten aufnehmen kann und, sofern diese nützlich sind, auch abspeichert.

Um die Hebb'sche Lernregel als Coach effektiv einzusetzen, sollten Sie folgende Tipps im Hinterkopf behalten:

• Akzeptieren Sie, dass Menschen unterschiedlich lernen. Einige haben mehr Verbindungen und Verflechtungen als andere und verfügen über eine weiter entwickelte geordnete Wissensstruktur und sind daher in der Lage, leichter Assoziationen herzustellen als andere.

• Entwickeln Sie eine Strategie für den Umgang mit verschiedenen Lernniveaus. Jemand mit gut ausgebildeten Verbindungen kann vorhandenen Netzwerken neue Daten zuordnen und das Lernen erfolgt, wenn Sie ihn auffordern, den Kontakt mit seinem vorhandenen Wissen herzustellen. Jemand mit weniger gut ausgebildeten Verbindungen wird aufgrund der Energie, die das Gehirn für das Anlegen neuer Synapsen aufwenden muss, damit zu kämpfen haben, neue Daten aufzunehmen. In diesem Fall ist es unerlässlich, den Lernstoff in Blöcke zu zerlegen. Nutzen Sie wirkungsvolle Mittel wie Metaphern, Geschichten und Analogien. Damit unterstützen Sie die Menschen dabei, aussagekräftige Verbindungen zu entwickeln, Muster zu erkennen und aus den neuen Informationen schlau zu werden.

• Wenden Sie zum besseren Verständnis die Computeranalogie an. Geräte mit höheren funktionalen Spezifikationen werden schneller und effektiver arbeiten als diejenigen mit niedrigeren Vorgaben. Das heißt nicht, dass die Maschine (der Mensch) mit der geringeren Spezifikation nicht in der Lage wäre, den Job zu erledigen. Sondern nur, dass man mehr Zeit und Mühe aufwenden muss, um sie (den Menschen) auf eine Stufe zu bringen, wo sie (der Mensch) ihn machen kann.

Ich hoffe, Sie konnten den Überlegungen, die hinter diesem Modell stehen, folgen und seinen Nutzen für die Gestaltung der Coaching-Sitzungen erkennen. *Denken* Sie nur nicht, dass es sich ausschließlich für Coachings auf höherem Niveau eignet: Die grundlegenden Prinzipien sind für alle Coaching-Stufen gleichermaßen anzuwenden.

FRAGEN, DIE SIE SICH STELLEN SOLLTEN

- **Wie gut habe ich analysiert, auf welche Art mein Kunde Dinge miteinander verknüpft?**

- **Verfüge ich über eine ausgereifte Coaching-Strategie, um damit umgehen zu können?**

THEORIE **24**

LEON FESTINGER:
KOGNITIVE DISSONANZ

Setzen Sie diese Theorie ein, wenn Sie verstehen
möchten, warum es schwer ist, jemanden mit festen
Überzeugungen zu verändern.

Laut Leon Festinger streben Menschen kontinuierlich danach, Ordnung
in ihr Lernen zu bringen beziehungsweise ihm Bedeutung beizumessen.
Dafür entwickeln sie routinemäßige Abläufe und Meinungen, die gelegentlich irrationales und unangepasstes Verhalten hervorrufen können.
Werden diese Abläufe unterbrochen beziehungsweise wird den Ansichten
widersprochen, beginnt das Individuum, sich unwohl zu fühlen: Diesen Zustand nannte Festinger *kognitive Dissonanz* und er ist wie folgt darstellbar:

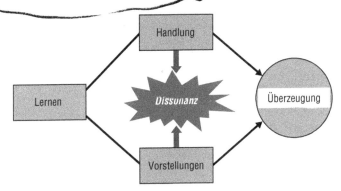

FESTINGERS THEORIE BASIERT AUF DREI
GRUNDANNAHMEN:

❭ Menschen reagieren empfindlich auf Ungereimtheiten zwischen Handlung und Vorstellung.

❭ Die Anerkennung dieser Ungereimtheiten wird eine Dissonanz hervorrufen, die die Motivation des Einzelnen weckt, sie zu lösen.

❭ Die Dissonanz kann aufgelöst werden, indem man entweder seine Vorstellung, seine Handlungen oder aber die Wahrnehmung der Handlung
verändert.

Festinger war der Ansicht, die kognitive Dissonanz bringe jemanden mit
festen Überzeugungen kaum dazu, seine Meinung zu ändern, selbst wenn
man ihm ein rationales Argument dagegen liefere.

DIE PRAKTISCHE ANWENDUNG

Die Lektüre eines Artikels über eine Sekte, deren Mitglieder darauf ver-
trauten, die Erde würde von Überschwemmungen zerstört werden, ver-
anlasste Festinger, den unerschütterlichen Glauben der Menschen in ihre
Vorstellungen zu untersuchen. Als die vorherbestimmte Apokalypse nicht
eintraf, überzeugten sich engagierte Mitglieder – die ihr Zuhause und
ihre Jobs aufgegeben hatten – selbst davon, dass die Welt allein ihrer
Hingabe wegen verschont geblieben war.

Es ist ziemlich unwahrscheinlich, dass Sie allzu viele Individuen coachen werden müssen, deren Ansichten derart radikal sind. Doch sie sollten beachten, dass es einige geben wird, deren Überzeugungen so stark
sind, dass sie Ihren Ideen trotzen werden. Sollten Sie versuchen, sie zu
einer Handlung zu bewegen, die unvereinbar mit ihren Überzeugungen
ist, werden Ihre Bemühungen aller Wahrscheinlichkeit nach eine kognitive Dissonanz hervorrufen. Im Folgenden finden Sie zwei Tipps, die Ihnen
helfen, diese Situation zu meistern:

• Jemanden zu zwingen, seine Ansichten zu ändern, ist möglicherweise
nicht zielführend. Daher sollten Sie ihn dazu bewegen, die Handlungen, die aus diesen Ansichten resultieren, zu beurteilen. Das ist eine
Möglichkeit, die Menschen zu einer Änderung ihres Verhaltens zu
veranlassen. Sie müssen sich allerdings bewusst sein, dass eine um-
gekehrte Konditionierung (ihnen beispielsweise ein schlechtes Gewissen wegen ihrer Handlungen zu machen) kein besonders guter Weg
ist, mit jemandem zu arbeiten. Denn sie kann wieder eine negative

Auswirkung haben und eine noch größere kognitive Dissonanz verursachen.

• Versuchen Sie, die Person dazu zu bringen, ihre Handlungen in einem anderen Licht oder Kontext zu betrachten, sodass die Person nicht länger das Gefühl hat, dass ihre Handlungen nicht mit ihren Ansichten übereinstimmen. Ein gutes Beispiel hierfür ist, wenn Sie jemandem mit einem empfindlichen Gemüt sagen, dass es seine Aufgabe als Verkehrspolizist sei, das Falschparken zu ahnden. In dieser Situation wird dieser Jemand einige Dissonanzen erleben, sollte er einen anderen mit einem Bußgeld belegen (vor allem, wenn diese Person eine Behinderung hat). Geben Sie an, dass sichergestellt werden müsse, dass kein Fahrzeug, einschließlich Notfallfahrzeuge, durch Falschparken den Zugang zu möglichen Unfällen verliert. Wenn Sie das tun, ist eine Dissonanz weniger wahrscheinlich.

Es ist wichtig, dass Sie darauf achten, niemals Personen zum Lernen zu bewegen, indem Sie ihren unerschütterlichen Glauben an ein Thema infrage stellen. Auch wenn Sie diesen Glauben als unangemessen erachten.

FRAGEN, DIE SIE SICH STELLEN SOLLTEN

• Habe ich das Ausmaß der festen Überzeugungen bedacht, die eine von mir gecoachte Person zu einem Thema hat?

• Wie sicher bin ich mir, dass diese Überzeugungen geändert werden müssen?

• Wie gut ist meine Strategie, um ihnen bei der Änderung dieser Überzeugungen zu helfen?

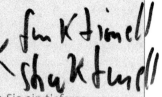

THEORIE 25

MICHAEL MERZENICH: NEUROPLASTIZITÄT

Setzen Sie diese Theorie ein, wenn Sie ein tieferes Verständnis dafür gewinnen möchten, was jemanden davon abhalten mag, seinen Wunschzustand zu erreichen.

[handschriftliche Notiz: funktionell / strukturell]

Die neuronale Plastizität wird von Michael Merzenich als die Eigenschaft des Gehirns bezeichnet, die zulässt, dass es seine Funktion und seinen Aufbau aufgrund von Ansichten über die Welt, Lebenserfahrungen und Fantasie verändern kann. Laut Merzenich unterscheidet man im Allgemeinen zwei Arten der Neuroplastizität:

- **Die funktionelle Neuroplastizität** bezieht sich auf die Fähigkeit des Gehirns, Funktionen von einem geschädigten Bereich des Gehirns in einen unbeschädigten zu übertragen.

- **Die strukturelle Neuroplastizität** bezieht sich auf die Fähigkeit des Gehirns, seinen physischen Aufbau infolge von Lernen zu verändern.

Nach Merzenich gibt es vier Prinzipien, die die Neuroplastizität unterstützen.

DIESE SIND:

- **Altersvariabilität:** Auch wenn die Plastizität über die gesamte Lebensdauer auftritt, spielen einige Arten von Veränderungen in bestimmten Lebensphasen einer Person eine übergeordnetere Rolle.
- **Prozessvielfalt:** Auch wenn die Plastizität ein fortlaufender Prozess ist, sind außer Neuronen noch weitere Gehirnzellen wie zum Beispiel optische und vaskuläre Zellen betroffen.

Anlässe: Neuroplastizität kann infolge einer Schädigung des Gehirns, des Lernens oder der Gedächtnisbildung vorkommen.

Anlage und Umwelt: Auch wenn das Umfeld eine wichtige Rolle in diesem Prozess spielt, kann auch die Genetik Einfluss nehmen.

Diese Theorie beruht auf der Annahme, dass Intelligenz nicht unveränderlich ist oder von Geburt an einen festen Platz in unseren Gehirnen hat. Vielmehr ist sie etwas, das sich im Verlauf unseres Lebens formt und anpasst. Trotz der Tatsache, dass das Konzept der *Neuroplastizität* vage und nicht neu ist, behaupten zahlreiche Autoren, einschließlich Merzenich, dass die neuronale Plastizität eine der wichtigsten Entdeckungen über das Gehirn ist.

DIE PRAKTISCHE ANWENDUNG

Adam litt an einer Form des Autismus. Er war Schüler an der Förderschule, an der meine Frau beschäftigt war. Seine sozialen Kompetenzen und seine Kommunikationsfähigkeit waren stark eingeschränkt. Allerdings besaß er außergewöhnliche IT-Kenntnisse. Tauchte bei den PCs ein Problem auf, bat das Personal ihn um Hilfe. Computer waren sein Leben; zu Hause und in der Schule verbrachte er die meiste Zeit damit, an ihnen zu arbeiten. Der Nachteil war, dass er sich der amerikanisierten Computersprache bediente, wenn er sprach. Ethische Erwägungen befassen sich damit, ob man Adam davon hätte abhalten sollen, Funktionen von einem Teil seines Gehirns (die geschädigten Teile, die seinen Autismus verursachten) in die unbeschädigten Teile (die das logische Denken enthalten, das sein Talent in der IT stützt) zu übertragen, und stattdessen seine sozialen und kommunikativen Fähigkeiten hätte fördern müssen.

Ich habe keine Antwort auf dieses Dilemma. Adams soziale Entwicklung zu vernachlässigen war falsch. Ihn allerdings von seinen Computern fernzuhalten, wäre gewesen, als würde man ihm den rechten Arm abhacken. Im Folgenden finden Sie Tipps, wie Sie diese Theorie anwenden können, wenn Sie Personen coachen, die sich mit Barrieren konfrontiert sehen bezüglich ihrer Entwicklung:

- Beginnen Sie damit, für einen entspannten Zustand zu sorgen. Das können Sie erreichen, indem Sie eine Atmosphäre schaffen, in der sich wichtige Herausforderungen und das Verständnis der Gefühle und Einstellungen der Person die Waage halten. Gestalten Sie die Herausforderung nicht zu schwierig oder bedrohlich. Ansonsten laufen Sie Gefahr, das Selbstvertrauen oder das Selbstwertgefühl dieser Person zu beschädigen.

- Machen Sie das Individuum mit dem betreffenden Thema vertraut, indem Sie es über den Einsatz verschiedener Ansätze für seine Bedürfnisse relevant machen. Besprechen Sie die Fragen dergestalt, dass die Person ihre eigenen aussagekräftigen Deutungsmuster zu dem Thema entwickelt.

- Gestatten Sie der Person, die Verantwortung für den Prozess so zu übernehmen, dass es für sie sinnvoll ist. Begleiten Sie diesen Prozess jedoch, indem Sie anspruchsvolle Fragen stellen und das Nachdenken fördern. Unterstützt man auf diesem Wege die Verarbeitung von Informationen, hilft das dabei, die eigenen Vorurteile und Einstellungen zu erkennen und damit umzugehen.

Das ideale Umfeld zu schaffen, in dem das Gehirn sein volles Potenzial ausschöpfen darf, ist nicht immer möglich. Als Coach sind Sie herausgefordert, die Voraussetzungen festzustellen, die für die von Ihnen gecoachten Personen optimal sind. Über das Lernumfeld nachzudenken, in dem Sie sich entfalten konnten, mag ein guter Ansatzpunkt sein.

FRAGEN, DIE SIE SICH STELLEN SOLLTEN

Implikationen Neuroplastizität

- Erzeuge ich in meinem Coaching das richtige Niveau an Abwechslung, Herausforderung und Vorstellungsvermögen?

- Habe ich das richtige Umfeld geschaffen, in dem Talente sich entfalten können?

9. DER UMGANG MIT VERHALTENS- AUFFÄLLIGKEITEN

EINFÜHRUNG

B ei herausforderndem Verhalten geht es nicht allein um Menschen, die sich während einer Coaching-Sitzung beleidigend oder störend aufführen. Es schließt auch Personen mit ein, die sich während Ihres Coachings nicht engagieren möchten. Viele Coaching-Modelle im nächsten Teil des Buches gehen davon aus, dass die Person, die Sie coachen, auch tatsächlich gecoacht werden möchte. Unglücklicherweise ist dies nicht immer der Fall, und Sie müssen damit umgehen können. Menschen reagieren negativ auf das Coaching, weil sie entweder nicht erkennen, dass sie ein Problem haben. Oder aber sie weigern sich, zu akzeptieren, dass sie sich verändern müssen. Die Motivationstechniken aus den Theorien 5–7 durchzugehen, kann hier eventuell hilfreich sein. Geht das Problem, dem Sie als Coach gegenüberstehen, tiefer, müssen Sie womöglich die Theorien dieses Abschnittes zurate ziehen, die Ihnen dabei helfen, eine Lösung zu entwickeln.

Ich habe drei Theorien gewählt, die meines Erachtens einen interessanten Blickwinkel auf die Verhaltensänderung bieten. Wenn Sie neben den Theorien dieses Kapitels auch die Theorien 5–7 lesen, werden Sie bestens ausgerüstet sein, um mit beinahe jeder Situation fertigzuwerden, mit der Sie sich beim Coaching von Menschen mit Verhaltensauffälligkeiten konfrontiert sehen.

THEORIE 26

KURT LEWIN: DAS UMGESTALTEN VON VERHALTEN

Setzen Sie diese Theorie ein, wenn Sie jemandem dabei
helfen möchten, sein Verhalten zu ändern.

un freezing moving freezing

Kurt Lewin war überzeugt, dass Lernen mit verändertem Verhalten zusammenhängt, und formulierte daher ein 3-Phasen-Modell zur Modellie-
rung von Verhalten. In seiner Theorie zog er den Vergleich mit der Form-
veränderung eines Eiswürfels: Man taue die alte Form auf, modelliere
die gewünschte Form und friere die neue Form anschließend wieder ein.

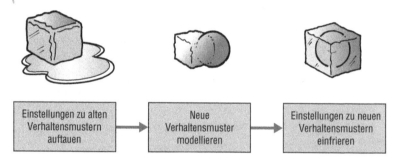

| Einstellungen zu alten Verhaltensmustern auftauen | Neue Verhaltensmuster modellieren | Einstellungen zu neuen Verhaltensmustern einfrieren |

Wenn Sie mit jemandem arbeiten, der sein Verhalten ändern muss, gibt es
für alle drei Phasen Schlüsselmaßnahmen, die Sie ausprobieren können.

DIESE SIND:

Auftauen: Hier geht es um die Vermittlung, weshalb eine Veränderung
stattfinden muss. Gleichzeitig müssen tiefer liegende Annahmen über
die Personen selbst und ihre Beziehungen zu anderen infrage gestellt
werden.

Verändern: Hier geht es um den Umgang mit der in der Phase des Auftauens entstandenen Ungewissheit. Helfen Sie ihnen, zu verstehen, wie die Verhaltensänderung ihnen nutzt. Unterstützen Sie sie dabei, die Dinge auf andere Art und Weise tun zu lernen.

Erneut einfrieren: Hier geht es um die Ermunterung, neue Handlungs-weisen anzunehmen. Das erreichen Sie, indem Sie dafür sorgen, dass die Veränderungen in alle Unternehmungen einfließen.

Lewin folgerte: Indem man die Verhaltensänderung als einen Vorgang mit bestimmten Phasen sieht, geht man nicht unbedacht dazu über, jemanden ändern zu wollen, sondern bereitet diesen Jemand auf den Wandel vor.

DIE PRAKTISCHE ANWENDUNG

Lewin schrieb einmal, „es gibt nichts Praktischeres als eine gute Theo-rie". Oder wie in Lewins Fall jede Menge guter Theorien. Gäbe es eine *Hall of Fame* für Theoretiker des Lernens, wäre er einer der *victor ludorum*-Gewinner. Akzeptieren wir die Grundannahme, dass Lernen erst dann erfolgt, wenn eine Veränderung des Verhaltens stattgefunden hat, dann haben wir mit diesem Modell und Lewins *Kraftfeldanalyse* zwei Konzep-te, die für die Praxis eine wesentliche Rolle spielen. Im Folgenden finden Sie daher einige Vorgehensweisen, die Sie beachten könnten, wenn Sie jemanden coachen, der persönliche Veränderungen vornehmen muss.

- Vergewissern Sie sich, dass sich diejenigen absolut darüber im Klaren sind, welche Änderungen sie herbeiführen möchten und weshalb das notwendig ist. Bevor Sie den Vorgang des Auftauens einleiten, infor-mieren Sie sie, dass sie darauf gefasst sein müssen, Überzeugungen, Werte und Verhaltensmuster zu hinterfragen, die der Veränderung entgegenstehen.

- Machen Sie ihnen bewusst, dass das Auftauen die komplizierteste Stu-fe ist. Denn es kann selbstverständlich vorkommen, dass sie nur wi-derwillig Änderungen an ihrer bestehenden Geisteshaltung und ihren Routinen zulassen. Versuchen Sie diesen Unmut zu überwinden, indem

Sie ihnen sagen, dass die Veränderung notwendig ist und sie dadurch zu einem besseren Menschen werden.

• Sind sie bereit, sich zu verändern, bringen Sie sie dazu, ihren Instinkten zu folgen, Vorbilder und ihr Verhalten zu studieren (siehe Theorie 22) und im positiven Selbstgespräch zu beginnen, die Veränderungen anzunehmen (siehe Theorie 16).

• Nach der Neugestaltung ihres Verhaltens bewegen Sie sie dazu, die neuen Verhaltensmuster durch Versuch und Irrtum (siehe Theorie 21) zu testen. Dadurch werden entweder die Veränderungen bestätigt oder aber eine neue Lernphase beginnt. Fallen die Tests positiv aus, halten Sie sie dazu an, die neuen Verhaltensweisen in ihrem neuen Ich zu verankern.

FRAGEN, DIE SIE SICH STELLEN SOLLTEN

• Habe ich ermittelt, weshalb jemand nur widerwillig sein Verhalten ändern möchte?

• Was muss ich unternehmen, um jemanden dazu zu bewegen, seine Komfortzone zu verlassen?

THEORIE **27**

PETER HONEY:
VERHALTENSMODIFIKATION

Setzen Sie diese Theorie ein, wenn Sie den Menschen
helfen möchten, herauszufinden, was das unerwünschte
Verhalten verursacht und wie sie damit umgehen können.

Theorie psycholog. Fun Klimalicuns

Wenn wir jemanden dabei unterstützen müssen, sein Verhalten zu ändern, so legt Peter Honey nahe, dass man mit demjenigen daran arbeiten
muss, die Ursache des gegenwärtigen Verhaltens zu ermitteln. Interne
Aspekte wie Gefühle, Werte und Emotionen sind laut Honey oftmals die
Hauptursache schlechten Benehmens. Nach Anzeichen zu suchen, die
dieses Verhalten auslösen, ist die erste Stufe in einem 3-Phasen-Modell,
das wie folgt aufgebaut ist:

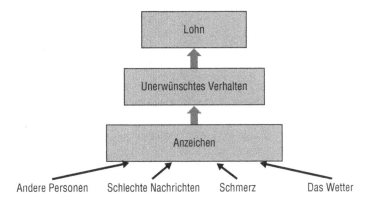

DIE JEWEILIGEN SCHLÜSSELMASSNAHMEN IN DEN
EINZELNEN DREI PHASEN SIND:

Anzeichen: Das ist der Vorfall, der das Verhalten auslöst. Das könnte
ein einzelnes Wort oder eine Handlung sein.

》 Verhalten: Das ist die Reaktion auf den Vorfall. Das könnte ein Aggressionsakt sein oder für einen Rückzug stehen.
》 Lohn: Das ist die Folge aus diesem Verhalten.

Honey verlangt, dass sowohl die Anzeichen, die die Entstehungsgrundlagen für das unerwünschte Verhalten sind, als auch der Lohn behandelt werden müssen, um eine nachhaltige Änderung des Verhaltens zu bewirken.

DIE PRAKTISCHE ANWENDUNG

Wenn Sie eine Person coachen sollen, deren Verhalten Anlass zur Sorge gibt, kann es durchaus sein, dass ihr Verhalten in der Vergangenheit entweder ignoriert oder über eine externe Trainings- oder Disziplinarmaßnahme gehandhabt wurde. Obgleich manche dieser Maßnahmen durchaus erfolgreich gewesen sein können, müssen die Erfolge eher kurzfristiger Natur gewesen sein, wenn das Verhalten immer noch ein Problem darstellt. Die folgende wahre Geschichte dient der Verdeutlichung:

Moussa ist zehn Jahre alt und hat gravierende Verhaltensprobleme. Im Normalfall sitzt er im Unterricht und erledigt seine Aufgaben unkompliziert und ohne Aufmerksamkeit auf sich zu ziehen. Sobald allerdings sein Mitschüler Sadiq den Raum betritt, überkommt Moussa eine unkontrollierbare Raserei. Er brüllt und fuchtelt mit den Armen hin und her. Zwischen Moussa und Sadiq scheint es in der Vergangenheit zu keinerlei Feindseligkeiten gekommen zu sein. Sadiq ist ein sanfter Junge, der nichts tut, um Moussa zu provozieren. Moussas Lehrern bleibt nur, ihn aus dem Unterricht herauszunehmen und ihn in die sogenannte Zone zu bringen. In diesem ruhigen Bereich abseits des Klassenzimmers sollen die Schüler ihr Tun überdenken. Im Allgemeinen kehrt Moussa nach etwa einer halben Stunde Bedenkzeit in die Klasse zurück, als sei nichts vorgefallen. In seiner Schülerbewertung, dem Gespräch zwischen Lehrern und Eltern, erkundigte sich Moussas Mutter, ob ihm mehr Zeit in der Zone zugestanden werden könne, weil er diese dem Unterricht vorziehe.

So können Sie Honeys Modell einsetzen:

- Beginnen Sie damit, das Ausmaß des unerwünschten Verhaltens abzu-schätzen.

- Entscheiden Sie, wie es andere beeinflusst. Suchen Sie die Anzeichen, die das unerwünschte Verhalten auslösen können. Konzentrieren Sie sich dabei auf die Anzeichen, nicht auf die Ursachen.

- Bestimmen Sie, wie das erwünschte Verhalten aussehen wird, und konzentrieren Sie sich auf den Lohn aus diesem. Achten Sie darauf, dass der Lohn auf unerwünschtes Verhalten abschreckend wirkt und es nicht begünstigt.

- Sie sollten einen Plan haben, wie Sie die Anzeichen beziehungsweise den Lohn ändern können.

Möglicherweise haben Sie den Eindruck, dass dieser Ansatz doch relativ mechanisch tief verwurzelte Werte oder Überzeugungen behandelt. Trotz ihrer strukturierten Vorgehensweise ist diese Methode durchaus realistisch und einfach in der Anwendung. Moussas Lehrer hatten so viel Zeit damit verbracht, verstandesmäßig eine Erklärung zu suchen, warum er so böse auf Sadiq reagierte, dass sie einen nun völlig offensichtlichen Punkt missachteten: Es war der Lohn, der das unerwünschte Verhalten hervorrief, nicht das Anzeichen. Sobald man aufhörte, Moussa in die *Zone* zu bringen, erkannte er, dass er nicht den Lohn bekam, den er haben wollte, und er hörte auf, so schlimm auf Sadiq zu reagieren.

FRAGEN, DIE SIE SICH STELLEN SOLLTEN

- Verstehen die von mir gecoachten Personen vollständig, welche Auswirkungen ihr unerwünschtes Verhalten hat?
- Habe ich ermittelt, was dieses Verhalten auslöst?
- Wird der Lohn das bewirken, was er soll?

THEORIE 28

ROBERT HARE:
DIE PSYCHOPATHIE-CHECKLISTE

Setzen Sie diese Theorie ein, um das Verhalten der schwierigeren Menschen zu verstehen, denen Sie begegnen werden.

Robert Hare entwickelte die Psychopathie-Checkliste (PCL) als Mittel, um psychopatische Eigenschaften von Menschen für klinische, rechtliche oder Forschungszwecke zu diagnostizieren. Im Folgenden finden Sie eine Zusammenfassung, in der ich Hares Theorie unter Einsatz eigener Überschriften angepasst habe. Damit können Sie die wesentlichsten Eigenschaften bei den Menschen aufspüren, die Sie coachen.

DIE WICHTIGSTEN PSYCHOPATISCHEN EIGENSCHAFTEN:

❱ **Der Verführer** verzaubert Sie und andere in gewandter und oberflächlicher Manier und versucht, das Kommando über die Coaching-Sitzung zu erlangen.
❱ **Der Egomane** hat eine übertrieben hohe Meinung von seinem Können und weigert sich, Kritik anzunehmen.
❱ **Der Schwamm** muss ständig gefordert werden und stört konstant die Coaching-Sitzungen, die seiner Meinung nach nicht anspruchsvoll genug sind.
❱ **Der Zauderer** findet immerzu Ausreden, warum festgelegte Ziele nicht erreicht werden.
❱ **Die Hülle** zeigt keine Reue oder Schuldgefühle, wenn er Sie oder andere durch unangemessene Kommentare beleidigt.
❱ **Der Unbewegliche** ist gleichgültig und zeigt keinerlei Mitgefühl mit anderen, die seine Ansichten nicht teilen.

) **Der Parasit** zehrt vom Wissen und den Fähigkeiten seiner Kollegen und schmückt sich mit fremden Federn.

) **Der Ablenker** übernimmt keinerlei Verantwortung für die eigenen Handlungen und schiebt die Schuld stets anderen zu.

) **Der Ergebnishändler** lässt jeden Schwung für eine langfristige Entwicklung vermissen und ist besessen davon, Aufgaben zu bestehen.

) **Der Unruhestifter** weist eine Neigung zu impulsivem und unverantwortlichem Handeln auf und sät Zwietracht zwischen denen, mit denen er möglicherweise zusammenarbeitet.

) **Der Delinquent** hat eine mangelnde Kontrolle über sein Verhalten und verärgert und verunsichert seine Peers.

Der eigentliche PCL-Test wird von ausgebildeten Fachkräften und unter strengen klinischen Bedingungen durchgeführt. Das Modell wird hier lediglich der Anschaulichkeit halber verwendet und dient dazu, extreme menschliche Verhaltensweisen hervorzuheben, denen Sie begegnen können.

DIE PRAKTISCHE ANWENDUNG

In „Die Psychopathen sind unter uns: Eine Reise zu den Schaltstellen der Macht" (Tropen-Verlag, 2012) legt Jon Ronson in einer Interpretation von Hares Theorie humorvoll Rechenschaft über seine Begegnungen mit Menschen ab, die einige der von Hare aufgezeigten Eigenschaften aufwiesen. Sollten Sie in Ihrer Organisation Menschen coachen müssen, die diese Merkmale erkennen lassen, würde ich Ihnen raten, Folgendes zu beachten:

• Sie sollten zu Anfang davon ausgehen, dass sie stets das Schlimmste tun werden, was ihr Wesensmerkmal hergibt.

• Legen Sie sich eine Strategie zurecht, mit der Sie das schlimmste aller möglichen Szenarien bewältigen können. Wenn sie sich nicht auf die schlimmste mögliche Art verhalten, können Sie das kurz bei einem ruhigen Drink feiern. Behalten Sie die Strategie jedoch für das nächste Mal in der Hinterhand. Wenn sie doch das denkbar Schlimmste tun, bewahren Sie einen kühlen Kopf und folgen Sie der alten Weisheit des Boxsports: „Achten Sie jederzeit auf Ihre Deckung."

• Wenden Sie die beschlossene Strategie an und führen Sie Buch über alles, was gesagt oder getan wurde. Sie können immer noch in Ruhe einen Drink genießen, aber dieses Mal, um sich zu entspannen.

• Unabhängig davon, welche Vorgehensweise Sie wählen, achten Sie darauf, den Regeln und Bestimmungen zu folgen, die in Ihrer Organisation für den Umgang mit Menschen gelten. Selbst wenn Sie im Recht waren: Werden die richtigen Abläufe nicht eingehalten, könnte das gerichtliche Schritte gegen Sie und Ihre Organisation nach sich ziehen.

Eines sei hier allerdings ebenfalls erwähnt: Ziemlich sicher werden auch Sie einige dieser Eigenschaften aufweisen. Darüber sollten Sie nachdenken und die Wirkung erforschen, die Sie auf andere haben.

FRAGEN, DIE SIE SICH STELLEN SOLLTEN

• **Bin ich mir meiner eigenen psychopatischen Eigenschaften bewusst?**

• **Weshalb denke ich, die von mir gecoachten Personen hätten psychopatische Eigenschaften?**

• **Habe ich mir eine Strategie zurechtgelegt, um damit umgehen zu können?**

ZUSAMMENFASSUNG VON TEIL 1

I m ersten Teil dieses Buches habe ich versucht, die vielfältigen Arten aufzuzeigen, wie Menschen aller Altersklassen, Ebenen und Zukunftsaussichten denken und was sie motiviert, lernen zu wollen. Ich habe die Beziehungen zwischen Lernen und individuellem Wachstum, Lernen und Persönlichkeitstypen sowie Lernen und Lernstilpräferenzen untersucht.

Die einzelnen Lerntheorien in diesem Teil üben eine wesentliche Wirkung auf die Coaching-Praxis aus und jede konzentriert sich dabei auf etwas Bestimmtes:

- *Behaviorismus* beruht auf Konditionierung und Verstärkung.

- Geistige Tätigkeiten sind das primäre Ziel des *Kognitivismus*.

- Erfahrung und Selbstwirksamkeit sind die Basis des *Humanismus*.

- Auf Informationsverarbeitung und das Gedächtnis konzentriert sich der *Neurolismus*.

Jede Theorie spiegelt unterschiedliche Grade des menschlichen Engagements beim Lernen wider: Die behavioristische Hypothese bezieht sich auf ein *reaktives* Lernen. Die kognitivistische Theorie fokussiert das *bedarfsorientierte* Lernen, während der Neurolismus die Bedeutung des *rezeptiven* Lernens unterstreicht. Die Kernaussagen dieses Teils sind:

- Menschen lernen am besten, wenn sie das Lernen mit eigenen Lernzielen, eigenem Wissen oder eigenen Erfahrungen in Beziehung setzen können.

- Menschen weisen eine Vorliebe für einen Lernstil auf und sprechen am besten auf etwas an, indem sie entweder beobachten, zuhören oder etwas selbst tun.

- Individuen haben einen eigenen unverwechselbaren Zugang zum Denken und Lernen.

- Die Wahrnehmung und Persönlichkeit beeinflussen die Art, wie Menschen denken und lernen.

- Auch wenn Menschen eine Vorliebe für einen bestimmten Lernstil haben, lernen sie nicht, indem sie einfach an dieser Vorliebe festhalten.

- Eine gute Grundlage für das Lernen ist Kompetenz, Kreativität jedoch misst dem Lernen einen Mehrwert bei.

- Niemand ist perfekt.

- Wenn Sie bei etwas scheitern, versuchen Sie es erneut, aber scheitern Sie besser und so lange, bis Sie das richtige Ergebnis erzielen.

- Die früheren Erfahrungen eines Individuums zu nutzen, kann ein sehr wirkungsvolles Coaching-Mittel sein.

- Der Einzelne wird am besten lernen, wenn er sich mit dem Thema verbunden fühlt.

- Man sollte nie Angst davor haben, etwas Neues auszuprobieren.

- Wenn Sie jemanden unterstützen, bedenken Sie dessen Gefühle und Überzeugungen, seien Sie unvoreingenommen und versuchen Sie nicht, ihm Ihre Werte und Standpunkte aufzuzwingen.

- Jemand mit festen Ansichten zu einem Thema wird schwer zu ändern sein.

- Nicht jede Person, die Sie coachen, möchte auch gecoacht werden.

Die wichtigste Lehre ist: Es gibt eine derart große Menge von Persönlichkeitstypen und Lernstilen, die es unmöglich macht, auf ein für alle passendes Patentrezept zurückzugreifen.

TEIL 2

WEITERFÜHRUNG

EINFÜHRUNG

F ür die Einträge in diesem Teil des Buches habe ich 27 der am häufigsten eingesetzten und renommiertesten Coaching-Modelle ausgewählt. Sie können sich für jedes Modell einzeln entscheiden oder eine beliebige Anzahl kombinieren und auf jede Coaching-Situation anwenden, mit der Sie befasst sind. Auch wenn einige Theorien, wie zum Beispiel Achtsamkeit und NLP, etwas mehr Einlesen erfordern, um sich mit ihnen vertraut zu machen, werden Sie feststellen, dass in allen Einträgen ausreichend Informationen vorhanden sind, um sie direkt anwenden zu können.

Während die Theorien des ersten Teils mehr auf Schlüssigkeit und Forschung basieren, muten die hier im zweiten Teil vorgestellten Modelle spekulativer an. Gleichwohl scheinen sie zu funktionieren. In der Literatur zu dem Thema lassen sich nicht nur viele Beispiele von Einzelpersonen und Organisationen finden, die von Techniken wie GROW oder CLEAR profitiert haben. Selbst das Lob für Konzepte wie Achtsamkeit oder NLP ist weitreichend. Auch von Personen wie Gallwey (Theorie 38) und Whitmore (Theorie 55) habe ich Ideen und Modelle einfließen lassen, denn sie haben einen wesentlichen Beitrag zu der Entwicklung geleistet, dass das Coaching zu einem Management-Instrument geworden ist. Sehen Sie daher diesen Teil des Buches mehr als einen Koffer voller Werkzeuge an, in dem *jedes Instrument einen Zweck hat und jeder Zweck ein Instrument.*

Die Modelle werden in alphabetischer Reihenfolge vorgestellt, um nicht den Eindruck zu vermitteln, eines wäre besser als ein anderes. Insofern können alle Theorien beim Coaching von Einzelpersonen, Teams oder Organisationen eingesetzt werden. Ich schlage Ihnen daher vor, den Werkzeugkasten aufmerksam zu durchforsten und zu bestimmen, welche Instrumente geeignet wären. Wählen Sie anschließend diejenigen aus, die Sie übernehmen und so anpassen können, dass sie am besten zu Ihrem Arbeitsstil, zu der von Ihnen gecoachten Person sowie zu dem Umfeld passen, in dem das Coaching stattfindet.

Auch wenn ich zuversichtlich bin, dass in den Einträgen genügend Informationen enthalten sind, damit Sie die Modelle anwenden können, habe ich am Ende des Buches eine Liste mit weiterführender Literatur angehängt, sodass Sie tiefer in die Materie einsteigen können.

THEORIE **29**

RICHARD BANDLER UND JOHN GRINDER: NEUROLINGUISTISCHES PROGRAMMIEREN (NLP)

Setzen Sie dieses Modell ein, wenn Sie verstehen möchten, wie Menschen gewohnheitsmäßig denken und sich verhalten.

Das NLP-Konzept wurde in den frühen 1970er-Jahren von Richard Bandler und John Grinder entwickelt. Worum es dabei geht, macht die Aufschlüsselung des Begriffes deutlich:

- **Neuro:** Dies betrifft Ihre Sinne und wie Sie sie einsetzen, um Geschehnisse zu verstehen – was wiederum einen Einfluss darauf hat, wie Sie sich fühlen und was Sie sagen und tun.

- **Linguistische:** Dies betrifft die Sprache und Kommunikationssysteme, die Sie einsetzen, um sich selbst und andere zu beeinflussen.

- **Programmierung:** Dies betrifft eine Abfolge von Schritten, die ein bestimmtes Ergebnis erzielen soll.

Bandler und Grinder untersuchten die Arbeiten zahlreicher Therapeuten, die mit ihren Kunden ausgezeichnete Ergebnisse erreichten. Sie bildeten einige ihrer Techniken nach, die sie anschließend als die heute bekannten *vier Säulen des NLP* präsentierten.

DIESE SIND:

Zielgerichtetes Denken: Sie wissen in jeder Situation, was Sie wollen.
Sensorische Wahrnehmung: Sie achten genau auf Ihre Umwelt.

) **Verhaltensflexibilität:** Sie verändern Ihr Tun stetig, bis Sie das Gewünschte erreichen.

) **Rapport:** Sie sind sich des Beitrages bewusst, den andere leisten, um Sie bei der Erreichung Ihres Zieles zu unterstützen.

Bandler und Grinder betonen, wie wichtig es ist, mit einigen der Mythen, die NLP umgeben, aufzuräumen. Sie unterstreichen, dass es weder ein Kult noch ein Prozess ist, mit dem man das Bewusstsein verändern kann. Vielmehr handelt es sich um eine Sammlung von Instrumenten, die Manager, Coaches, Mentoren und Betreuer – also im Grunde jeder, der in irgendeiner Beziehung zu anderen steht – einsetzen können, um einen positiven Einfluss auf die Person auszuüben, mit der sie in Verbindung stehen.

DIE PRAKTISCHE ANWENDUNG

Die folgenden wichtigen Prinzipien sollten Sie bedenken, wenn Sie NLP als Coaching-Instrument einsetzen möchten:

* **Die Landkarte ist nicht das Gebiet:** Sie müssen Folgendes zur Kenntnis nehmen: Wenn das Gebiet die Wirklichkeit darstellt, ist die Landkarte lediglich eine Illustration dieser Wirklichkeit durch die von Ihnen gecoachte Person.

* **Respektieren Sie die Landkarte des anderen:** Sie müssen anerkennen, dass jeder gemäß seiner individuellen Landkarte reagiert und auf eine Art und Weise handeln kann, die Ihnen wenig hilfreich oder annehmbar erscheint.

* **Die Bedeutung und das Ergebnis der Kommunikation liegt in der Reaktion, die man erhält:** Statt der von Ihnen gecoachten Person vorzuwerfen, die Bedeutung misszuverstehen, übernehmen Sie die gesamte Verantwortung für Ihre Kommunikation.

* **Jedes Verhalten resultiert aus einer positiven Absicht:** Sie sollten berücksichtigen, dass Verhalten konkret im Hinblick auf den Kontext

und die aktuell erlebte Wirklichkeit erzeugt wird. Veränderung ist dann notwendig, wenn sich Kontext und Wirklichkeit ändern.

Akzeptieren Sie die Person; verändern Sie das Verhalten: Sie sollten bedenken, dass das Verhalten der von Ihnen gecoachten Person nicht gleichzusetzen ist mit dem, wer sie ist. Nehmen Sie folglich die Person an, unterstützen sie aber dabei, ihr Verhalten zu verändern.

• **Es gibt kein Versagen, nur Feedback:** Beruhigen Sie die Person, die Sie coachen: Wenn ihr etwas misslungen ist, hat sie nicht versagt, es ist ihr eben einfach noch nicht gelungen. Unterstützen Sie sie dabei, ihr Verhalten zu variieren und andere Wege zu suchen, um das gewünschte Ergebnis zu erzielen.

• **Wenn man stets das tut, was man schon immer getan hat, erreicht man nur das, was man schon immer erreicht hat:** Gelegentlich nennt man dieses Prinzip das Ashby'sche *Gesetz von der erforderlichen Varietät*. Sie müssen erkennen, dass die Person mit der größten Flexibilität im Denken und im Verhalten häufiger das Ergebnis einer Interaktion kontrolliert.

Wenn Ihnen das Gesamtkonzept von NLP nicht zusagt, können Sie überprüfen, ob sich einzelne Instrumente und Techniken einsetzen lassen.

FRAGEN, DIE SIE SICH STELLEN SOLLTEN

• Wie unterscheidet sich mein Realitätssinn von dem der von mir gecoachten Person?

• Bin ich mir sicher, dass die von mir gecoachte Person erfasst, was ich von ihr erwarte?

• Stelle ich sicher, dass die von mir gecoachte Person aus Fehlschlägen, die sie erlebt, lernt?

THEORIE **30**

GREGORY BATESON: NEUROLOGISCHE EBENEN

Setzen Sie dieses Modell ein, wenn Sie jemandem begreiflich machen möchten, dass Verhaltensweisen, Fähigkeiten, Überzeugungen und Werte beeinflussen, wie man Probleme erfasst und angeht.

Laut Gregory Bateson ermöglicht das Modell der *neurologischen Ebenen* – gelegentlich auch einfach das Modell der *logischen Ebenen* genannt – den Menschen einen neuen Blickwinkel auf das, was eine effektive Veränderung behindert. Das Modell besteht aus einer Anzahl von Ebenen beziehungsweise Kategorien und einer Hierarchie, die die Beziehung zwischen den einzelnen Kategorien angibt. Das Modell wird im Allgemeinen wie folgt dargestellt:

Teleologicher Lernmodell

Zugehörigkeit: Wozu tue ich das?

Identität: Für wen tue ich das?

Überzeugungen und Werte: Wieso tue ich das?

Fähigkeiten: Wie tue ich das?

Verhalten: Was tue ich?

Umgebung: Wo tue ich das?

Quelle: Dilts, R. (1990): „Changing Belief Systems with Neuro-Linguistic Programming [NLP]", Meta Publications, Capitola, California.

DIE EINZELNEN KATEGORIEN DES MODELLS KÖNNEN WIE
FOLGT ZUSAMMENGEFASST WERDEN:

❱ **Umgebung:** Das ist das physische Umfeld, in dem wir uns befinden.
Es umfasst auch Menschen, die uns umgeben, und Ressourcen, die zu
unserer Verfügung stehen.
❱ **Verhalten:** Das bezieht sich auf das, was wir denken, sagen und tun
und welche Auswirkungen dies auf andere hat.
❱ **Fähigkeiten:** Darunter versteht man die Fähigkeiten und Kompetenzen, die wir haben.
❱ **Überzeugungen und Werte:** Damit sind die Dinge gemeint, die uns
wichtig sind und die unsere Handlungen beeinflussen.
❱ **Identität:** Das ist unser eigenes Selbstverständnis; es definiert, wer wir
sind und welche Rolle wir erfüllen.
❱ **Zugehörigkeit:** Hierbei geht es darum, was uns antreibt, die Person
zu sein, die wir sind, und so zu handeln, wie wir es tun.

Wenn Organisationen oder Individuen Veränderungen vornehmen, so
werden sie laut Bateson geringere Erfolgsaussichten haben, wenn sie es
versäumen, die richtigen Veränderungen in den am besten geeigneten
Ebenen durchzuführen.

DIE PRAKTISCHE ANWENDUNG

So können Sie jemand dahingehend coachen, die *neurologischen* Ebenen
durchzuarbeiten:

• Notieren Sie auf sechs Karten (etwa 40–50 Zentimeter im Quadrat)
jeweils eine der Kategorien. Legen Sie die Karten mit einem Abstand
von etwa einem Meter in der Reihenfolge der Hierarchie aus, wie sie
in der Grafik dargestellt ist (von *Umgebung* zu *Zugehörigkeit*). Bewegen
Sie die von Ihnen gecoachte Person dazu, sich links neben die Karte
Umgebung zu stellen und sich folgende Fragen zu stellen: „Was ist mein
Wunschzustand, wer wird bei mir sein und welche Möglichkeiten habe
ich?"

Bitten Sie sie nun, sich auf die Karte Umgebung zu stellen und sich selbst im Wunschzustand zu vergegenwärtigen, zusammen mit allen Personen und Dingen, die zu diesem Zeitpunkt und an diesem Ort wichtig sind. Sobald sie das Bild deutlich vor sich sieht, bitten Sie die Person, einen Schritt auf die Karte Verhalten zu machen und zu beschreiben, welche Auswirkungen ihre Gedanken und Handlungen im Wunschzustand auf die Menschen haben, die die Umgebung mit ihr teilen. Ermutigen Sie sie, zu hinterfragen, ob Änderungen notwendig sind.

Erst wenn die Vision und die Erkenntnis dessen, was getan werden muss, deutlich sind, sollten Sie sie einen weiteren Schritt auf die Karte Fähigkeiten machen und beschreiben lassen, welche neuen Fähigkeiten und Kenntnisse sie im Wunschzustand besitzt. Bewegen Sie sie, zu analysieren, was sie unternehmen muss, um Änderungen vorzunehmen. Anschließend soll die Person auf die Karte Überzeugungen und Werte treten und sich selbst fragen, ob es Widersprüche gibt, zwischen dem, was sie ist, und dem, was sie sein möchte, und wie sie diesen Konflikt lösen kann. Bitten Sie sie, auf die Karte Identität zu treten und sich vorzustellen, wer sie sein wird, wenn die Veränderungen einmal stattgefunden haben.

Schließlich soll sie auf die Karte Zugehörigkeit treten und sich selbst fragen, ob sie ein klar definiertes Zugehörigkeitsgefühl spürt. Ist dem so, hat sie den Prozess vollendet. Wenn nicht, sollte sie die Karten in umgekehrter Reihenfolge noch einmal durcharbeiten.

FRAGE, DIE SIE SICH STELLEN SOLLTEN

- **Wie dringend möchte das Individuum sein Verhalten ändern?**

THEORIE **31**

DONALD BROADBENT: FILTERTHEORIE DER AUFMERKSAMKEIT

Setzen Sie dieses Modell ein, wenn Sie verstehen möchten, wie Menschen Informationen herausfiltern, die für sie nicht relevant sind.

Donald Broadbent war der Ansicht, dass unser eigener Realitätssinn durch die Art und Weise, wie wir unsere Erfahrungen interpretieren, entsteht. Dies legt nahe, dass das Verständnis von Informationen einer Person nicht mit dem übereinstimmen muss, wie der Absender die Information beabsichtigt hat. Dies tritt seiner Meinung nach infolge eines Filterprozesses auf, der die Informationen entweder *löscht, verzerrt* oder *verallgemeinert.*

DIE EINZELNEN ELEMENTE DES PROZESSES KÖNNEN WIE
FOLGT ZUSAMMENGEFASST WERDEN:

> Die **Löschung** verhindert, dass die Person die Masse an sensorischen Informationen aufnehmen muss, der sie sekündlich ausgesetzt ist, und reduziert die Information auf die Teile, die als relevant erachtet werden.

> Die **Verzerrung** ermöglicht der Person, Informationen in einen Rahmen bestehender Kenntnisse einzufügen.

> Die **Verallgemeinerung** befähigt die Person, neue Informationen aufgrund von ähnlichen, zuvor gemachten Erfahrungen zu beurteilen.

Was der Einzelne tatsächlich lerne, so Broadbent, werde von seinen persönlichen Filtern diktiert, die wiederum von seinen *Überzeugungen, Werten* und *Erinnerungen* beeinflusst würden. Oftmals könne dies zu einem Konflikt im Geist des Lernenden führen, da er versuche, zuvor vertretene Überzeugungen und Werte sowie vergangene Erfahrungen mit seinem neuen Wissen in Einklang zu bringen.

DIE PRAKTISCHE ANWENDUNG

Wie sich die andere Person fühlt, ist nie genau zu sagen, weil man sich eben nie wirklich in ihre Gedanken hineinversetzen kann. Das gilt letztlich auch, wenn Sie jemanden coachen, der zwischenmenschliche Themen mit einer anderen Person zu klären hat. Hier ist ein Beispiel zur Verdeutlichung:

Anna war eine Referendarin, die ich coachte. Das Problem, mit dem sie kämpfte und das sie beinahe krank machte, war ihre Reaktion auf eine Schülerin. Sie erzählte mir, dass dieses Mädchen „diesen Gesichtsausdruck hatte – ich wusste sofort, dass sie nicht am Unterricht teilnehmen würde". Natürlich hatte Anna keine Ahnung, was das Mädchen dachte. Sie verzerrte lediglich die Information, die sie von dem Mädchen empfing. Als ich vorbrachte, „das Mädchen könnte einfach auch einen miesen Tag gehabt haben", lachte Anna und entschied, sich für ihre nächste Stunde einen anderen Ansatz zu überlegen.

Als Coach müssen Sie davon ausgehen, dass Menschen jedes Mal eine Fülle von Filtersystemen anwenden, wenn Sie mit ihnen sprechen. Das geschieht ganz unbewusst. So sind sie in der Lage, die Masse an Informationen (nonverbale und auch verbale), der Sie sie aussetzen, zu bewältigen. Sollten Sie ihnen wieder einmal etwas Wichtiges mitzuteilen haben,

- überlegen Sie im Vorfeld sehr genau, welches Ergebnis Sie nach der Übermittlung der Nachricht erwarten. Drücken Sie sich bei der Bestimmung präzise aus. Sie könnten die Wendung „Am Ende der Sitzung werden Sie in der Lage sein ..." benutzen. Oder noch besser, fragen Sie Ihre Schützlinge, was sie erwarten, am Ende der Sitzung erreichen zu können;

- achten Sie darauf, zu verstehen, welche Filter die von Ihnen gecoachte Person womöglich anwendet und wie diese die Interpretation Ihrer Nachricht beeinflussen. Berücksichtigen Sie ihre Antworten und hören Sie ihr genau zu;

- versuchen Sie, die verbalen und nonverbalen Hinweise zu interpretieren, ob sie in der von Ihnen erwarteten Weise reagiert. Sie sollten jedoch niemals Annahmen darüber treffen, was sie denkt. Sind die Hinweise nicht deutlich genug, fragen Sie direkt nach: „Was denken Sie?"

Vor allem sollten Sie nicht davor zurückschrecken, einen anderen Ansatz auszuprobieren, wenn Sie nicht weiterkommen.

FRAGEN, DIE SIE SICH STELLEN SOLLTEN

- **Wie sicher bin ich mir, dass die von mir gecoachte Person richtig interpretiert, was ich von ihr erwarte?**
- **Wie vermeide ich es, Annahmen darüber zu tätigen?**

THEORIE 32

MARTY BROUNSTEIN: DIE FÜNF SÄULEN DER VERBINDLICHKEIT

Setzen Sie diese Theorie ein, wenn Sie ein Modell benötigen, um das Engagement für eine Leistungssteigerung zu erhöhen.

Wenn die von Ihnen gecoachten Personen ein hohes Engagement aufweisen, so wird das laut Marty Brounstein hohe Leistungen und eine höhere Mitarbeiterbindung nach sich ziehen. Er ist der Ansicht, dass Coaching eine der besten Möglichkeiten ist, um bei den Mitarbeitern Begeisterungsfähigkeit auszulösen. Seine *fünf Säulen der Verbindlichkeit* sollen als Modell dienen, um genau dies zu erreichen. Die Säulen lassen sich so darstellen:

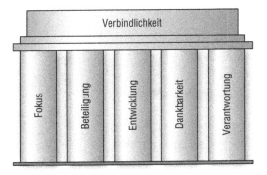

DIE FÜNF SÄULEN KÖNNEN WIE FOLGT ZUSAMMENGEFASST WERDEN:

Fokus: Ist diese Säule stabil, wird die von Ihnen gecoachte Person genau wissen, was von ihr erwartet wird, welchen Weg die Organisation beschreitet und wo die Prioritäten liegen.

Beteiligung: Ist die Beteiligungssäule stark, wird die von Ihnen gecoachte Person ein Gefühl der Zugehörigkeit und der Befähigung haben und wahrscheinlicher zu Planungs-, Problemlösungs- und Entscheidungsprozessen beitragen.

》 Entwicklung: Wenn die Säule Entwicklung stark ist, wird sich die von Ihnen gecoachte Person ermutigt fühlen, Lernmöglichkeiten und Chancen für die persönliche Weiterentwicklung zu nutzen.

》 Dankbarkeit: Die von Ihnen gecoachte Person wird, wenn die Säule Dankbarkeit stabil ist, das Gefühl haben, dass ihr Beitrag wertgeschätzt wird.

》 Verantwortung: Ist die Säule Verantwortung stabil, wird die von Ihnen gecoachte Person mehr Verantwortung im Job akzeptieren und überzeugt sein, dass sie kompetent ist, das auch zu leisten.

Brounsteins Modell liegt die Philosophie zugrunde, dass gute Coaches sich nicht nur auf die Leistung konzentrieren, sondern auch erkennen, dass sich die Menschen mit ihrer Arbeit verbunden fühlen. Insofern rät Brounstein, das Fundament der Verbindlichkeit dadurch zu legen, dass man sich auf die Entwicklung der Arbeitsverhältnisse und der Leistung des Einzelnen konzentriert.

DIE PRAKTISCHE ANWENDUNG

Mithilfe der folgenden Schritte können Sie für eine stabile Grundsteinlegung sorgen:

Achten Sie darauf, dass die von Ihnen gecoachte Person weiß, was von ihr erwartet wird. Legen Sie zu Beginn Ziele fest und einigen Sie sich auf Leistungspläne. Definieren Sie erwartete Ergebnisse pro Aufgabe und den Rahmen, in dem die Aufgabe zu bearbeiten ist. Diskutieren Sie über Prioritäten, legen Sie sie fest und klären Sie Bedürfnisse und Erwartungen.

Machen Sie deutlich, dass die Person bei Faktoren, die ihre Arbeit beeinflussen, ein Mitspracherecht hat. Sorgen Sie dafür, dass Erfolgsziele abgestimmt sind, und gestatten Sie den Mitarbeitern, selbst zu bestimmen, wie diese am besten zu erreichen sind. Bemühen Sie sich um ihre Beteiligung, indem Sie sie ermuntern, in Coaching-Sitzungen die Initiative zu ergreifen.

• Fördern und unterstützen Sie Mitarbeiter, die Entwicklungsmöglichkeiten ergreifen möchten. Besprechen Sie, was sie lernen müssen, um effektiver zu sein, und entwickeln Sie einen Aktionsplan, um diese Bedürfnisse anzugehen. Achten Sie darauf, mit den einzelnen Mitarbeitern gemeinsam die Pläne aufzustellen, um eingeleitete Entwicklungsmaßnahmen zu festigen.

• Sie sollten Beiträge anerkennen und würdigen, indem Sie regelmäßig Feedback geben, wenn eine Aufgabe erfolgreich ausgeführt wurde; achten Sie darauf, Bemühungen ebenso zu honorieren wie Ergebnisse.

• Sorgen Sie dafür, dass Verantwortung übertragen wird und hohe Standards durch die Durchführung regelmäßiger Mitarbeitergespräche gewahrt werden. Achten Sie darauf, positives Feedback zu geben, wenn die Leistung dem Standard entspricht, und negatives, wenn das nicht der Fall ist. So ermöglichen Sie der von Ihnen gecoachten Person, etwaige Fehler zu korrigieren.

FRAGEN, DIE SIE SICH STELLEN SOLLTEN

• **Wie kann ich mich vergewissern, dass ich ein gutes Arbeitsverhältnis zu der von mir gecoachten Person pflege?**

• **Ist uns beiden bewusst, was der jeweils andere von einem erwartet?**

THEORIE **33**

ARTHUR COSTA UND BENA KALLICK: DER COACH ALS KRITISCHER FREUND

Setzen Sie diese Theorie ein, wenn Sie jemanden in guter Absicht herausfordern beziehungsweise kritisieren möchten.

Arthur Costa und Bena Kallick beschreiben einen *kritischen Freund* als eine Vertrauensperson, die provokante Fragen stellt, für eine alternative Sichtweise zu einem Thema sorgt und Handlungen in guter Absicht kritisiert. Sie umreißen einen Prozess für die Interaktion zwischen kritischem Freund und dem Individuum, der sich folgendermaßen darstellen lässt:

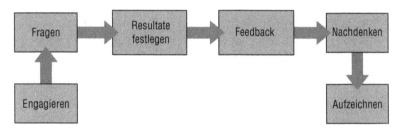

DIE ELEMENTE DES PROZESSES KÖNNEN WIE FOLGT ZUSAMMENGEFASST WERDEN:

❱ **Engagement:** Das Individuum erklärt das Problem und bittet den kritischen Freund um Feedback.
❱ **Befragung:** Der kritische Freund stellt Fragen, um die eigentliche Ursache des Problems zu erschließen und den Zusammenhang zu klären, in dem das Problem auftritt.
❱ **Wunschresultate:** Das Individuum legt die gewünschten Ergebnisse der Interaktion fest und stellt so sicher, dass es die Kontrolle behält.

) **Feedback:** Der kritische Freund gibt Feedback zu dem scheinbar wesentlichen Punkt des Problems. Diese Rückmeldung sollte allerdings
mehr als nur ein flüchtiger Blick auf das Problem sein und eine alternative Sicht bieten, die dabei hilft, das Problem anzugehen.

) **Reflexion:** Beide Parteien denken über den Inhalt der Diskussion nach.

) **Aufzeichnung:** Die Person zeichnet die Ansichten beider zu den Punkten sowie die Anregungen auf. Der kritische Freund protokolliert die
erteilten Ratschläge und notiert sich, welche Folgeaktionen ergriffen
werden müssen.

Costa und Kallick sind der Auffassung, dass der Coach als kritischer
Freund ein durchaus machtvolles Konzept sein kann, vielleicht aufgrund
des Spannungspotenzials in diesem Begriff: „Freunde" bringen einem ein
hohes Maß an unbedingter positiver Zuwendung entgegen, wohingegen
„Kritiker" negativ eingestellt sind und Fehlern intolerant gegenüberstehen. Das Ideal beschreiben Sie als eine Verbindung bedingungsloser Unterstützung sowie bedingungsloser Kritik.

DIE PRAKTISCHE ANWENDUNG

Diese Tipps unterstützen Sie dabei, zu einem guten kritischen Freund
zu werden:

• Lassen Sie nicht zu, dass Ihre Freundschaft zum Kunden das eigentliche Problem überschattet, mit dem er sich konfrontiert sieht. Betont man den freundschaftlichen Aspekt der Position zu sehr, kann
das die Notwendigkeit eines tiefgehenden und kritischen Austausches
von Ansichten beeinträchtigen. Für seine Notlage Mitleid zu zeigen,
ist nicht zielführend. Es kann sogar eine nachteilige Wirkung darauf
haben, eine Lösung dafür zu finden. Unterschiedliche Denkansätze
durch das Einbringen anderer Sichtweisen und neuer Erkenntnisse
zu stimulieren, ist das Ziel.

• Machen Sie sich die Grenzen dieser Beziehung bewusst und legen Sie
Zielvorgaben fest, wer was bis zu welchem Termin erledigt. Achten Sie
darauf, die Fortschritte bei der Erfüllung der Ziele in regelmäßigen

Abständen zu überprüfen. Geben Sie Ihrem Kunden ehrliches und kritisches Feedback. Im gleichen Atemzug müssen Sie bereit sein, ehrliches und kritisches Feedback von Ihrem Kunden anzunehmen. Denken Sie zum Schluss über die Art und Angemessenheit dieser Beziehung nach und fragen Sie sich, ob Änderungsbedarf besteht.

FRAGEN, DIE SIE SICH STELLEN SOLLTEN

Coach als kritischer Friend

- Wie sicher bin ich mir, dass eine klare Trennung zwischen meiner Rolle als Coach und der eines Freundes besteht?
- Sind wir uns beide der Grenzen bewusst?
- Gebe ich ehrliches und kritisches Feedback?

THEORIE **34**

EDWARD DE BONO:
DIE DENKHÜTE

Setzen Sie dieses Modell ein, wenn Sie möchten, dass Ihre Mitarbeiter kreativer mit Problemen umgehen.

Damit man einen kreativeren Weg für den Umgang mit Problemen einschlagen kann, ist laut Edward de Bono ein umfangreicherer Überblick über eine Situation notwendig, für den man die gewohnten Denkmuster verlassen muss. Die *Denkhüte*-Technik entwickelte er als Ermutigung für die Menschen, ausgewogener und kreativer nach Problemlösungsansätzen zu suchen. Bei dieser Technik setzen Sie einfach den Hut auf (tatsächlich oder im übertragenen Sinn), der zu dem Konzept passt, das sie übernehmen müssen.

DIE MERKMALE DER DENKHÜTE BEIM COACHEN SIND:

- **Der weiße Hut:** Sich auf die verfügbaren Informationen konzentrieren; helfen Sie ihnen, zu erkennen, was sie aus der Situation lernen können.
- **Der rote Hut:** Sich auf die Intuition und auf Emotionen verlassen; helfen Sie ihnen, zu verstehen, welche Reaktionen sie erhalten.
- **Der schwarze Hut:** Nach negativen Aspekten suchen; helfen Sie ihnen, die Schwächen einer Idee zu erkennen.
- **Der gelbe Hut:** Nach positiven Aspekten suchen; helfen Sie ihnen, die Stärken einer Idee zu erkennen.
- **Der grüne Hut:** Kreative Lösungen entwickeln; ermutigen Sie sie, Vorschläge zu machen, egal, wie abwegig sie scheinen.
- **Der blaue Hut:** Die Situation selbst in die Hand nehmen; wenn sie zögern, zeigen Sie ihnen, wie ihnen das dabei hilft, die Dinge ins Rollen zu bringen.

Für de Bono ist kreatives Denken die grundlegendste Fähigkeit, die Menschen besitzen, und dazu noch eine, von der sowohl sozialer als auch wirtschaftlicher Fortschritt abhängt. Gleichwohl gibt er zu bedenken, dass es gerade dieser Bereich ist, den die meisten Personen und Organisationen außer Acht lassen.

DIE PRAKTISCHE ANWENDUNG

Gehen Sie dieses Beispiel durch für Hinweise, wie Sie die *Denkhüte* als Coaching-Instrument nutzen können:

Nehmen wir an, Sie wurden gebeten, einen Manager zu coachen, der ebenfalls Coach werden möchte. Die meisten Modelle in diesem Teil des Buches raten, irgendeine Form der Analyse vorzunehmen, warum die Person ein Coaching möchte und was sie sich davon erhofft. Nachdem Sie das Konzept der *Denkhüte* erklärt haben, schnappt sich die Person meist den *schwarzen Hut* und bringt alle Gründe hervor, warum sie ihrer Meinung nach keinen guten Coach abgeben würde. Hier folgt, was als Nächstes zu tun ist:

• Nachdem Sie aufmerksam zugehört haben, bitten Sie die Person, den *weißen Hut* aufzusetzen und sich auf die Fakten zu beschränken. Erkundigen Sie sich, ob sie weiß, welche Kosten der Organisation für Schulungen für Mitarbeiter entstehen und wie viel eingespart werden könnte durch das Coaching. Dann soll sie näher erläutern, welche sonstigen Vorteile es für die Mitarbeiter im Unternehmen hätte, ein guter Coach zu sein.

• Sobald gute Argumente für das Coaching gefunden wurden, soll die Person den *roten Hut* aufsetzen und darüber nachdenken, was es für sie persönlich bedeuten würde, als guter Coach anerkannt zu sein. Fragen Sie nach, wie sie sich dabei fühlt. Wundern Sie sich nicht, wenn Ihr Schützling erneut nach dem *schwarzen Hut* greift. Es ist gut, gleich zu Beginn Probleme zu erkennen und anzusprechen. Vielleicht müssen Sie noch einmal den *weißen* und den *roten* Hut bemühen, bevor ihn die Tatsache, ein Coach zu sein, allmählich optimistisch stimmt und er den *gelben Hut* trägt.

- Mit zunehmendem Optimismus können Sie die Person dazu ermuntern, den *grünen Hut* überzuziehen und sich vorzustellen, wie sie als Coach arbeiten wird. In dieser kreativen Phase müssen alle Punkte aus neuen Blickwinkeln betrachtet werden.

- Womöglich sehen Sie das schon als das Ende des Prozesses an. Aber was ist mit dem *blauen Hut*, der im Stapel ganz unten lauert? Das ist der Kontroll-Hut. Die meisten wirklich guten Coaching-Modelle betonen, dass das Coaching keine Einbahnstraße ist, sondern Feedback und Reflexion erfordert. Geben Sie der Person, die Sie coachen, die Möglichkeit, Ihnen zu sagen, was sie von Ihrem Coaching hält und wie Sie sich verbessern könnten. Das heißt dann: Der Coachee wird zum Coach.

FRAGEN, DIE SIE SICH STELLEN SOLLTEN

- Habe ich die Analyse im Vorfeld des Coachings durchgeführt und aufmerksam den Antworten der Einzelnen zugehört?

- Konnte ich sie dazu bewegen, kreativ zu denken?

- Habe ich mich um Feedback bemüht und bin ich bereit, danach zu handeln?

Disneys Kreativitätsstrategie: Träumen,
Realität, Kritik

THEORIE 35

ROBERT DILTS:
DIE WALT-DISNEY-METHODE

Setzen Sie diese Theorie ein, wenn Sie jemanden
dabei unterstützen möchten, kreativere Denkansätze
zu formulieren.

Robert Dilts behauptete, der größte Hemmschuh für ein kreatives Handeln der Menschen läge in der Tendenz, neue Ideen gleich zusammenzuknüppeln, noch bevor sie richtig entwickelt seien, und alle Gründe vorzubringen, warum etwas nicht funktioniere. Dilts untersuchte eine Vielzahl von großen Köpfen, fiktive wie auch reale Figuren, um herauszufinden, wieso sie erfolgreich waren. Einer davon war Walt Disney, der laut Dilts eine in der Filmwelt unübertroffene, enorme Kreativität und großen Erfindungsreichtum besaß. Robert Dilts entdeckte drei Aspekte in Disneys Kreativitätsstrategie: den Träumer, den Realisten und den Kritiker.

DIE EINZELNEN FACETTEN KÖNNEN WIE FOLGT ZUSAMMENGEFASST WERDEN:

) **Der Träumer:** Hierbei stellt man sich alle Möglichkeiten vor, die es potenziell gibt. Lassen Sie einer beliebigen Reihe von Gedanken ihren Lauf. Unterbrechen Sie das nicht, um darüber zu urteilen, egal, wie absurd die Idee auch scheinen mag.
) **Der Realist:** Das ist der pragmatische Teil des Vorgangs. Hier untersuchen Sie, wie Sie die Ideen in die Praxis umsetzen können. Jetzt ist es an der Zeit, zu überlegen, ob der Traum in der Realität funktionieren kann.
) **Der Kritiker:** Hier befinden wir uns in der Bewertungsphase, in der Sie beurteilen, ob die Idee Ihr Ziel erfüllen wird. In diesem Stadium können Sie die Idee verwerfen oder aber sämtliche Verbesserungen vornehmen, die notwendig sind, damit Sie Ihr Ziel erreichen.

Methodik: Erst Träumer, dann Realist, dann Kritiker

Laut Dilts ist die *Walt-Disney-Methode* ein einfaches, aber wirksames Verfahren, das bei Gruppen und Einzelpersonen oder als Instrument zur Selbstentwicklung eingesetzt werden kann.

DIE PRAKTISCHE ANWENDUNG

Stellen Sie sich vor, Sie arbeiten als Coach mit einem funktionsgestörten Personenkreis. Der Gruppenleiter ist langweilig und sein Ausblick auf die Zukunft eher konservativ. Seine Partnerin sucht in ihrer Arbeit mehr Spannung und Abwechslung und die beiden jüngeren Mitglieder des Teams haben das Gefühl, auf der Stelle zu treten, was sie veranlasst, aufzubegehren. Klingt ein wenig nach der Handlung von „Mary Poppins".

Oft als Disneys größter Erfolg gefeiert, ist „Mary Poppins" die Geschichte einer Coaching-Expertin (getarnt als Nanny), die den Auftrag erhält, das Verhalten von Mitgliedern der Banks-Gruppe (beziehungsweise der Banks-Familie) zu verändern. Sie setzt die *Walt-Disney-Methode* gekonnt ein, indem sie die Gruppenmitglieder zu Träumern macht und sie mitnimmt in eine Fantasiewelt voller Karusselle, Hindernisläufe und Pinguine. Als der Gruppenleiter in die Wirklichkeit zurückkommt, entscheidet er, dass ihnen bessere Optionen offenstehen, und er entwickelt einen Plan, wie er diese Möglichkeiten umsetzen kann. Mary Poppins' Arbeit ist damit vollendet und sie fliegt davon zu ihrem nächsten Kunden.

Es war ja klar, dass ich nicht widerstehen konnte, die Handlung eines Disney-Filmes anzubringen. Damit Sie das Modell selbst anwenden können, stelle ich Ihnen ein großartiges Verfahren vor:

• Legen Sie in einem Raum drei Karten aus (je 40–50 cm im Quadrat und etwa zwei Meter voneinander entfernt) mit den Überschriften *Träumer*, *Realist* und *Kritiker*. Weisen Sie die von Ihnen gecoachte Person an, sich auf die Karte *Träumer* zu stellen und entspannt den eigenen Wunschzustand zu visualisieren. Sobald Sie sich in diesem Zustand befindet, fordern Sie sie auf, sich selbst zu fragen: „Wie werde ich mich fühlen? Was werde ich sehen oder hören?" Anschließend soll sie die *Träumer*-Karte verlassen, in einen neutralen Bereich gehen (auf keiner der drei Karten stehen) und für einen Moment ihre Gedanken sammeln.

• Als Nächstes darf sie sich auf die Karte *Realist* stellen und darüber nachdenken, was zu tun ist, um diesen Traum Wirklichkeit werden zu lassen. Sobald sie sich in diesem Zustand befindet, fordern Sie sie auf, sich selbst zu fragen: „Woher weiß ich, wann ich den Wunschzustand erreicht habe? Was muss geschehen? Wer muss einbezogen werden? Welchen Schritt muss ich als Erstes gehen?" Bitten Sie sie, zurück in die neutrale Zone zu gehen und, wenn nötig, eine Liste der Dinge anzufertigen, die zu tun sind. Sie können damit beginnen, zusammen einen Aktionsplan aufzustellen.

• In der Schlussphase bitten Sie sie, auf die Karte *Kritiker* zu treten und die Durchführbarkeit des Planes zu bewerten. Sobald Sie sich in diesem Zustand befindet, fordern Sie auf, sich selbst zu fragen: „Was oder wer kann mich daran hindern, meinen Wunschzustand zu erreichen? Was kann ich unternehmen, um das zu überwinden? Was fehlt in meinem Plan?" Bitten Sie sie erneut zurück in die neutrale Zone, wo sie entscheiden soll, ob sie nun einen kreativen, gut durchdachten Aktionsplan hat. Wenn ja, unterstützen Sie sie bei der Durchführung. Wenn nein, sollte die Person diese Schleife so oft durchlaufen, bis ein Plan vorhanden ist.

(Ob Sie dabei die ganze Zeit *Superkalifragilistisch …* singen sollten, während sie die einzelnen Karten durchgeht, ist allerdings ein anderes Thema!)

FRAGE, DIE SIE SICH STELLEN SOLLTEN

• **Wie gut kann die Person, die ich coache, ihren Idealzustand visualisieren?**

THEORIE **36**

GERARD EGAN:
DAS BERATUNGSMODELL NACH EGAN
(THE SKILLED HELPER MODEL)

Setzen Sie diese Theorie ein, wenn Sie jemanden dabei unterstützen möchten, die eigenen Probleme zu bewältigen.

Gerard Egans *Skilled-Helper-Modell* ist ein dreiteiliges Beratungsmodell, das zum Ziel hat, eine dauerhafte Veränderung zu erreichen und die Menschen zu befähigen, ihre Probleme effizienter zu bewältigen. Darstellen lässt es sich wie folgt:

DIE DREI PHASEN KÖNNEN WIE FOLGT ZUSAMMENGEFASST WERDEN:

) **Erforschung:** In dieser Phase soll eine friedliche Beziehung zu der anderen Person aufgebaut werden. Dann ist es möglich, sie dabei zu unterstützen, ihre aktuelle Situation zu erforschen, indem Probleme und Chancen erkannt und geklärt werden, und abzuschätzen, ob sie in der Lage ist, damit umzugehen.

) **Herausforderung:** In diesem Stadium soll die andere Person Unterstützung erfahren, ein tiefer gehendes und objektiveres Verständnis für ihre Situation zu entwickeln. Dies geschieht, indem man sie ermutigt, zu fragen, welche Bedürfnisse tatsächlich bestehen und welche anderen Möglichkeiten in Betracht gezogen werden könnten.

) **Maßnahmen:** Hier sollte der anderen Person geholfen werden, die guten Vorsätze in tatsächliche Ergebnisse zu verwandeln, indem man sie dabei unterstützt, spezifische, messbare, ausführbare, realistische Ziele sowie einen Termin festzulegen, zu dem sie zu erreichen sind.

Egan erläutert, dass das Beratungsmodell *Skilled Helper* Menschen anregt, das Geschehen aktiv zu interpretieren, indem sie Maßnahmen, Ereignissen und Situationen einen tieferen Sinn verleihen. Darüber hinaus betont er, wie wichtig es ist, dass Menschen sich den Herausforderungen und Problemen stellen und sie überwinden und neue Chancen ausfindig machen.

DIE PRAKTISCHE ANWENDUNG

Hier einige Tipps, die Sie dabei unterstützen, zu einer qualifizierten Hilfe zu werden:

• Lassen Sie sich von Ihrem Gegenüber in eigenen Worten erzählen, was in ihm vor sich geht. Anschließend geben Sie es ihm vorurteilslos und ohne Bewertung wieder. Beginnen Sie mit einigen offenen Fragen und hören Sie sich aufmerksam die Antwort an. Konzentrieren Sie sich dabei auf das, was gesagt wird, nicht auf das, was Sie sagen werden. Achten Sie darauf, Ihre Ansichten zurückzuhalten, und konzentrieren Sie sich auf die Themen, die der anderen Person wichtig sind. Vergewissern Sie sich, dass Sie diese Themen vollständig erfasst haben, indem Sie sie in eigenen Worten wiedergeben. Fassen Sie die Kernaussagen, die aus der Diskussion folgen, zusammen. Achten Sie darauf, dass diesbezüglich Einigkeit besteht.

• Haben Sie erfolgreich ein Vertrauensverhältnis zu Ihrem Gegenüber aufgebaut, wird jeder Unmut, jeder Widerstand, der eventuell im Erforschungsstadium vorhanden war, überwunden sein. Sollten Sie noch immer auf Opposition treffen, können Sie jederzeit Stufe 1 wiederholen.

Nehmen Sie sich einen Punkt nach dem anderen vor und ermuntern Sie die andere Person, Möglichkeiten auszuloten, wie diese Thematik genauer analysiert werden könnte. Weisen Sie sie an, die Sache mit den Augen anderer zu betrachten. Sie soll verschiedene Optionen und Strategien erforschen. Unterstützen Sie sie dabei, die Barrieren, denen sie gegenübersteht, zu verstehen und zu überwinden. Verlassen Sie diese Stufe nicht, ohne die Bereitschaft der anderen Person, Bereiche für die Weiterentwicklung zu identifizieren. Diese sollten notiert werden.

- Ist die andere Person nun empfänglich dafür, Veränderungen vorzunehmen, ist es Zeit, die hehren Absichten in Maßnahmen umzuwandeln. Bitten Sie sie daher, sich so viele Strategien wie möglich auszudenken. Helfen Sie ihr dabei, sich auf jene Maßnahmen zu konzentrieren, die in der jeweiligen Situation unter Berücksichtigung ihrer Bedürfnisse, ihrer Ansprüche und der ihr zur Verfügung stehenden Ressourcen tragfähig sind. Manche Maßnahmen mögen aus einer Reihe kleinerer Schritte bestehen statt aus einem einzigen großen Schritt. Ein paar Erfolgserlebnisse werden das Selbstvertrauen des Einzelnen, etwas Bedeutenderes und Anspruchsvolleres bewältigen zu können, stärken. Verlassen Sie diese Phase nicht, ohne sich auf ein Folgetreffen zu einigen, bei dem der Fortschritt der anderen Person betrachtet wird. Vermeiden Sie es, ein Urteil zu fällen, falls kein Fortschritt erfolgt ist. Sie sollten aber auch nicht davor zurückschrecken, ihre Veränderungsbereitschaft zu hinterfragen.

Überlegen Sie sich zwei Begebenheiten, wo Sie jemandem helfen mussten, mit Veränderungen umzugehen. Wählen Sie jeweils ein Beispiel mit positivem und eines mit negativem Ausgang.

FRAGEN, DIE SIE SICH STELLEN SOLLTEN

- **Welchen Beitrag habe ich dazu geleistet, dass das Ergebnis gut oder schlecht war?**
- **Hätte ich anders handeln können?**
- **Kann ich dieses neue Konzept auf die Person übertragen, die ich aktuell coache?**

THEORIE **37**

FERDINAND FOURNIES:
COACHING-GESPRÄCHSPLANUNG

Setzen Sie diese Theorie ein, wenn Sie ein Konzept für
ein Face-to-Face-Coaching benötigen.

Ferdinand Fournies bezeichnet ein Face-to-Face-Coaching als das *Coaching-Gespräch*. Für ihn besteht der Zweck darin, das Verhalten von Einzelnen auf die Lösung eines Problems oder die Korrektur eines Leistungsproblems umzuleiten. Er schlägt ein fünfteiliges Modell vor, das unmittelbar auf die Analyse folgt, was unternommen werden muss. Dieser Prozess kann so dargestellt werden:

Fournies gibt zu bedenken, dass das Coaching-Gespräch nicht funktionieren wird, solange die in der Coaching-Analyse festgestellten Hürden nicht aus der Welt geräumt wurden. Darüber hinaus rät er für den Fall, dass während des Gespräches erneut Hürden auftreten, das Gespräch zu beenden. Der Coach soll erneut analysieren, worin die Ursache dieser Hürden liegt, und sich damit befassen, bevor das Gespräch wieder aufgegriffen wird.

DIE PRAKTISCHE ANWENDUNG

Das Coaching-Gespräch folgt auf eine Coaching-Analyse, in der Gründe ermittelt werden, warum Menschen nicht so agieren, wie sie es tun sollten. Dafür werden Antworten gesucht auf eine Vielzahl von Fragen wie: Ist dem Einzelnen bewusst, dass seine Leistung ungenügend ist?

Weiß er, was geleistet werden sollte? Stehen ihm die Ressourcen beziehungsweise die Fähigkeiten dafür zur Verfügung? Hindert ihn etwas daran, das zu leisten? Hat er genügend Energie und Motivation, um es zu schaffen? Erst wenn diese Analyse abgeschlossen ist, sollten Sie das Coaching-Gespräch eröffnen. Sind Sie in diesem Stadium, dann finden Sie im Anschluss einige Tipps, die Sie während der Unterhaltung bedenken sollten:

• Erzielen Sie eine Einigung darüber, dass ein Problem vorhanden ist. Gehen Sie nicht einfach davon aus, dass der Einzelne sich dessen bewusst ist – das wäre der sicherste Weg in die Katastrophe. Das mag schwer zu glauben sein, aber viele Problemmitarbeiter vermuten, dass sie etwas falsch machen, würden das aber niemals als Problem ansehen. Helfen Sie ihnen, das als solches anzuerkennen, indem Sie die Auswirkungen ihres falschen Handelns auf sie selbst, ihre Kollegen und die Organisation aufzeigen.

• Setzen Sie sich mit der Person zusammen und diskutieren Sie, welche Möglichkeiten bestehen, um das Problem anzugehen. Vergessen Sie nicht, es ist das Verhalten, nicht die Person, die Sie verändern möchten. Daher sollten Sie, um das Ergebnis des Coachings zu beeinflussen, jene Punkte des Verhaltens konkretisieren, die Veränderungen erforderlich machen.

• Erarbeiten Sie zusammen eine Einigung, welche der Optionen umsetzbar sind. Ein guter Ansatz wäre, sich die Stärken und Schwächen der einzelnen Möglichkeiten sowie die Chancen und Gefahren anzusehen, die auf Sie beide zukommen werden, wenn Sie sie weiter verfolgen. Sobald eine Liste der bevorzugten Mittel vorliegt, entscheiden Sie, welche Maßnahme notwendig sein wird und wann sie erfolgen soll.

• Wenn Sie diese Maßnahmen nicht nachverfolgen oder überprüfen, ob sie erfolgreich umgesetzt worden sind, ist die Zeit, die Sie für die Problemanalyse und die Besprechung der Möglichkeiten aufgewendet haben, für die Katz. Nur sollten Sie bei raschen Verbesserungen nicht annehmen, dass Ihr Job erledigt ist. Eine effektive Nachbereitung umfasst regelmäßiges Feedback und die Stärkung des guten Benehmens.

Unterschätzen Sie niemals, welche Auswirkung die Bestätigung von Errungenschaften auf den Einzelnen haben kann. Ohne die Anerkennung ihrer Erfolge werden Menschen sich selten selbst verwirklichen oder gar Selbstwertgefühl entwickeln (siehe Theorie 17). Also tun Sie das zeitnah zur Leistung, um den maximalen Effekt zu erzielen.

FRAGEN, DIE SIE SICH STELLEN SOLLTEN

- Habe ich die Bestätigung des Einzelnen, dass ein Problem vorhanden ist?

- Sind wir uns über einige Alternativen einig, womit das Problem anzugehen ist?

THEORIE **38**

TIM GALLWEY:
DAS INNERE SPIEL

Setzen Sie diese Theorie ein, wenn Sie verstehen
möchten, wie die Leistungsfähigkeit der Mitarbeiter sowohl
von internen als auch externen Einflüssen beeinträchtigt
werden kann.

Durch Beispiele aus dem Tennis-, Ski- und Golfsport demonstriert Tim
Gallwey, wie das Coaching – unabhängig vom Tätigkeitsbereich – genutzt
werden kann, um das Potenzial von Mitarbeitern zu erschließen, sodass
sie ihre Leistung steigern können. Seine Hypothese lautet, dass „der
Gegner im eigenen Kopf" viel schlimmer ist als jedes äußere Hindernis.

Zusammenfassend kann man seinen Grundgedanken ausdrücken in
der Formel:

$$\text{Leistung} = \text{Potenzial} - \text{Störung}$$

Diesbezüglich vertritt Gallwey die Meinung, die Hauptaufgabe des Coachs
bestehe darin, die „Störungen" zu reduzieren beziehungsweise zu entfernen, die den Einzelnen oder das Team darin blockieren, die bestmögliche
Leistung zu erreichen. Um das zuwege zu bringen, muss sich ein Coach
laut Gallwey auf drei Stationen eines Gespräches einlassen.

DIESE KÖNNEN WIE FOLGT ZUSAMMENGEFASST WERDEN:

» **Wahrnehmung:** Die Phase, in der die Situation genau bestimmt und
von allen Beteiligten verstanden wird.
» **Wahl:** In diesem Stadium entwickelt sich die bewusste Wahrnehmung,
zu der auch gehört, die Vorstellung davon auszuweiten, wie man das
gewünschte Ergebnis erreicht.

❭ **Vertrauen:** In dieser Etappe haben Coach und die gecoachte Person einen unerschütterlichen Glauben in die Fähigkeit des jeweils anderen, seine Verpflichtungen zu erfüllen.

Gallwey ist wohl der erste Autor, der eine einfache, aber umfassende Coaching-Methode vorgeschlagen hat, die auf beinahe jede Coaching-Situation angewendet werden kann. Zahlreiche Business-Coaches wurden von seinen Konzepten geprägt. Er definiert „wirklich gute Coaches" als diejenigen, die zu coachende Personen dazu bringen, an sich selbst, ihre Werte und ihre Fähigkeiten zu glauben.

DIE PRAKTISCHE ANWENDUNG

Gallwey selbst glich einem Rätsel. Er war nicht nur ein angesehener Tenniscoach, sondern auch ein in Harvard ausgebildeter Pädagoge. Als er seine Coaching-Theorien aus dem Tennis auf das Management übertrug, griffen nur wenige Coaches seine Konzepte auf. Unter Profisportlern waren seine Bücher allerdings äußerst populär. Denn er stellte nicht nur die Auffassung infrage, dass Coaches autokratische Tyrannen sein müssen, sondern auch die behavioristische Sichtweise, dass Menschen kaum mehr als leere Gefäße seien, die man nur zu füllen brauche. Das erreichte er, indem er die Prinzipien von *Wahrnehmung*, *Wahl* und *Vertrauen* einsetzte. Im Folgenden einige Tipps, die Ihnen bei dieser Theorie helfen:

• Das Stadium der **Wahrnehmung** ist lediglich der Schritt, die Situation deutlich zu benennen. Zwingen Sie der Person Ihre Sichtweise des Sachverhaltes nicht auf und teilen Sie ihr auch nicht mit, was Sie tun werden. Nutzen Sie diese Phase stattdessen, um Vertrauen zu der Person aufzubauen, und fragen Sie nach ihrer Wahrnehmung der Situation. Erkundigen Sie sich nach ihren Erwartungen an das Coaching und nach den Coaching-Methoden, die ihr am angenehmsten sind. Entwickeln Sie eine Reihe von Zielen, die spezifisch, messbar, ausführbar und terminiert sind.

• In der Phase der **Wahl** geht es darum, sämtliche Möglichkeiten zu erkunden, die dazu führen, die gewünschten Ziele zu erreichen. Führen

Sie eine Art Brainstorming durch, bei dem Sie alle Optionen notieren, unabhängig davon, wie unrealistisch sie wirken mögen; das Wichtige ist, zu einer Liste zu kommen. Erst im Nachgang führen Sie einen Realitätscheck durch und sehen von all jenen Punkten ab, die nicht durchzuführen sind. Die übrigen ordnen Sie der Priorität nach. Sie können dies auch getrennt voneinander tun und anschließend die Ergebnisse vergleichen. Diskutieren Sie, welche Optionen am besten funktionieren werden, und stimmen Sie einen Aktionsplan ab.

- Da bisher alle Schritte gemeinsam mit der Person erfolgt sind und nicht für sie, sollte sie sich allmählich respektiert und wertgeschätzt fühlen und in der Lage sein, zum Stadium des **Vertrauens** und der Zuversicht überzugehen. Die besten Coaches vermitteln der Person, die sie coachen, Selbstvertrauen, das Gefühl der Wertschätzung und den Glauben an ihre eigenen Kompetenzen. Das ist nur zu erreichen, wenn im Gegenzug der Einzelne auf die Fähigkeiten und Absichten des Coaches vertraut.

Diese Stufe des Coachings zu erreichen, wird nicht einfach. Sie benötigen dafür eine Einstellung, die als Rahmen für Ihr gesamtes Tun fungiert. Dazu gehören gute Kenntnisse darüber, wie Menschen lernen (siehe Theorien 1–4), Ihre Kommunikationsmethoden (siehe Theorien 8–10), Ihre Motivationstechniken (siehe Theorien 5–7) und Ihr Wertgefüge. Sie sollten sich hiervon nicht ins Bockshorn jagen lassen: Diese Eigenschaften kann man erlernen!

FRAGEN, DIE SIE SICH STELLEN SOLLTEN

- Haben wir die Ausgangssituation genau bestimmt?
- Haben wir die verfügbaren Optionen, durch die das gewünschte Ergebnis erzielt wird, vollständig ausgelotet?
- Vertraut mir die zu coachende Person?

THEORIE **39**

HOWARD GARDNER: THEORIE DER MULTIPLEN INTELLIGENZEN

Setzen Sie diese Theorie ein, wenn Sie verstehen möchten, wie Menschen Informationen auf eine ihnen eigene Art verarbeiten.

Gardner: sprachlich, logisch - mathematik

Howard Gardner vertrat die Meinung, dass Menschen mehrere Arten der Intelligenz aufweisen, die zusammen das Potenzial formen, in unterschiedlichen Kontexten und Kulturen Informationen zu verarbeiten.

ZU GARDNERS URSPRÜNGLICH SIEBEN INTELLIGENZEN GEHÖREN:

❱ **Sprachliche Intelligenz:** Die Fähigkeit, gesprochene und geschriebene Sprache zu verstehen und zu gebrauchen.
❱ **Logisch-mathematische Intelligenz:** Die Fähigkeit, Probleme logisch zu analysieren.
❱ **Körperlich-kinästhetische Intelligenz:** Die Fähigkeit, ausdrucksstarke Bewegungen zu gebrauchen und zu interpretieren.
❱ **Bildlich-räumliche Intelligenz:** Die Fähigkeit, Muster und Dimensionen zu erkennen.
❱ **Musikalische Intelligenz:** Die Begabung zum Komponieren, zum Musizieren und der Sinn für musikalische Strukturen.
❱ **Interpersonale Intelligenz:** Die Fähigkeit, Absichten, Motive und Wünsche anderer Menschen zu verstehen.
❱ **Intrapersonelle Intelligenz:** Die Fähigkeit, die eigenen Gefühle, Ängste und Bedürfnisse zu verstehen.

SPÄTER FÜGTE ER DREI WEITERE INTELLIGENZEN HINZU:

) **Naturalistische Intelligenz:** Die Fähigkeit, Naturphänomene zu erkennen und einzustufen.

) **Spirituelle Intelligenz:** Die Fähigkeit, rationale Gedanken über die menschliche Existenz zu formulieren.

) **Existenzielle Intelligenz:** Die Fähigkeit, sich mit grundlegenden Fragen des Lebenssinns zu befassen.

Gardner formulierte zwei elementare Ansprüche zu seinem Konzept: erstens, dass es das gesamte Spektrum der menschlichen Wahrnehmung ausmacht, und zweitens, dass jedes Individuum ein einzigartiges Mischverhältnis aus den verschiedenen Intelligenzen hat, das es zu dem macht, was es ist.

DIE PRAKTISCHE ANWENDUNG

Individuelle Unterschiede innerhalb einer Personengruppe festzustellen, hilft Ihnen, ein besseres Verständnis für den Lernprozess zu entwickeln und sich besser auf die Arbeit mit Menschen vorzubereiten. Durch Gardners Theorien lässt sich erkennen, dass Menschen eine Vielzahl an Intelligenzen besitzen und Informationen auf unterschiedliche Art und Weise verarbeiten. Betrachten wir das Ganze im Rahmen einer Herausforderung:

Stellen Sie sich vor, Sie treten als Kochcoach in einem dieser Promi-Kochwettbewerbe im Fernsehen auf. Im großen Backwettbewerb sind Ihre Gäste: J. K. Rowling (Autorin der „Harry-Potter"-Bücher), Stephen Hawking (theoretischer Physiker), Darcey Bussell (Primaballerina), Vivienne Westwood (Mode-Ikone), Adele Adkins (oskarprämierte Singer-Songwriterin), Air Vice-Marshal Elaine West (ranghöchste Militärangehörige in Großbritannien), Richard Branson (Unternehmer), Alan Titchmarsh (Fernsehmoderator), Angela Berners-Wilson (erste in Großbritannien in der Church of England zur Priesterin geweihte Frau) sowie Douglas Adams (Schöpfer von

„Per Anhalter durch die Galaxis"). Ihre Aufgabe ist, Ihren Gästen beizubringen, wie sie Ihr Spezialgericht zubereiten können. Sehen Sie sich die folgende Tabelle genau an und füllen Sie die letzte Spalte aus.

Gast	Hauptintelligenz	Wie würden Sie ihr/ihm das Kochen beibringen?
J.K. Rowling	manipuliert Worte und spielt mit Sprache	
Stephen Hawking	befasst sich mit logischen Problemen und komplexen Vorgängen	
Darcey Bussell	führt Vorgänge aus, die Bewegung und Berührung einschließen	
Vivienne Westwood	experimentiert mit Formen und Farben	
Adele	hört Musik und komponiert Songs	
AVM Elaine West	arbeitet mit Gruppen und führt sie an	
Richard Branson	arbeitet selbstständig an anspruchsvollen Aufgaben	
Alan Titchmarsh	arbeitet mit Naturprodukten	
Hochwürden Angela Berners-Wilson	meditiert und denkt über wichtige Themen nach	
Douglas Adams	sucht nach dem tieferen Lebenssinn	

Da Sie ihnen nun das Kochen beigebracht haben, überlegen Sie, wie Sie diese Prinzipien auf Ihr eigenes Coaching übertragen können.

FRAGEN, DIE SIE SICH STELLEN SOLLTEN

- Weiß ich, wie die von mir gecoachte Person Informationen verarbeitet?
- Habe ich meine Coaching-Sitzung so geplant, dass dies Berücksichtigung findet?

THEORIE **40**

ANDREW GILBERT UND KAREN WHITTLEWORTH: DAS OSCAR-COACHING-MODELL

Setzen Sie dieses Modell ein, wenn Sie ein lösungsorientiertes Coaching-Modell suchen.

Andrew Gilbert und Karen Whittleworth beschreiben, dass das lösungsorientierte Coaching sich von anderen Ansätzen durch die Konzentration auf Lösungen anstelle von Problemen unterscheidet. Ihr Modell sei so entworfen, das, was gut funktioniere, aufzudecken und nachzubilden statt das fortzusetzen, was nicht gut funktioniere. Das Modell bildet das Akronym OSCAR und lässt sich folgendermaßen darstellen:

Outcome (Ergebnis)

    Situation (Situation)

        Choice (Wahl)

            Action (Maßnahme)

                Review (Überprüfung)

DIE WESENTLICHEN KOMPONENTEN DES MODELLS KÖNNEN WIE FOLGT ZUSAMMENGEFASST WERDEN:

❭ **Outcome (Ergebnis):** Hier ermittelt der Coach, was der Einzelne erreichen möchte.
❭ **Situation:** Hier klärt der Coach die aktuelle Situation des Einzelnen.

》 Choice (Wahl): Der Coach und die gecoachte Person besprechen, welche Möglichkeiten vorhanden sind und welche Konsequenzen erwachsen, wenn eine bestimmte Wahl getroffen wird.

》 Action (Maßnahme): Der Coach ermuntert den Einzelnen, die Verantwortung für den eigenen Aktionsplan zu übernehmen.

》 Review (Überprüfung): Hier bietet sich sowohl für den Einzelnen als auch für den Coach die Chance, über die bisherigen Interventionen nachzudenken und zu bewerten, was gut funktioniert hat und wo Nachbesserungen nötig sind.

Gemäß Gilbert und Whittleworth betont ihr Modell vorhandene Fähigkeiten und Fertigkeiten des Kunden und überträgt die Eigenverantwortung für den Prozess vom Coach auf den Kunden.

Mark McKergow und Paul Jackson stellten eine leicht abgewandelte Version des Modells vor, in dem sie *Choice (Wahl)* durch *Know-how (Kompetenz) und Ressourcen* austauschten (und so OSKAR schufen). Hier deckt der Coach nicht nur die Fähigkeiten, das Wissen und die Eigenschaften des Kunden auf, sondern auch, welche Ressourcen er parat hat.

DIE PRAKTISCHE ANWENDUNG

Das Prinzip, die Eigenverantwortung für den Coaching-Prozess zu übertragen, indem man die gecoachte Person stimuliert, ihre eigene Situation zu analysieren und deutlich auszusprechen, wie sie sich verändern kann, ist eine gute Möglichkeit, sich den Modellen OSCAR/OSKAR zu nähern. Gutes Coaching bedeutet im Falle dieses Modells, die gecoachte Person dazu zu bringen, zu visualisieren, wo sie steht, wo sie stehen möchte und wie Sie als Coach sie dabei unterstützen können, dorthin zu gelangen. Daher biete ich Ihnen hier einige nützliche Hinweise und Fragen, die Sie der gecoachten Person in jeder Phase stellen können:

- Bestimmen Sie die gewünschten Ergebnisse, indem Sie fragen: „Was möchten Sie durch die Arbeit mit mir erreichen? Was genau möchten Sie durch die aktuelle Sitzung erzielen? Woher wissen Sie, wann Sie das Ergebnis erreicht haben?"

- Klären Sie den aktuellen Stand des Kunden, indem Sie fragen: „Wo sehen Sie sich selbst zum jetzigen Zeitpunkt? Was genau ist vorgefallen, dass Sie sich nun hier befinden? Welche sind Ihrer Meinung nach Ihre Stärken und Schwächen?"

- Besprechen Sie, welche Möglichkeiten zur Verfügung stehen, indem Sie fragen: „Welche Chancen und Gefahren sehen Sie? Was genau sind die Konsequenzen, die sich daraus für Sie ergeben? Was wird geschehen, wenn Sie sich ihnen nicht stellen?"

- Entscheiden Sie, was als Nächstes unternommen werden muss, indem Sie fragen: „Was läuft gut? Welcher Schritt muss als Nächstes erfolgen? Woher wissen Sie, wann Sie diesen Schritt ausgeführt haben?"

- Bestätigen Sie dem Kunden, dass er sich auf dem richtigen Weg befindet, indem Sie fragen: „Was haben Sie unternommen, um die Veränderungen umzusetzen? Was genau sind die Auswirkungen aus den umgesetzten Veränderungen? Was wird sich Ihrer Meinung nach als Nächstes ändern?"

Wenn Sie das OSKAR-Modell vorziehen, ersetzen Sie *Choice (Wahl)* durch *Know-how (Kompetenz)* und bestimmen Sie, welche Ressourcen verfügbar sind, indem Sie fragen: „Was hilft Ihnen, die Leistung auf Ihrem aktuellen Niveau zu erbringen? Welche Fähigkeiten, Kenntnisse und Eigenschaften haben Sie genau? Was wird geschehen, wenn Sie Ihre Kompetenz nicht verbessern?"

FRAGEN, DIE SIE SICH STELLEN SOLLTEN

- **Habe ich die Person festgenagelt, indem ich zwar anspruchsvolle, aber keine einschüchternden Fragen gestellt habe?**

- **Sind wir uns beide dessen bewusst, wo die Person aktuell steht und wohin sie sich entwickeln soll?**

THEORIE **41**

DANIEL GOLEMAN:
EMOTIONALE INTELLIGENZ

Setzen Sie diese Theorie ein, um zu verstehen, dass
ein hoher IQ und fachliche Kompetenz nicht die einzigen
Qualitäten für eine effektive Umsetzung sind.

Daniel Goleman führte aus, dass es beim Lernen nicht allein darum gehe,
einen hohen IQ zu entwickeln oder fachlich kompetent zu sein; auch die
emotionale Intelligenz der Menschen müsse erschlossen werden. Seiner
Ansicht nach gibt es fünf zentrale Faktoren der emotionalen Intelligenz:

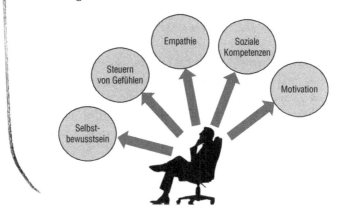

DIE EIGENSCHAFTEN DER EINZELNEN FAKTOREN SIND:

Selbstbewusstsein: Die Coaches müssen sich der Verbindung zwischen
Gedanken, Gefühlen und Handlungen bewusst sein. Darüber hinaus
müssen sie erkennen können, welche Gedanken bestimmte Gefühle
entfacht haben und welche Auswirkungen diese auf einen selbst und
andere haben können.

) **Steuern von Gefühlen:** Coaches müssen analysieren, was hinter diesen Emotionen steckt, und mit ihnen positiv umgehen können.

) **Empathie:** Coaches müssen mit den Emotionen der von ihnen gecoachten Person positiv umgehen können. Dazu muss der Coach die Gefühle anderer Beteiligter verstehen können.

) **Soziale Kompetenzen:** Coaches müssen hervorragende Beziehungen entwickeln. Dadurch entsteht eine positive Wirkung auf alle Beteiligten. Genau zu wissen, wie und wann die Führung zu übernehmen ist und wann man sie besser anderen überlässt, ist eine wesentliche soziale Fähigkeit.

) **Motivation:** Nicht immer können sich Coaches auf äußere Belohnungen verlassen, um andere zu motivieren. Aus diesem Grund müssen sie die Menschen dahingehend unterstützen, eigene intrinsische Motivationsquellen zu entwickeln.

Goleman führte an, ein hohes Maß an Selbstbewusstsein und Verständnis für andere mache aus einem Individuum einen besseren Menschen und folglich einen besseren Coach.

DIE PRAKTISCHE ANWENDUNG

Vielleicht haben Sie schon irgendwo gelesen, dass wir mit einer Unmenge an Gehirnzellen geboren wurden, aber täglich bis zu unserem Tod Tausende verlieren. Das wäre dann die schlechte Nachricht. Die gute ist, dass es nicht wahr ist: Goleman bezeichnet dieses Phänomen als „Neuromythologie". Anstatt Zellen zu verlieren, so behaupten Neurowissenschaftler, würde sich das Gehirn in Einklang mit unseren vorhandenen Erfahrungen kontinuierlich neu formen (siehe Theorien 23–25). Ich wage daher zu sagen, indem Sie positive Gedanken und Handlungen weiterverfolgen, wird Ihr re-formiertes Gehirn dafür sorgen, dass Sie optimistisch in die Zukunft blicken. Das wiederum das wird zur Folge haben, dass Sie unbefangen das Richtige auf die richtige Weise tun. Allerdings ist das natürlich reine Spekulation – wie auch Golemans Theorie. Leider. Aber klingt sie andererseits nicht wirklich sehr gut und so, als wäre es einen Versuch wert? Pflichten Sie dem bei, finden Sie hier einige Tipps, die zu Ihrer Unterstützung dienen:

- Füllen Sie zu Beginn den von David Goleman entwickelten Fragebogen zur Emotionalen Intelligenz (EI) aus. Es ist ein Fragebogen, kein Test. Eine Vielzahl von Onlinequellen bietet Zugriff auf verschiedene Versionen.

- Entwickeln Sie Ihr Selbstbewusstsein, indem Sie über wichtige Ereignisse Tagebuch führen. Eine kurze Notiz, was und warum etwas vorgefallen ist, was Sie unternommen haben und welche Auswirkung das auf Sie und andere gehabt hat, wird genügen.
  - Versuchen Sie, den Vorfall mit den Augen anderer Beteiligter zu betrachten. Auch wenn Sie nicht deren Meinung sind, müssen Sie ihnen eigene Ansichten und Überzeugungen zugestehen – wodurch Sie einfühlsamer werden.
  - Hören Sie genau zu, was man Ihnen zu sagen hat, und scheuen Sie sich nicht, Ihre eigenen Werte unter Berücksichtigung des Gesagten zu überdenken.

- Streben Sie stets nach einer Win-win-Lösung für jedes Problem.

Trotz ihrer großen Anhängerschaft können Goleman und Gardner (siehe Theorie 39) nur darüber spekulieren, ob ihre Theorien über die Intelligenz zutreffender sind als das unbedingte Vertrauen auf Intelligenztests. Aber selbst wenn Sie die theoretische Strenge ablehnen, die Golemans Arbeit kennzeichnet, das Modell, was gute Emotions-Coaches bieten können sollten, ist nach wie vor verlockend.

FRAGEN, DIE SIE SICH STELLEN SOLLTEN

- Ist mir die Beziehung zwischen Gedanken, Gefühlen und Handlungen bewusst, sowohl bei mir selbst als auch bei der von mir gecoachten Person?
- Höre ich aufmerksam zu, wenn mir etwas gesagt wird?

THEORIE **42**

BRUCE GRIMLEY:
DAS 7-C-COACHING-MODELL

Setzen Sie dieses Modell ein, wenn Sie einen systematischen Coaching-Ansatz benötigen, der sich mit einer Vielzahl von Variablen befasst, die Menschen an ihrer Entfaltung hindern.

Bruce Grimley gibt an, gutes Coaching spreche eine Reihe von Variablen an, sodass die gecoachte Person zum Ende der Coaching-Sitzung bestimmte Ziele erreicht haben sollte.

AM ENDE DES COACHINGS HAT DIE GECOACHTE PERSON FOLGENDES ERREICHT:

❭ Clear: Sie ist sich im Klaren darüber, welche Ziele erarbeitet werden sollen.
❭ Climate: Sie nimmt an, dass das Klima/Umfeld stimmt, um diese Ziele anzugehen.
❭ Capability: Sie besitzt die Fähigkeit, ein wirksames Ergebnis zu erzielen.
❭ Congruent: Sie hat eine Übereinstimmung zu den Zielen erreicht und handelt im Einklang mit ihren Gefühlen.
❭ Confident: Sie ist von ihren Handlungen überzeugt.
❭ Committed: Sie ist bestrebt, die wirksamste Lösung zu finden.
❭ Communicate: Sie wird ihre Absichten im Einklang mit dem Vorgenannten intern und extern vertreten.

Damit die 7 Cs auch funktionieren, müssten sie Grimleys Ansicht nach in einem achten C eingebettet sein: *Courage* – Mut.

DIE PRAKTISCHE ANWENDUNG

Mir gefällt, wie Grimley die Wendung *Über 7 Brücken musst du gehen* einsetzt, um den Prozess dieses Modells zu verdeutlichen. Sie passt so gut in das Bild von Menschen, die eine Reise unternehmen.

Als William zu mir kam und von mir gecoacht werden wollte, hatte er gerade wegen Betruges zwei Jahre im Gefängnis verbüßt. Vor dieser Zeit hatte er als Betriebsleiter für ein Bekleidungsunternehmen gearbeitet. Ihm war sehr wohl bewusst, dass er in seiner früheren Position kaum eine Anstellung finden würde. Daher entschied er sich für die Selbstständigkeit und ich sollte als sein Business-Coach fungieren. Er hatte die Vorstellung, mit arbeitslosen Ex-Sträflingen zu arbeiten, da es ihm möglich wäre, sich in ihre Situation hineinzuversetzen. An seiner Zuversicht hatte jedoch seine Zeit im Gefängnis genagt, daher führte er häufig negative Selbstgespräche.

Hier finden Sie einige nützliche Hinweise und Fragen, die Sie der Person stellen können, mit der Sie arbeiten, um die Bewusstseinsebene zu bestimmen, die sie in den einzelnen C-Bereichen einnimmt:

- **Clarity (Klarheit):** Stellen Sie spezifische und messbare Fragen: „Was möchten Sie erreichen? Woher wissen Sie, wann Sie das erreicht haben?"

- **Climate (Klima):** Verknüpfen Sie diese Fragen mit dem Umfeld, indem Sie sich erkundigen: „Wann ist der richtige Zeitpunkt gekommen, mit der Umsetzung der Idee zu beginnen? Wie lange werden Sie sich diesem Ziel widmen?"

- **Capability (Fähigkeit):** Bestimmen Sie, ob die Idee als ausführbar gilt, indem Sie fragen: „Über welche Fähigkeiten verfügen Sie, die Sie einsetzen können, um Ihre Ziele zu erreichen?"

- **Congruency (Kongruenz):** Stellen Sie fest, ob der Vorschlag mit dem eigenen Wertekanon und den Überzeugungen der Person kompatibel ist, indem Sie fragen: „Über welche persönlichen Qualitäten verfügen Sie, die Sie einsetzen können, um Ihre Ziele zu erreichen?"

- **Confidence (Zuversicht):** Bestimmen Sie den Grad, zu dem sie an sich glaubt, indem Sie fragen: „Wie sehen Sie sich selbst zum jetzigen Zeitpunkt? Wo sehen Sie sich in einem (zwei oder drei) Jahr(en)?"

- **Commitment (Einsatz):** Beurteilen Sie den Grad ihrer Motivation, indem Sie fragen: „Wie sehr möchten Sie, dass es so kommt?"

- **Communication (Kommunikation):** Erspüren Sie ihr Selbstwertgefühl, indem Sie fragen: „Wie beschreiben Sie anderen und sich selbst gegenüber Ihre Zukunft?"

Sie sollten wissen, dass dies ein langwieriger Prozess sein kann. William und ich arbeiteten sechs Monate lang an seinen Problemen, bevor er sich in seiner Haut wohl genug fühlte und den Mut aufbrachte, sich selbstständig zu machen.

FRAGEN, DIE SIE SICH STELLEN SOLLTEN

- Habe ich wirklich alle Punkte abgedeckt?
- Habe ich die einzelnen Fragen ausreichend gründlich behandelt?

THEORIE 43

JOHN GRINDER: DER NEW BEHAVIOUR GENERATOR (NBG)

Setzen Sie diese Theorie ein, wenn Sie jemandem dabei helfen möchten, den Übergang zu schaffen von der klaren Vorstellung einer Veränderung hin zum Umsetzen dieser Vorstellung.

John Grinder beschrieb den *New Behaviour Generator* (NBG) als ein Instrument, das als Unterstützung dienen könne, die Vision eines Wunschzustandes in eine Handlung zu verwandeln, mit der dieser zu erreichen wäre. Grinder merkte an, zu schaffen sei dies durch eine Art *geistige Generalprobe*: Dafür generiere man Bilder, wie dieser neue Zustand aussehen soll – diese Bilder müssten dann mit einer Art visuellem Repräsentationsystem verknüpft werden.

DIE FOLGENDEN GRUNDÜBERZEUGUNGEN UNTERSTÜTZEN DEN NBG:

❱ **Mental mapping (kognitive Karten):** Menschen erlernen neue Verhaltensweisen, indem sie neue mentale Karten anlegen, wie der Wunschzustand aussehen wird.

❱ **Visualisation (Visualisierung):** Je deutlicher und vollständiger diese geistige Landkarte ist, desto wahrscheinlicher wird der Wunschzustand erreicht werden.

❱ **Focusing (Konzentration):** Der Wunschzustand ist am effektivsten und effizientesten durch die ausschließliche Konzentration auf das Ergebnis zu erreichen.

❱ **Resources (Ressourcen):** Die Menschen verfügen über die nötigen Ressourcen, um den Wunschzustand zu erreichen.

) **Success (Erfolg):** Den Wunschzustand erfolgreich erreicht zu haben, wird vom Zugang und von der Organisation vorhandener Ressourcen abhängen.

Grinder stellt klar, dass durch die Technik des NBG langfristige Ergebnisse erzielt werden können. Allerdings müsse der Einzelne die Fähigkeit besitzen zu visualisieren und ausdauernd und optimistisch sein. Als eine alternative Nutzung des NBG schlägt Grinder vor, die erste Handlung könne um einen zu vermeidenden Zustand herum angeordnet werden. Sowohl für den gewünschten als auch für den zu vermeidenden Zustand bliebe der Ablauf der gleiche.

DIE PRAKTISCHE ANWENDUNG

Für mich ist der Film „Ist das Leben nicht schön?" von 1946 der großartigste Film aller Zeiten – daran besteht keinerlei Zweifel! George Bailey (gespielt von James Stewart) hegt darin große Hoffnungen, „etwas Großes, etwas Wichtiges zu tun". Durch eine Reihe unglücklicher Umstände wird George, der vor dem Bankrott steht, bis an den Rand des Selbstmordes gedrängt. Genau an diesem Punkt greift Clarence (ein als Georges Schutzengel getarnter erfahrener Coach) ein. Mithilfe der NBG-Theorie vergewissert sich Clarence, dass George sich den Zustand „er wäre nie geboren worden" wirklich wünscht. Durch Fähigkeiten, die nur die großen Coaches haben, transportiert Clarence George in eine Welt, in der er nicht existiert hat. Als George erkennt, wie trostlos das Leben der Menschen ohne ihn ist, vergleicht er das Gefühl der schieren Verzweiflung, das ihn nun überkommt, mit der Unzufriedenheit, die er gespürt hatte, bevor er die Technik des NBG angewandt hat. Begeistert, dass er noch eine weitere Chance im Leben erhält, erfährt er, dass Freunde und Familie alles Menschenmögliche unternommen haben, um sein Geschäft zu retten. Clarence bekommt seine Flügel (eine ganz besondere Auszeichnung für einen Coach) und alle weinen vor Freude. Die einzige Tragödie daran ist, dass dieser Film keinen einzigen Oskar gewonnen hat!

Bevor Sie dieses Modell als Coaching-Instrument ausprobieren, finden Sie hier einige Schritte, mit denen Sie den NBG an sich selbst testen können:

• Fragen Sie: „Wie würde ich mich fühlen, wenn ich in meinem Wunschzustand wäre?" Stellen Sie sich selbst in eben diesem Zustand vor.

• Erweitern Sie nun die entstehende visuelle Darstellung, indem Sie entweder den Wunschzustand mit etwas Ähnlichem verknüpfen, das Sie erreicht haben, oder mit jemandem, der sich schon im Wunschzustand befindet und den Sie sich auch gerne zum Vorbild nehmen möchten.

• Erzeugen Sie einen Film beziehungsweise mentale Bilder, in denen Sie die zentrale Rolle übernehmen können – oder aber Sie wählen die Person als zentrale Figur, der Sie nacheifern wollten. Feilen Sie so lange an dem Film, bis er genau so ist, wie Sie ihn sich vorstellen.

• Steigen Sie mental in das Bild ein, das Sie sich von der zentralen Figur gemacht haben. Beschreiben Sie, was Sie sehen, hören und fühlen würden. Vergleichen Sie Ihr Gefühl jetzt mit dem, was Sie im Film fühlen. Stimmen die Gefühle überein, befinden Sie sich im Wunschzustand. Wenn nicht, müssen Sie sich fragen, was genau fehlt.

Wenn Sie an dieser Stelle angelangt sind und alle bisherigen Einträge des Buches gelesen haben, haben Sie sicher meine Liebe zum Film bemerkt. Dennoch müssen Sie kein Starregisseur wie Capra oder Tarantino sein, um die NBG-Methode nutzen zu können: Etwas Vorstellungskraft brauchen Sie allerdings schon und Sie müssen zu einem gewissen Maß an das Konzept glauben. Keine Sorge, wenn das alles für Sie etwas zu verrückt klingt. In diesem Buch werden andere Konzepte vorgestellt, die Sie einsetzen können (siehe Theorie 21).

FRAGEN, DIE SIE SICH STELLEN SOLLTEN

• Wie gut kann ich meinen Idealzustand visualisieren?

• Bin ich überzeugt genug, um dieses Werkzeug bei der von mir gecoachten Person einzusetzen?

THEORIE **44**

RICHARD HALE UND
EILEEN HUTCHINSON:
DER INSIGHT-COACHING-ZYKLUS

Setzen Sie diese Theorie ein, wenn Sie ein System benötigen, um den Menschen dabei zu helfen, voranzukommen.

Nach Richard Hale und Eileen Hutchinson ist der Vorteil des *Insight-Coaching-Zyklus*, dass er den Coach mithilfe eines seriösen und aufrichtigen Dialogs dabei unterstützt, Charakterfestigkeit und Transparenz zu erreichen sowie die Fähigkeit, eine einflussreiche Beziehung zu der Person aufzubauen, die er coacht. Der Name des Modells leitet sich von den Anfangsbuchstaben der einzelnen Komponenten ab, die das Akronym INSIGHT bilden.

DIE WESENTLICHEN KOMPONENTEN DES MODELLS KÖNNEN WIE FOLGT ZUSAMMENGEFASST WERDEN:

) **Initial assessment (erste Einschätzung):** Dadurch erhält der Coach die Möglichkeit, die wesentlichen Anforderungen an das Coaching zu erschließen.
) **Negotiating the coaching plan (das Coaching-Konzept verhandeln):** Bezüglich des Coaching-Ablaufs sollten alle wichtigen Aspekte zu den Fragen „Was?", „Wann?", „Wo?" und „Wie?" behandelt werden.
) **Self-development plan (Plan zur Selbstentwicklung):** Hierdurch kann die gecoachte Person Bereiche identifizieren, die sich für die Persönlichkeitsentwicklung oder zur beruflichen Weiterbildung eignen; der Coach kann geeignete Herangehensweisen für das Coaching besprechen, die die Entwicklung unterstützen.

❭ **Insight into own capabilities (Kenntnis der eigenen Fähigkeiten):** Mit dieser Komponente wird der Einzelne ermutigt, Stärken und Schwächen nochmals zu überdenken.

❭ **Growth and personal reflection (Wachstum und persönliche Reflexion):** Hier bietet sich sowohl für die gecoachte Person als auch für den Coach die Chance, über die bisherigen Interventionen nachzudenken und zu bewerten, was gut funktioniert hat und wo Nachbesserungen nötig sind.

❭ **Hierarchy of needs (die Bedürfnispyramide):** Hierüber erhalten sowohl die gecoachte Person als auch der Coach Kenntnis davon, ob die Bedürfnisse beider Beteiligter gedeckt werden.

❭ **Testing new skills and knowledge (Prüfung neuer Fertigkeiten und Kenntnisse):** Hier hat der Einzelne die Gelegenheit, neue Fähigkeiten und neue Erkenntnisse zu testen und abzuschätzen, was noch unternommen werden sollte.

Laut Hale und Hutchinson ermöglicht dieses Modell dem Coach, Wahrnehmungen, Einstellungen und Verhaltensweisen auf relativ sichere Weise infrage zu stellen.

DIE PRAKTISCHE ANWENDUNG

Das INSIGHT-Modell ist verhältnismäßig einfach – eine nach innen gerichtete Perspektive und Betrachtung ist daher eine gute Möglichkeit, das Modell zu erschließen. Gutes Coaching bedeutet in diesem Fall, dass der Entwicklungsprozess wechselseitig ist und davon abhängt, dass beide Parteien absolutes Vertrauen ineinander setzen. Daher biete ich Ihnen hier einige Hinweise und aufschlussreiche Fragen, die Sie der gecoachten Person in den einzelnen Phasen stellen könnten:

• Bestimmen Sie, was die Person will, indem Sie fragen: „Was genau möchten Sie durch die Arbeit mit mir erreichen? Was gilt für Sie als ‚Erfolg‘? Auf welchen Coaching-Stil reagieren Sie am besten?"

• Klären Sie, wie, wann und wo das Coaching durchgeführt wird, indem Sie die Person fragen: „Wo ist das Lernen für Sie am angenehmsten?

Wie sehen Sie die Entwicklung der Kunde-Coach-Beziehung? Wie viel Zeit können Sie in die Coaching-Sitzungen investieren?"

• Bestimmen Sie, ob Entwicklungspotenzial vorhanden ist, indem Sie fragen: „Wo liegen aktuell Ihre Stärken und Schwächen? Welche Chancen und Gefahren sehen Sie? Wie können Sie Ihre Stärken und Chancen besser nutzen und Ihre Schwächen und Gefahren eliminieren?"

• Vertiefen Sie Ihr Verständnis für die Überzeugungen, Werte und Ziele der Person, indem Sie fragen: „Was glauben Sie, was werden Sie infolge des Coaching anders tun? Wie macht Sie das zu einem besseren Menschen? Woher wissen Sie, wann Sie diesen Schritt ausgeführt haben?"

• Vergewissern Sie sich, dass die Person sich auf dem richtigen Weg befindet, indem Sie fragen: „Was unternehmen Sie, um die Veränderungen umzusetzen? Was sind die Auswirkungen aus den umgesetzten Veränderungen? Was wird sich Ihrer Meinungen nach als Nächstes ändern?"

• Stellen Sie fest, ob ihre Bedürfnisse gedeckt sind, indem Sie fragen: „Wie zufrieden sind Sie mit dem, was mit Ihnen geschieht? Wie würden Sie Ihre Motivation einschätzen, weitermachen zu wollen? Woher wissen Sie, wann Sie sich selber gerecht geworden sind?"

• Vergewissern Sie sich, dass die Person das gewünschte Ergebnis erzielt hat, indem Sie fragen: „Welche wesentliche Punkte haben Sie während des Coachings gelernt? Wie beabsichtigen Sie, das Gelernte anzuwenden? Wie möchten Sie die Effektivität messen?"

FRAGEN, DIE SIE SICH STELLEN SOLLTEN

• **Stelle ich aufschlussreiche Fragen?**

• **Erhalte ich ehrliche Antworten auf diese Fragen?**

THEORIE **45**

PETER HAWKINS: DAS CLEAR-MODELL

Setzen Sie dieses Modell ein, wenn Sie ein systematisches Coaching-Verfahren benötigen, das die Analyse der Leistung des Coachs sowie den Fortschritt des Kunden beinhaltet.

Peter Hawkins' Modell ist an Aristoteles' Weisung angelehnt, eine klare Zielsetzung bedürfe Folgendes:

> *Zuerst wähle eine klare, eine realisierbare Idee – ein Ziel. Als Zweites versehe dich mit den Mitteln, die zur Erreichung dieses Zieles notwendig sind: Wissen, Geld, Rohstoffe und Methoden. Im dritten Schritt setze alle deine Mittel im Hinblick auf das zu erreichende Ziel ein.*

Das Modell formt das Akronym CLEAR und lässt sich folgendermaßen darstellen:

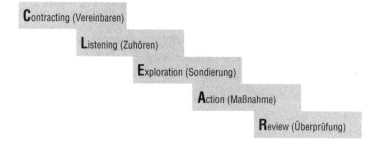

Contracting (Vereinbaren)

Listening (Zuhören)

Exploration (Sondierung)

Action (Maßnahme)

Review (Überprüfung)

DIE WESENTLICHEN KOMPONENTEN DES MODELLS KÖNNEN WIE FOLGT ZUSAMMENGEFASST WERDEN:

) **Contracting (Vereinbarung):** Der Coach klärt, welche Ergebnisse die Person durch das Coaching erreichen möchte, und steckt den Umfang des Coachings sowie die Grundregeln für die gemeinsame Arbeit ab.

❭ **Listening (Zuhören):** Der Coach hört der gecoachten Person aktiv und mit Empathie zu, um sich einen Begriff von ihrer Situation zu machen und einen persönlichen Einblick in das Problem zu verschaffen.

❭ **Exploration (Sondierung):** Diese Phase besteht aus zwei Stufen: (a) der Person zu helfen, besser verstehen zu können, welche Auswirkungen die aktuelle Situation auf sie hat, (b) die Person aufzufordern, alle Möglichkeiten durchzugehen, was erreicht werden kann.

❭ **Action (Maßnahme):** Der Coach unterstützt die gecoachte Person dabei, das am besten geeignete Vorgehen zu wählen.

❭ **Review (Überprüfung):** Diese Phase besteht aus zwei Stufen: (a) den Fortschritt der Person zu überprüfen – welche Entscheidungen wurden getroffen und welche Auswirkungen hatten diese auf sie? (b) die Vorgaben des Coachs für das Verfahren zu überprüfen – was hat den Fortschritt der Person unterstützt beziehungsweise behindert und was hätte sie gerne in künftigen Coaching-Sitzungen anders geregelt?

DIE PRAKTISCHE ANWENDUNG

Die Prinzipien Transparenz und Feedback resümieren das CLEAR-Modell ganz gut. Gutes Coaching bedeutet im Falle dieses Modells, den Wunsch des Kunden nach Feedback zu dem, was funktioniert, zu respektieren und gegebenenfalls den Coaching-Ansatz anzupassen, bevor man sich zu weiteren Maßnahmen verpflichtet. Für jedes Stadium sind hier einige nützliche Punkte aufgeführt, die zu beachten sind:

• Die Regeln für ein effektives Coaching sind sowohl für den Coach als auch für die gecoachte Person wichtig. Stellen Sie eine Reihe von Grundregeln auf, die Sie beide befolgen. Geben Sie sie nicht einfach vor. Legen Sie die Regeln gemeinsam fest, denn das sorgt dafür, dass beide Parteien sie sich zu eigen machen und sie beachten.

• Hören Sie während der Sitzungen aufmerksam zu, was die Person mitzuteilen hat. Achten Sie darauf, ihr zweifelsfrei zu vermitteln, dass Sie genau verstehen, was sie sagt. Zeigen Sie dies dadurch, dass Sie das Gesagte umschreiben und es nach Ihrem Verständnis zusammenfassen.

- Erkundigen Sie sich, was gerade in der Welt Ihrer Schützlinge vor sich geht. Sie sind zwar nicht deren Therapeut, aber Sie sollten Ihre Fragen auch nicht auf das berufliche Umfeld beschränken. Es mögen im Privatleben Dinge im Gange sein, die die Lernfähigkeit beeinträchtigen.

- Erteilen Sie keine Ratschläge, aber unterstützen Sie die Person dabei, ihre eigenen Schlüsse zu ziehen, was als Nächstes wie zu erreichen ist.

- Bauen Sie genügend Zeit ein, um über das Erreichte reflektieren zu können und Ihren Input gegebenenfalls für die nächste Sitzung nachzujustieren. Achten Sie darauf, eine ehrliche Bewertung als Feedback zu bekommen und auf das Feedback positiv zu reagieren.

FRAGEN, DIE SIE SICH STELLEN SOLLTEN

- Haben wir Grundregeln aufgestellt, die uns beiden behagen?

- Habe ich die von mir gecoachte Person aufgefordert, sich darüber Gedanken zu machen, wo sie aktuell steht und wo sie sich hinentwickeln möchte?

- Fordere ich Feedback zu meiner Leistung als Coach ein und reagiere ich darauf?

JON KABAT-ZINN:
ACHTSAMKEIT

Setzen Sie diese Theorie ein, wenn Sie Menschen coachen möchten, effektiv mit Stress umzugehen.

Auch wenn die *Achtsamkeit* auf einigen Prinzipien des Buddhismus beruht, hat Jon Kabat-Zinns Arbeit sie als Coaching-Werkzeug bekannt gemacht. Laut Kabat-Zinn geht es bei der *Achtsamkeit* darum, mit Gedanken distanziert, dezentral und unvoreingenommen umzugehen, was wie folgt darstellbar ist:

DIE EINZELNEN CHARAKTERISTISCHEN MERKMALE KÖNNEN WIE FOLGT ZUSAMMENGEFASST WERDEN:

❭ **Unvoreingenommen sein:** Lassen Sie nicht zu, dass Ihre Ziele und Werte Ihr Urteil darüber beeinflussen, was bei der von Ihnen gecoachten Person gerade vorgeht.

❭ **Auf den Zweck konzentrieren:** Lernen Sie, mit dem Unbehagen umzugehen, das durch Unsicherheiten hervorgerufen wird. Lassen Sie sich
nicht ablenken, wenn etwas schiefläuft. Richten Sie Ihre Konzentration
auf die vorliegende Coaching-Aufgabe.

❭ **Im Jetzt leben:** Lernen Sie, das Tempo zu drosseln, ignorieren Sie die
negative innere Stimme, die sich über das Coaching auslässt, und erleben Sie das Ereignis so, wie es ist.

Zentral für Kabat-Zinns Theorie ist die Idee, meditative Techniken anzuwenden, um im Körper zu verweilen und zu beobachten, welche Gedanken
sich im Geist entwickeln, ohne sich jedoch mit ihnen zu identifizieren.
Dies macht es laut Kabat-Zinn erforderlich, zu akzeptieren, dass unser
Geist ein Eigenleben führt.

DIE PRAKTISCHE ANWENDUNG

Jemand sagte mir einst, wenn du täglich keine 20 Minuten Zeit findest,
um zu meditieren, dann finde eine Stunde Zeit! Für die meisten Menschen
ist es wichtig und selbstverständlich, sich für ihre Körperhygiene (Du-
schen, Zähneputzen und so weiter) oder für das Training Zeit zu nehmen,
sie vernachlässigen dabei aber die Pflege und Aufmerksamkeit, die ihr
wertvollstes Gut benötigt – ihr Geist. Der Geist kann Quelle des Glücks
oder der Verzweiflung sein, von Kreativität oder Selbstzerstörung, kann
Probleme lösen oder Probleme erzeugen.

Kennen Sie John Cleeses wunderbare Darstellung des Hotelbesit-
zers Basil Fawlty aus der Serie „Fawlty Towers" des Senders *BBC*?
Es kommt einem so vor, als taumele Basil von einer Krise in die
nächste, da seine Pläne scheinbar von vornherein zum Scheitern
verurteilt sind. In einer urkomischen, aber meiner Ansicht nach
tragischen Folge versucht Basil, das Ansehen seines Hotels durch
einen kulinarischen Abend zu verbessern. Ich brauche wohl nicht
zu sagen, dass alles schiefläuft und es darin endet, dass er sein liegen gebliebenes Auto wüst beschimpft und mit einem Ast traktiert.

Wenn Ihnen solch eine Situation bekannt vorkommt, vermute ich, dass jedes Mal, wenn Sie sich etwas Zeit zum Ausspannen gönnen möchten, irgendetwas passiert, um das nur Sie sich kümmern können – wie bei Basil. Wen möchten Sie veräppeln? Sind Sie wirklich so unentbehrlich, dass Sie sich als einziger Person zutrauen, alles richtig zu machen? Würde man Sie darum bitten, Basil zu coachen, was würden Sie tun?

• Sie könnten damit beginnen, daran zu arbeiten, dass Basil seinen Fokus schärft. Bitten Sie ihn, seinen Tagesablauf durchzugehen und alle Dinge aufzulisten, die wichtig und unwichtig sind. Anschließend soll er die Liste der wichtigen Dinge durchgehen und die dringenden von den nicht dringenden Punkten trennen.

• Nun soll er sich um alles Wichtige und Dringende kümmern. Achten Sie darauf, dass Basil etwas Zeit für Dinge einplant, die wichtig, aber nicht dringend sind. Bitten Sie ihn, alles zu delegieren, was nicht wichtig, aber dafür dringend ist. Zum Schluss soll er sich die Punkte ansehen, die weder wichtig noch dringend sind. Fragen Sie ihn, warum er diese dennoch erledigt.

• Mittlerweile sollte Basil mindestens 20 Minuten Zeit für die Meditation gewonnen haben. Diese sollte ihm helfen, eine andere Geisteshaltung zu kultivieren, die ihm hoffentlich einen neuen Blickwinkel auf den Alltag ermöglicht.

• Waren Sie erfolgreich, wird Basil damit anfangen, zu lernen, den Augenblick als das zu erfahren, was er wirklich ist. Und er wird die Fähigkeit entwickeln, seine reflexartige Reaktion auf Ereignisse hinter sich zu lassen. Er wird die Dinge realistisch betrachten und nicht gebetsmühlenartig, sondern verständig darauf reagieren.

Wenn Sie allerdings als Basils Coach erreicht hätten, dass er sich von einem manischen Hotelbesitzer in einen genialen Gastgeber verwandelt, würden Sie die Schuld auf sich nehmen müssen, für das vorzeitige Ende einer der witzigsten Shows, die je ausgestrahlt worden ist, verantwortlich zu sein. Entschuldigung, aber das wäre unverzeihlich!

FRAGE, DIE SIE SICH STELLEN SOLLTEN

- Konnte ich die von mir gecoachte Person davon überzeugen, mindestens 20 Minuten täglich für reflektierendes Denken aufzubringen?

THEORIE **47**

MAX LANDSBERG: DAS TAO DES COACHING

Setzen Sie diese Theorie ein, wenn Sie Ihre eigene Effektivität als Manager steigern möchten, indem Sie anderen helfen, sich weiterzuentwickeln und zu wachsen.

Für Max Landsberg gehören mehrere Punkte zum Coaching: Feedback geben, Motivation und wirkungsvolle Kontrollfragen. Er ist der Ansicht, die wichtigste Rolle des Coaches sei, die Bereitschaft der Person zu erkennen – sowohl hinsichtlich ihres *Willens* als auch ihrer *Fähigkeit* –, eine bestimmte Aufgabe zu übernehmen. Landsbergs Meinung nach hängen die Coaching-Ansätze wie folgt vom Ausmaß der *Fähigkeit* und des *Willens* ab:

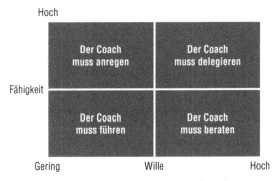

Quelle: Landsberg, M. (2003): „The Tao of Coaching", Profile Books, London.

COACHES SOLLTEN EINE STRATEGIE ENTWICKELN, DIE FOLGENDES UMFASST:

❭ Den Kontext festlegen: Das beinhaltet die Diagnose des Ausmaßes an Fähigkeiten und Willen; sich bewusst zu sein, welcher Ansatz gewählt wird; in der Beziehung Vertrauen aufzubauen; herauszufinden, was die Person begeistert; und ein überzeugendes Bild zu entwerfen, was erreicht werden kann.

❱ Kontinuierliches Coaching anbieten: Das wird die Auswahl der am besten geeigneten Maßnahme beinhalten, zum Beispiel grundlegende strukturierte Sitzungen mit einer Dauer von 20 bis 60 Minuten, kurze Leistungsgespräche von fünf bis zehn Minuten Dauer oder sehr kurze, aber häufige Feedback-Runden.

❱ Effektives Schlussfolgern: Das beinhaltet die Reflexion darüber, was gelernt wurde; Feedback zu Ihrer Leistung als Coach zu erhalten und zu entscheiden, was als Nächstes passiert.

Landsberg beschreibt Coaching als dynamische Interaktion, die sich nicht auf einen einseitigen Instruktionsfluss verlässt. Vielmehr behauptet er, dass auch Coaches sich aus der Erfahrung heraus weiterentwickeln können.

DIE PRAKTISCHE ANWENDUNG

Bei einigen Büchern begeistert man sich für den Titel, nur um vom Inhalt enttäuscht zu werden. Bei dem Buch „Das Tao des Coaching: Effizienz und Erfolg durch meisterhafte Führung" (Campus Verlag, 1998) ist das nicht der Fall. Denn es werden einige interessante Theorien und Modelle mit den Erfahrungen einer Person als Coach verwoben. Nachfolgend finden Sie einige Tipps, die aus diesen Erfahrungen entnommen sind:

• Erstens: Wenn Sie den Kontext festlegen, machen Sie es sich zu Ihrer Gewohnheit, nicht völlig kopflos damit zu beginnen, der Person vorzuschlagen, dies oder jenes zu tun. Etwas zu sagen, ohne vorher zu fragen, sorgt für schlechtes Karma (oder vermische ich hier etwa die Kulturen?). Führen Sie die Hintergrundrecherche zum Ausmaß der *Fähigkeiten* und des *Willens* der Person durch. Erkundigen Sie sich, welche Kenntnisse, welche Fähigkeiten sie anzubieten hat und wie motiviert sie ist, sich weiterzuentwickeln. Scheuen Sie sich nicht, der von Ihnen gecoachten Person Ihre eigenen Stärken und Grenzen mitzuteilen. Das ist eine sehr wirksame Art der Vertrauensbildung in der Beziehung. Sobald sich dieses Vertrauen eingestellt hat, können Sie herausfinden, was die Person wirklich begeistert und wie Sie Ihre Vorstellung des Möglichen vorschlagen können.

- Ist der Kontext festgelegt, müssen Sie sich darauf einigen, welche Interventionskonzepte im Coaching für Sie und für die Person am besten sind. Dafür müssen Sie die Umstände in Betracht ziehen. Häufige einstündige Sitzungen sind womöglich nicht realisierbar, wenn Sie beide andere wichtige Aufgaben erfüllen müssen. Kurze, beiläufige Bemerkungen bewirken unter Umständen nichts Wesentliches. Fragen Sie die Person, was für sie gut wäre, und sehen Sie zu, ob Sie das in Ihren Tagesablauf einbinden können. Eine geringe Anzahl ordentlicher Sitzungen, die durch gelegentliche Gespräche und regelmäßige Leistungsrückmeldungen gestützt werden, stellen das Ideal dar.

- Das Coaching sollte nicht einfach so verpuffen und sowohl Sie als auch Ihr Gegenüber mit einem Gefühl der Unzufriedenheit darüber zurücklassen, was stattgefunden hat. Versuchen Sie, einen effektiven Abschluss zu erreichen. Neben der Steigerung der Leistungsfähigkeit des Einzelnen möchten Sie auch, dass sich Ihr Selbstwertgefühl und Ihr Ruf als Coach infolge der Intervention verbessern. Daher sollte die Person darüber nachdenken, was sie gelernt hat und welchen Beitrag Sie ihrer Meinung nach dazu geleistet haben. Erkundigen Sie sich stets, was die Person als Nächstes zu tun gedenkt.

FRAGEN, DIE SIE SICH STELLEN SOLLTEN

- Habe ich sorgfältig darauf geachtet, das sowohl für den Einzelnen als auch für die Organisation gewünschte Ergebnis herauszufinden?

- Bin ich bereit, eine Leistungsrückmeldung für mich als Coach von der von mir gecoachten Person anzunehmen?

THEORIE **48**

DAVID LANE UND SARAH CORRIE: ABSICHT, PERSPEKTIVEN UND PROZESS

Setzen Sie diese Theorie ein, wenn Sie das Coaching in Form einer Reise strukturieren möchten.

David Lanes und Sarah Corries Modell *Absicht, Perspektiven und Prozess* unterstützt Coaches, indem es ihnen Folgendes ermöglicht: Sie können ein klar definiertes Ziel für das Coaching haben sowie einen Rahmen für zugrunde liegende Perspektiven, die den Ansatz des Coachs prägen, und eine Palette von Strukturen, die es sowohl dem Coach als auch dem Einzelnen erlauben, effektiv zu handeln.

Die drei wesentlichen Komponenten des Modells können so zusammengefasst werden, als gingen der Coach und die zu coachende Person auf eine Reise, auf der sie Schlüsselfragen behandeln.

DIESE SCHLÜSSELFRAGEN SIND:

❭ **Absicht:** Wohin gehen wir und warum? Stellen Sie genau fest, was die zu coachende Person erreichen möchte.
❭ **Perspektiven:** Was wird unsere Reise prägen? Informieren Sie sich, welche Erfahrungen beide Parteien mit dem Coaching gemacht haben und welchen Einfluss das darauf haben wird, was während des Coachings vorfällt.
❭ **Prozess:** Wie gelange ich dorthin? Bestimmen Sie die produktivsten Wege der Zusammenarbeit.

Laut Lane und Corrie kann das Modell entweder für einen Teil der Reise oder aber für die gesamte Exkursion eingesetzt werden. Ihres Erachtens nach hilft das Modell dem Coach dabei, die Bedürfnisse der von ihm gecoachten Person zu verstehen, Vertrauen zu ihr aufzubauen und Wege der Zusammenarbeit zu identifizieren.

DIE PRAKTISCHE ANWENDUNG

Dieses sehr einfache Modell kann durchaus tief greifende Konsequenzen für den Coach haben. Hier ist eine wahre Geschichte dazu:

Harold war ein kompetenter Ingenieur. In den frühen 1970er-Jahren hatte er – wie viele seiner Zeitgenossen – Schwierigkeiten, Arbeit in der Maschinenbaubranche zu finden. Ich hatte mich gerade zum Beschäftigungs-Coach ausbilden lassen und arbeitete mit Harold, um ihm bei der Jobsuche zu helfen. Ich wusste, was das Richtige für ihn war, und überredete ihn, sich vom Maschinenbau ab- und dem Dienstleistungssektor zuzuwenden – denn da gab es Jobs en masse. Ich hatte von einer Stelle als Mädchen für alles in einem großen Baumarkt gehört. Also setzte ich Harold so lange zu, bis er sich bewarb. Er ging zu dem Bewerbungsgespräch, bekam den Job aber nicht. Kurze Zeit später beging er Selbstmord.

Ich hatte das Gefühl, ich hätte eine ausgezeichnete Beziehung zu ihm aufgebaut und er würde meinem Urteil vertrauen. Heute weiß ich, dass mein Fehler war, die dominante Rolle in der Beziehung einzunehmen: Es war meine Lösung für das Problem, nicht seine. Hier sind einige Tipps, die Ihnen helfen sollen, zu vermeiden, dass Situationen im Coaching aus dem Ruder laufen:

• Besprechen Sie den Zweck der Interaktion. Ermitteln Sie genau, was der Einzelne erreichen möchte. Nehmen Sie sich die Zeit, einander kennenzulernen. Machen Sie sich über Gespräche ein Bild von der Person, mit der Sie arbeiten. Bauen Sie Vertrauen auf und finden Sie Bereiche von gemeinsamem Interesse.

208 TEIL 2: WEITERFÜHRUNG

- Erkundigen Sie sich, ob schon frühere Erfahrungen mit Coaching gemacht wurden und wie der Einzelne darüber denkt. Erzählen Sie von Ihren eigenen Erfahrungen im Coaching oder wie es war, selbst gecoacht zu werden. Vergessen Sie nicht, dass Sie beide einen unterschiedlichen Hintergrund, unterschiedliche Erfahrungen und Kenntnisse in diese neue Beziehung hineintragen, die das Verhalten formen.

- Finden Sie einen Weg zur Zusammenarbeit. Beschreiben Sie, was Sie sich zutrauen und was nicht. Bauen Sie keine Erwartungshaltung bezüglich der Unterstützung auf, die Sie nicht leisten können. Besprechen Sie, welche Chancen und Möglichkeiten vorhanden sind und die nützlichste Art der Hilfe, die Sie bieten können. Teilen Sie Ihre Sichtweise über die Bedürfnisse und die Grenzen der Person offen mit.

Der Person, mit der Sie arbeiten, zu sagen, was sie tun soll, muss nicht das Beste für sie sein. Sie hingegen dabei zu unterstützen, selbst Entscheidungen zu treffen, wird dafür sorgen, dass sie die Verantwortung übernimmt.

FRAGEN, DIE SIE SICH STELLEN SOLLTEN

- **Verstehe ich, was der Einzelne aus dem Coaching ziehen möchte?**
- **Sind wir uns einig, wie wir zusammenarbeiten werden, um das Beste aus dem Coaching herauszuziehen?**

THEORIE **49**

ANGUS MCLEOD: DAS STEPPPA-MODELL

Setzen Sie dieses Modell ein, wenn Sie ein systematisches Verfahren benötigen, das sicherstellt, dass motivierte Pläne dazu führen, Ziele zu realisieren.

Laut Angus McLeod enthält sein Modell die wichtigsten Elemente, womit sich ein Coach versichern kann, dass sein Kunde sich eine motivierte Strategie für den Erfolg zurechtgelegt hat. Die einzelnen Komponenten des Modells bilden das Akronym STEPPPA.

DIE WESENTLICHEN KOMPONENTEN DES MODELLS KÖNNEN WIE FOLGT ZUSAMMENGEFASST WERDEN:

❭ **Subject (Gegenstand):** Der Coach überprüft, dass die angesprochenen Themen innerhalb der Grenzen der Beziehung zwischen der Einzelperson und dem Coach liegen.

❭ **Target objective (Zielsetzung):** Der Coach beurteilt, ob die von der gecoachten Person festgelegte Zielvorgabe realistisch ist.

❭ **Emotional context (Emotionaler Zusammenhang):** Der Coach beurteilt, ob die Person über eine ausreichende emotionale Bindung zum Thema verfügt, um etwas zu unternehmen.

❭ **Perception and target re-evaluation (Wahrnehmung und Neubewertung der Ziele):** Der Coach möchte die bewusste Wahrnehmung der Schwierigkeiten und Ziele des Einzelnen erweitern.

❭ **Plan (Planung):** Hier bietet sich sowohl für den Einzelnen als auch für den Coach die Chance, über die bisherigen Interventionen nachzudenken und zu bewerten, was gut funktioniert hat und wo Nachbesserungen nötig sind.

❭ **Pace (Tempo):** Einzelperson und Coach entscheiden, ob die Dinge plangemäß laufen oder ob der zeitliche Rahmen zur Zielerreichung überarbeitet werden muss.

❱ **Adapt or act (Anpassen oder handeln):** Coach und gecoachte Person gehen den Plan durch und nehmen notwendige Anpassungen vor, bevor sie sich auf eine Handlung einigen.

McLeod gibt zu bedenken, dass die Schritte sich nicht immer in der oben aufgeführten Reihenfolge vollziehen. Dennoch, so führt er aus, ist jeder einzelne Schritt wichtig, und es wäre riskant, auch nur einen vollständig auszulassen.

DIE PRAKTISCHE ANWENDUNG

Das STEPPPA-Modell lässt sich gut mit dem Prinzip umschreiben, einen Prozess Schritt für Schritt aufzubauen. Gutes Coaching bedeutet im Falle dieses Modells die Strenge, die den Prozess untermauert im Hinblick darauf, die Voraussetzungen zu schaffen, darüber nachzudenken, was funktioniert, und gegebenenfalls den Plan anzupassen, bevor man sich zu weiteren Maßnahmen verpflichtet. Für jedes Stadium sind hier einige nützliche Punkte aufgeführt, die zu beachten sind:

• Die von Ihnen gecoachte Person wird eine Vielzahl von Themen mit in die Coaching-Sitzung bringen. Einige werden im Vorfeld bekannt sein, andere treten vielleicht erst auf, wenn die Sitzung in vollem Gange ist. Dann sollten Sie überprüfen, ob diese Themen in dem Coaching-Umfang enthalten sind, für den Sie engagiert wurden. Wenn nicht, erklären Sie der Person, dass es Ihnen unangenehm ist, sich mit diesem Thema zu befassen, und raten Sie ihr, diesbezüglich anderweitig Hilfe zu suchen.

• Es kann vorkommen, dass Einzelne ambitionierte Ziele haben, es aber an Motivation oder Zuversicht mangelt, um sie auch zu erreichen. Scheuen Sie sich nicht, diese Ziele infrage zu stellen, wenn sie unrealistisch sind. Achten Sie ebenfalls darauf, dass sich Zielvorgaben in die unternehmenseigenen Bedürfnisse einfügen müssen.

• Fordern Sie die von Ihnen gecoachte Person auf, mitzuteilen, wie groß ihre emotionale Bindung auf einer Skala von null (geringe Bindung) bis zehn (hohe Bindung) zu dem Thema ist. Ermutigen Sie sie, ihre bewusste

Wahrnehmung des Themas zu erweitern und sich einen breiteren und klareren Überblick darüber anzueignen, was unternommen werden muss.

- Achten Sie darauf, dass Sie und die von Ihnen gecoachte Person darüber nachdenken, ob die festgelegten Ziele ausführbar sind, dass die Strategie zur Umsetzung machbar ist und dass Sie beide die weitergehenden Auswirkungen für Kollegen und die Organisation berücksichtigt haben. Besprechen Sie dabei auch, ob das Tempo des Coachings zu schnell oder zu langsam ist. Diese Überlegungen können Sie gut im Stadium der Planung oder gegebenenfalls sogar früher anstellen. Der Zeitpunkt im Verhältnis zur Planung ist unerheblich, solange Sie die Überlegungen anstellen!

- Zum Schluss sollten Sie sich bewusst machen, dass Sie beide Zeit und Mühe in diesen Prozess investiert haben und weiterziehen möchten. Sie sollten auch nicht vergessen, dass Motivation eine sehr variable Kraft ist – die Wahrnehmung Ihres Schützlings über das Erreichte kann dadurch beeinträchtigt sein. Daher stellt eine kontinuierliche Überprüfung der Wahrnehmung und der Emotionen zu dem Thema sicher, dass die Person ausreichendes Engagement aufbringt, um auf die Themen einzugehen, bevor sie sie hinter sich lässt.

FRAGEN, DIE SIE SICH STELLEN SOLLTEN

- **Arbeiten wir innerhalb eines Rahmens, in dem wir uns beide wohlfühlen?**

- **Verfügt die von mir gecoachte Person über eine ausreichende emotionale Bindung, um ihre Ziele zu erreichen?**

- **Haben wir genügend Zeit eingebaut, um über die Fortschritte nachzudenken, und sind wir bereit, danach zu handeln?**

THEORIE 50

ALEC MCPHEDRAN: DAS GENIUS-MODELL

Setzen Sie dieses Modell ein, wenn Sie ein Coaching-System für die Weiterentwicklung kreativer Menschen benötigen.

Laut Alec McPhedran ist das *GENIUS-Modell* ein Coaching-Werkzeug, das den Ehrgeiz und die Schaffenskraft kreativer Menschen fordert und fördert. Denn man arbeite mit dem Einzelnen daran, seine Vorstellungskraft und das angestrebte Ziel in eine inspirierende und spannende Realität zu übertragen. Darstellen lässt es sich wie folgt:

Goals	Energy	Nurture	Inhibitors	Utopia	Steps
(Ziele)	(Energie)	(Fördern)	(Blockaden)	(Utopie)	(Schritte)

DIE WESENTLICHEN KOMPONENTEN DES MODELLS KÖNNEN WIE FOLGT ZUSAMMENGEFASST WERDEN:

❭ **Goals (Ziele):** In dem Modell werden drei Arten von Zielen berücksichtigt, die festgelegt werden müssen, damit der Coach beständig und konzentriert arbeiten kann. Diese sind (a) das im Coaching-Vertrag vereinbarte, erstrebenswerte Ziel; (b) die Ziele, die zum Ende einer Coaching-Sitzung erreicht sein müssen; und (c) die Ziele, die zum Beginn der nächsten Coaching-Sitzung umgesetzt sein müssen.

❭ **Energy (Energie):** Wurden die Ziele festgelegt, müssen Coach und zu coachende Person besprechen, ob Letztere über genügend Energie verfügt, um diese Ziele zu erreichen. Der Coach beurteilt, ob das vom Einzelnen festgelegte Ziel realistisch ist. Unrealistische Ziele werden sich auf die Energie nachteilig auswirken.

❭ **Nurture (Fördern):** Stehen die Ziele sowie das Energieniveau, das zur Realisierung nötig ist, fest, muss der Coach die Person fördern. Dazu gehört es, Kontrollfragen zu stellen, zuzuhören und kreatives Denken sowie Risikobereitschaft zu befördern.

❭ **Inhibitors (Blockaden):** Der Coach und die zu coachende Person überprüfen, welche Faktoren die Realisierung des gewünschten Ergebnisses verhindern. Das Ziel dieser Stufe ist es, die bewusste Wahrnehmung der Themen und Ziele des Einzelnen zu erweitern.

❭ **Utopia (Utopie):** In diesem Stadium wird der Einzelne eine Vision seines Idealzustandes haben.

❭ **Steps (Schritte):** Sowohl der Einzelne als auch der Coach gehen den Plan durch und nehmen notwendige Anpassungen vor, bevor sie sich zu weiteren Maßnahmen verpflichten.

McPhedran räumte ein, dass dieses Modell für einige nicht perfekt sein mag. Dennoch war er der Ansicht, dass das Wesen des kreativen Coachings darin liegt, die Vorstellungen und Hoffnungen der zu coachenden Person in eine aufregende und spannende Wirklichkeit zu verwandeln.

DIE PRAKTISCHE ANWENDUNG

Wahrscheinlich ist dieses Modell am wenigsten bekannt. Aber es ist wohl eines der inspirierendsten Coaching-Modelle in diesem Teil des Buches. McPhedran arbeitet als Talent-Coach in der Medienkommunikationsbranche und bekennt, dass er erkannt habe, dass es nicht seine Aufgabe als Coach war, seine Weisheit zu vermitteln. Vielmehr ging es darum, die Menschen, die er coachte, darin zu unterstützen, ihre eigenen Ideen und Lösungen für Probleme zu entwickeln. Im Folgenden finden Sie daher einige Tipps, wie Sie dieses Modell nutzen können:

• Im ersten Schritt legen Sie die Ziele des Coachings fest. Sie werden in eine von drei Kategorien fallen. Erstrebenswerte Ziele sollten bahnbrechend und höchst anspruchsvoll sein. Sitzungsziele geben vor, was die Person zum Ende der Sitzung erreicht haben wird. Bei den Aktionszielen stimmen Sie mit der Person ab, welche Schritte vor der nächsten Sitzung unternommen werden müssen. Dadurch kommt sie ihrem erstrebenswerten Ziel ein Stückchen näher. Sehen Sie zu, dass die Ziele stets spezifisch, messbar, ausführbar, realistisch und terminiert sind (siehe Theorien 11–13).

- Achten Sie darauf, dass zwischen dem Wunsch des Einzelnen, etwas zu erreichen, und seinem Energieniveau, das auch zu tun, keine allzu große Lücke klafft. Daher sollte die von Ihnen gecoachte Person in jeder Coaching-Sitzung ihr Energieniveau bewerten und es mit dem Zustand in zurückliegenden Sitzungen vergleichen. Versuchen Sie, sich mit ihr darüber auszutauschen, warum ihre Energie gesunken oder gestiegen ist und was dahingehend zu unternehmen ist.

- Planen Sie genügend Zeit ein, um sowohl über den Fortschritt als auch das Verfahren nachzudenken. Sind am Coaching-Plan Anpassungen notwendig, nehmen Sie sie vor.

Die Kreativität zu fördern, ist nicht gleichbedeutend damit, dem Einzelnen vorzuschreiben, was er tun soll. Es geht stattdessen darum, mit ihm zu arbeiten und ihn dabei zu unterstützen, sein Bewusstsein dafür zu schärfen, welche Optionen ihm zur Verfügung stehen und was unternommen werden muss, um die Lücke zwischen der aktuellen Position und der angestrebten zu schließen.

FRAGEN, DIE SIE SICH STELLEN SOLLTEN

- Haben wir Ziele festgelegt, die erstrebenswert, ausführbar und messbar sind?

- Verfügt die zu coachende Person über die Energie und das Engagement, diese Ziele zu erreichen?

- Hat die zu coachende Person eine Vision, was sie erreichen kann?

- Haben wir ausreichend Zeit eingeplant, um den Fortschritt zu überprüfen?

ERIC PARSLOE UND MONIKA WRAY: DIE SIEBEN GOLDENEN REGELN DER EINFACHHEIT

Setzen Sie diese Theorie ein, wenn Sie eine Reihe einfacher Regeln für einen Coaching-Prozess benötigen.

Eric Parsloe und Monika Wray waren der Ansicht, die Qualität der Ergebnisse aus den Coaching-Aktivitäten hänge von der Qualität der Beziehung zwischen den beteiligten Menschen ab. Sie entwickelten daher die *Sieben goldenen Regeln der Einfachheit* als Verfahren, um eine Coaching-Beziehung zu managen.

DIESE REGELN KÖNNEN WIE FOLGT ZUSAMMENGEFASST WERDEN:

❭ **Erfolg ist, wenn man konsequent einfache Dinge macht:** Gestalten Sie das Coaching-Programm nicht zu aufwendig; lassen Sie es sich auch nicht von Regeln oder unrealistischen Erwartungen diktieren.

❭ **Achten Sie darauf, sich Zeit für ein Treffen zu nehmen:** Sehr eingespannte Coaches oder Manager finden nicht immer die Zeit, sich mit den Personen zu treffen, die sie coachen. Was umgekehrt auch gelten kann.

❭ **Fassen Sie sich kurz:** Nehmen Sie sich ausreichend Zeit, um alle Punkte zu besprechen, die für Sie beide wichtig sind. Einige Situationen können allerdings in Stress ausarten, wenn man sich beeilt, seien Sie also flexibel.

❭ **Halten Sie sich an den grundlegenden Ablauf:** Einigen Sie sich auf eine Arbeitsweise und halten Sie sich daran.

❭ **Gewöhnen Sie sich an, „zu fragen, nicht zu sagen":** Die 80-20-Regel (siehe Theorie 68) ist hier hilfreich – 80 Prozent Fragen stellen und 20 Prozent Antworten geben.

❭ **Vergessen Sie nicht, es geht ums Lernen:** Beim Coaching sollte es nicht allein darum gehen, jemanden anzuleiten, sondern darum, die Persönlichkeitsentwicklung zu begünstigen. Regelmäßiges, fortlaufendes Coaching sollte ein Teil der Lernkultur des Unternehmens sein (siehe Theorien 59–60).

❭ **Rechnen Sie damit, selbst zu profitieren:** Nicht nur die gecoachte Person, sondern auch der Coach wird von einem gut geführten Coaching profitieren.

Parsloe und Wray sind Verfechter des Prinzips, dass das Wesen eines guten Coachings darin liege, den Menschen beizubringen, ihr eigenes Lernen zu managen. Sie führen an, dass Coaching keine neue Tätigkeit sei. Das Neue sei das Ausmaß, zu dem der Nutzen des Coachings eingesetzt werde, um die Herausforderung des ständig wachsenden Bedürfnisses zu bewältigen, die Dinge auf immer neue Art und Weise zu lernen.

Als ich Mitte der 1970er-Jahre meine Vollzeitstelle im Bildungswesen aufgab und zum Arbeitsministerium wechselte, lernte ich das Konzept „Sitting with Nellie" (zu Deutsch: „neben Nellie sitzen") kennen. Nellie habe ich nie kennengelernt, aber dafür gab es viele Bills und Toms und Marys, die immer bereit waren, mir zu zeigen, wie ein Antrag auf Arbeitslosenentschädigung auszufüllen war und wo er abgelegt werden musste. Damals war mir das wahrscheinlich nicht bewusst, aber dieses Konzept stand stellvertretend für ein Coaching am Arbeitsplatz. Auch wenn ich dankbar dafür war, dass sie sich die Zeit nahmen, mir zu zeigen, wie es geht, ist mir erst heute klar, dass sie mir ihre Arbeitsweisen in ihrer einzigartigen Art, mich zu coachen, beigebracht haben.

DIE PRAKTISCHE ANWENDUNG

Die folgenden Tipps helfen Ihnen, das Coaching einfach, aber bedeutungsvoll zu halten:

- Verkomplizieren Sie die Aufgabe nicht und errichten Sie keine unrealistischen oder nicht notwendigen Schranken und Erwartungen.

- Sie sollten beachten, dass die meisten Coaching-Konzepte scheitern, weil der viel beschäftigte Coach sich nicht ausreichend Zeit nimmt, um sich mit dem Kunden zu treffen, und umgekehrt.

- Wenn Zeit kostbar ist, sollte sie nicht vergeudet werden. Reservieren Sie ausreichend Zeit, um sich mit dem Thema zu befassen. Regelmäßige und kurze Sitzungen sind besser, als sich nur gelegentlich zu treffen und zu viel Zeit auf das Thema zu verwenden.

- Führen Sie einen Prozess ein, der eine Sitzungsvorbereitung im Vorfeld, die Bereitschaft zu handeln sowie eine vereinbarte Nachbereitung beinhaltet. Das sorgt dafür, dass die Coaching-Sitzungen konzentriert, strukturiert und mit gutem Zeitmanagement geführt werden.

- Gewöhnen Sie sich an, „zu fragen, nicht zu sagen". Ein gutes Coaching zeichnet sich weniger durch eine „aktive" als durch eine „passive" Technik aus. Eine sehr nützliche Regel wäre es, wenn jede Coaching-Sitzung zu 80 Prozent aus Fragen stellen und zu 20 Prozent aus Antworten geben bestünde.

- Rufen Sie den von Ihnen gecoachten Menschen fortwährend in Erinnerung, dass es beim Coaching ums Lernen geht, und zeigen Sie die realen Vorteile daraus auf. Dieser Ansatz eignet sich gut, um Engagement für die Sitzung zu erreichen.

- Sie müssen verstehen, dass Lernen keine Einbahnstraße ist. Die gecoachte Person, der Coach und auch ihre Organisation sollten alle einen Nutzen haben von einem effektiven Coaching. Scheuen Sie sich nicht, Ihre Eigeninteressen anzumelden, wenn Sie jemanden coachen.

218 TEIL 2: WEITERFÜHRUNG

FRAGEN, DIE SIE SICH STELLEN SOLLTEN

- Stelle ich sicher, dass ich immer den realen Nutzen des Coachings aufzeige?

- Achte ich darauf, mindestens vier Mal so viele Fragen zu stellen, wie ich Antworten gebe?

- Vergewissere ich mich, dass auch ich aus dem Coaching einen Nutzen ziehe?

JENNY ROGERS:
DIE SECHS GRUNDSÄTZE
DES COACHINGS

Setzen Sie diese Theorie ein, wenn Sie ein elementares Instrumentarium benötigen, um auf allen Ebenen in einer Organisation coachen zu können.

Jenny Rogers behauptet, dass Coaching eine Partnerschaft auf Augenhöhe ist, dessen Ziel darin liegt, durch gezielte Maßnahmen für eine erhöhte und nachhaltige Effektivität zu sorgen. Sie glaubt, dass Coaching das Selbstbewusstsein erhöht und Entscheidungen aufzeigt. Um das zu erreichen, bietet sie ihr Modell, die *sechs Prinzipien des Coachings*, als Vorgehen an.

DIE SECHS PRINZIPIEN KÖNNEN WIE FOLGT ZUSAMMENGEFASST WERDEN:

❭ **Der Kunde weiß sich zu helfen:** Dieses Prinzip beruht auf dem Glauben, dass nur die gecoachte Person die gesamte Geschichte über ihre missliche Lage kennt und folglich nur sie die Maßnahme tatsächlich umsetzen kann. Diesbezüglich stehen ihr also die Ressourcen zur Verfügung, um ihre Probleme lösen zu können.

❭ **Die Rolle des Coachs ist es, den Kunden bei der Entwicklung dieses Ressourcenreichtums zu unterstützen:** Die Rolle eines Coachs ist nicht, Ratschläge zu erteilen. Denn das würde bedeuten, er wüsste genau, was für die zu coachende Person am besten wäre. Und dies könnte zu einer Abhängigkeit vom Coach führen.

❭ **Coaching beschäftigt sich mit der gesamten Person:** Hier wird die Vergangenheit, Gegenwart und Zukunft der Person in Betracht gezogen. Das umfasst sowohl ihre Arbeit als auch ihre persönlichen Verhältnisse.

❭ **Der Kunde legt den Plan fest:** Legt die gecoachte Person den Plan fest, wird sie ein Gefühl der Zugehörigkeit und der Befähigung haben und wahrscheinlicher zu Planungs-, Problemlösungs- und Entscheidungsprozessen beitragen.

❭ **Der Coach und der Kunde begegnen sich auf Augenhöhe:** Beide arbeiten als Gleichgestellte in einer Beziehung zusammen, die auf höchstem Respekt und Vertrauen basiert.

❭ **Beim Coaching geht es um Veränderung und Maßnahmen:** Im Grunde bemühen sich Personen um ein Coaching, weil sie etwas verändern möchten und im Allgemeinen effektiver sein wollen.

Die Philosophie hinter Rogers Modell ist, dass der Hauptzweck des Coachings darin besteht, das Selbstbewusstsein zu stärken, die Wahlmöglichkeiten zu verdeutlichen und die Lücke zwischen dem Ist-Zustand des Kunden und seinem Potenzial zu schließen.

DIE PRAKTISCHE ANWENDUNG

Auch wenn vieles, für das Rogers eintritt, mit dem Coaching in Betrieben zusammenhängt, können ihre Prinzipien gleichsam auf das Coaching von Privatpersonen übertragen werden. Mithilfe der folgenden Schritte können Sie die sechs Prinzipien anwenden:

• Achten Sie darauf, dass der zu coachenden Person ausreichend Informationen und Ressourcen zur Realisierung des gewünschten Ergebnisses zur Verfügung stehen. Ist das nicht der Fall, erkundigen Sie sich, wie Sie ihr helfen können, aber gängeln Sie sie nicht. Vergessen Sie nicht: Sie können immer hilfreiche Informationen anbieten, aber ob die Person sie nun nutzt oder nicht, liegt ausschließlich in ihrem Ermessen.

• Erteilen Sie niemals Ratschläge. Denn das impliziert, Sie wüssten es besser als die zu coachende Person, dass sie unbedeutender ist, was im weiteren Verlauf dazu führen kann, dass sie von Ihnen abhängig wird. Selbstverständlich gibt es einen Grund, weshalb Sie ihr Coach sind, und natürlich möchte die Person etwas von Ihnen lernen. Aber Sie können das erreichen, indem Sie anspruchsvolle Fragen stellen und sie dazu bringen, ihre eigenen Schlussfolgerungen darüber zu ziehen, was als Nächstes zu unternehmen ist.

- Auch wenn Sie nicht ihr Therapeut sind, gibt es womöglich Themen, mit denen die Person umzugehen hat und die es erforderlich machen, dass Sie sich über die näheren Umstände hinaus damit befassen. Das können persönliche, aber auch berufliche Themen sein. Vielleicht fühlen Sie sich dabei unwohl – wichtig ist, dass Sie Ihre Grenzen genau kennen. Weichen Sie diesen Themen nicht aus, aber Sie müssen wissen, dass Sie sie nötigenfalls an andere weiterleiten können, die mit dem Umgang solcher Punkte erfahrener sind.

- Es sollte hierbei keine versteckte „Agenda" geben. Es ist Aufgabe der Person, das Programm für das Coaching festzulegen, und Ihre, darauf zu reagieren. Wenn Sie das Gefühl haben, dass Ihnen dieses Programm als Coach Schwierigkeiten bereitet, sagen Sie der Person, was Sie denken, und besprechen Sie mögliche Alternativen.

- Arbeiten Sie mit der von Ihnen gecoachten Person auf Augenhöhe zusammen. Vielleicht coachen Sie eine Nachwuchskraft oder eine leitende Führungskraft. Womöglich verdienen Sie das Doppelte oder die Hälfte dessen, was die von Ihnen gecoachte Person bekommt. Für das Coaching ist das alles irrelevant – Ihre Beziehung sollte auf Vertrauen und Respekt basieren, was für alle Beziehungen zwischen Kollegen gelten sollte.

- Die Person lässt sich von Ihnen coachen, weil sie sich in einem Aspekt der Arbeit verbessern möchte. Ihre Funktion ist es, den Einzelnen dabei zu unterstützen, indem Sie sein Bewusstsein dafür schärfen, welche Optionen ihm zur Verfügung stehen und was unternommen werden muss, um die Lücke zwischen der aktuellen Position und der angestrebten zu schließen.

FRAGEN, DIE SIE SICH STELLEN SOLLTEN

- Habe ich für ein hohes Maß an Respekt und Vertrauen in der Beziehung gesorgt?

- Gehen wir das Coaching auf Augenhöhe an?

- Habe ich der zu coachenden Person ermöglicht, das Programm aufzustellen?

THEORIE **53**

VIRGINIA SATIR:
ANCHORING UND SELF-COACHING

Setzen Sie diese Theorie ein, wenn Sie Gedanken und Gefühle kontrollieren möchten oder jemanden diesbezüglich unterstützen möchten.

Auch wenn ich diesen Eintrag Virginia Satir zuschreibe, war es die Arbeit von Amos Tversky und Daniel Kahneman, die die Vorstellung von *Anchoring (Ankern)* erstmals jedermann zugänglich machte.

Bei Satir ist *Anchoring* ein Prozess, bei dem etwas Visuelles, Akustisches oder Taktiles als Stimulus wirken kann, um eine gewünschte Reaktion auszulösen. Sie führt aus, dass Anker bewusst oder unbewusst funktionieren, positiv oder negativ sind und entweder natürlich entstehen oder konstruiert sind. Dieser Anker-Prozess lässt sich folgendermaßen darstellen:

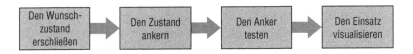

DIE EINZELNEN ELEMENTE DES PROZESSES KÖNNEN WIE FOLGT ZUSAMMENGEFASST WERDEN:

❱ **Den Wunschzustand erschließen:** Visualisieren Sie exakt, was Sie im Wunschzustand sein/tun möchten.
❱ **Den Zustand ankern:** Wählen Sie einen Reiz (visuell, akustisch oder taktil beziehungsweise eine Kombination aus diesen), den Sie mit dem Gefühl, das Sie im Wunschzustand haben werden, assoziieren können.
❱ **Den Anker testen:** Lösen Sie sich nun vom geankerten Zustand und denken Sie an etwas oder tun sie etwas, das in keinster Weise mit dem

Wunschzustand zusammenhängt. Anschließend kommen Sie darauf zurück.

) **Einen Zeitpunkt ins Auge fassen, an dem er eingesetzt wird:** Stellen Sie sich eine Situation vor, in der Sie sich im Wunschzustand befinden möchten. Nutzen Sie den Anker, um auszuprobieren, ob er ausreichen wird, um die Situation zu bewältigen.

Satir führt aus, dass Sie diese Technik auch einsetzen können, um alte, unerwünschte Zustände zu eliminieren, die negative Gefühle und/oder ungewolltes Verhalten hervorrufen.

DIE PRAKTISCHE ANWENDUNG

Die folgenden Tipps unterstützen Sie – oder die von Ihnen gecoachte Person – dabei, sinnvolle Anker zu entwickeln:

• Suchen Sie sich einen schönen, ruhigen Ort, an dem es keine Ablenkungen gibt.

• Wählen Sie etwas (eine Berührung, ein Gefühl, ein Bild, einen Geruch usw.) oder eine Kombination von Dingen, die Sie als Anker einzusetzen beabsichtigen (für mich funktioniert es ganz gut, wenn ich Daumen und Zeigefinger zusammenpresse – außerdem ist es in Gesellschaft nicht so auffällig).

• Denken Sie an etwas, das wohlige oder positive Gedanken auslöst. Kehren Sie in diese Gedanken zurück und visualisieren Sie, wie Sie sich fühlten. Beginnen Sie, die Intensität Ihrer Sinne in dieser Visualisierung zu erhöhen, als würden Sie die Lautstärke- und Kontrastregelungen Ihrer Fernbedienung benutzen. Sobald die Spitzenintensität einsetzt, aktivieren Sie Ihren Anker.

• Kehren Sie in Ihren aktuellen Zustand zurück. Prüfen Sie, ob Ihr Anker Sie in Ihren Wunschzustand bringen kann. Wenn ja, haben Sie Ihren Anker erfolgreich eingerichtet. Wenn nicht, versuchen Sie es noch etwa vier bis fünf Mal und erhöhen Sie dabei jedes Mal die Intensität Ihrer

Sinne. Funktioniert es immer noch nicht, versuchen Sie es mit einem anderen Anker und wiederholen Sie diesen Prozess.

Vielleicht haben Sie Glück und Sie stoßen direkt auf einen Anker. Möglich ist aber auch, dass Sie es immer und immer wieder probieren müssen, bis Sie schließlich erfolgreich sind. Je akuter das sensorische Erlebnis, desto weniger Wiederholung ist nötig. Es lohnt sich, wenn Sie bei diesem Instrument durchhalten – versprochen! Sie werden überrascht sein, wofür Sie diese Technik nutzen können: beispielsweise dafür, Ihr Vertrauen aufzubauen, bevor Sie eine wichtige Präsentation halten, oder um beim Zahnarzt Ihre Nerven zu beruhigen oder um nicht die Beherrschung zu verlieren, wenn jemand mit der größten Tüte Popcorn der Welt hinter Ihnen im Kino sitzt.

FRAGEN, DIE SIE SICH STELLEN SOLLTEN

- Konnte ich einen Anker finden, der für mich funktioniert?
- Konnte ich einen Anker finden, der für die von mir gecoachte Person funktioniert?

THEORIE **54**

JOHN SWELLER:
DIE COGNITIVE-LOAD-THEORIE (CLT)

Setzen Sie diese Theorie ein, wenn Sie der von Ihnen
gecoachten Person nicht zu viele Informationen
zumuten wollen.

John Sweller beschrieb die *kognitive Belastung* als die Informationsmenge, die das Arbeitsgedächtnis zu einem beliebigen Zeitpunkt fassen kann. Da das Arbeitsgedächtnis nur über eine begrenzte Kapazität verfügt, verlangte er, dass Coaches es vermeiden sollten, den Kunden mit zusätzlichen Aktivitäten zu überlasten, die nichts zur Realisierung der zu erledigenden Aufgabe beitragen. Die *kognitive Belastungstheorie* umfasst vier Schlüsselelemente.

DIE VIER SCHLÜSSELELEMENTE KÖNNEN WIE FOLGT ZUSAMMENGEFASST WERDEN:

❱ **Kenntnisse messen:** Der Coach beurteilt das Qualifikationsniveau und die Kenntnisse der von ihm gecoachten Person und passt sein Coaching so an, dass diese Berücksichtigung finden.
❱ **Den Problemraum reduzieren:** Die Lücke zwischen der gegenwärtigen Situation und dem gewünschten Ziel wird als Problemraum definiert. Eine Überlastung des Arbeitsgedächtnisses kann auftreten, wenn dieser zu groß ist.
❱ **Den Split-Attention-Effekt reduzieren:** Der Split-Attention-Effekt tritt auf, wenn die Aufmerksamkeit der Person durch eine Vielzahl von Informationsquellen, die im selben Format dargeboten werden (auditiv oder visuell), geteilt wird.
❱ **Auditive und visuelle Kanäle im Arbeitsgedächtnis nutzen:** Die auditive und visuelle Kommunikation hat jeweils ihren eigenen Bereich im

Arbeitsgedächtnis. Indem der Coach auditive und visuelle Anweisungen miteinander verbindet, kann die kognitive Belastung auf die einzelnen Bereiche reduziert werden.

Sweller war der Ansicht, dass eine Pre-Coaching-Sitzung vor dem Coaching, die Grund- beziehungsweise Vorkenntnisse umfasst, den Kunden helfen würde, Schemata zu entwickeln, die ihr Arbeitsgedächtnis erweitern und ihre Kapazität erhöhen würden, um komplexeren Coaching-Anweisungen folgen zu können.

DIE PRAKTISCHE ANWENDUNG

Der Einsatz der kognitiven Belastungstheorie (CLT) ermöglicht Ihnen, Coaching-Sitzungen zu entwickeln, die den von Ihnen gecoachten Personen helfen, effektiver zu lernen, indem die Anforderungen auf ihr Arbeitsgedächtnis reduziert werden. Die folgenden nützlichen Punkte sollten Sie sich einprägen, um das Maß der kognitiven Überforderung zu verringern:

- Passen Sie Ihren Input an die Kenntnisse der von Ihnen gecoachten Personen an. Diese können Sie durch den Einsatz formaler Methoden (z. B. schriftliche Tests oder Bildungsbedarfsanalysen) eruieren. Natürlich könnten Sie sie auch einfach fragen. Sobald Sie sich ein Bild vom Kenntnisstand der Menschen gemacht haben, achten Sie darauf, Ziele zu setzen, die damit kompatibel sind (siehe Theorien 11–13).

- Ist die Lücke zwischen Ist- und Soll-Niveau zu groß, sollten Sie das, was zu tun ist, in eine Reihe kleiner Schritte aufspalten. Dabei sollten Sie darauf achten, dass Sie ihnen die Möglichkeit lassen, das Gelernte zu festigen, bevor Sie zum nächsten Schritt übergehen.

- Bombardieren Sie sie nicht mit einer riesigen Menge an visuellen oder auditiven Informationen zur gleichen Zeit. Vielleicht haben Sie schon den Ausdruck „death by Powerpoint" gehört – das sind todlangweilige Präsentationen: Genau das tritt ein, wenn der Coach die visuellen Hilfsmittel dermaßen übertreibt, dass es der gecoachten Person nicht möglich ist, wichtige Informationen zu absorbieren, weil weniger wichtige

Bilder ihre Aufmerksamkeit auf sich ziehen. Ebenfalls sollten Sie es vermeiden, ein wichtiges Thema zu besprechen, wenn Fremdgeräusche zu hören sind, wenn beispielsweise andere miteinander sprechen oder im Hintergrund Musik läuft.

- Allerdings können Sie auditive und visuelle Hilfsmittel miteinander kombinieren, da diese ihre eigenen separaten Gedächtnisräume haben. Kognitive Überforderung wird nicht ausgelöst, wenn die Aufmerksamkeit der Menschen auf ein Diagramm gelenkt wird, während Sie darüber sprechen.

Vergessen Sie nicht: Die Informationen, die Sie an die von Ihnen gecoachten Personen weitergeben, verbleiben in ihrem Arbeitsgedächtnis, bis sie so weit verarbeitet wurden, um ins Langzeitgedächtnis übergehen zu können. Die Theorien 23–25 vermitteln ein besseres Verständnis dafür, wie das Gehirn Informationen verarbeitet und speichert.

FRAGEN, DIE SIE SICH STELLEN SOLLTEN

- **Wird das von mir erstellte Material eine kognitive Überforderung hervorrufen?**
- **Wie kann ich Hilfsmittel zusammenstellen, die das Lernen unterstützen, anstatt es zu behindern?**

THEORIE **55**

JOHN WHITMORE: DAS GROW-MODELL

Setzen Sie dieses Modell ein, wenn Sie den Menschen helfen möchten, bessere Entscheidungen rund um ihre Karriere zu treffen und Probleme zu lösen.

John Whitmore gibt an, das GROW-Modell sei ein simples, aber wirksames Mittel, um eine Coaching-Sitzung zu strukturieren. Er vergleicht es mit den Überlegungen zur Reiseplanung: Sie überlegen, wohin Sie fahren (**G**oal, das Ziel), stellen Ihren aktuellen Standort fest (**R**eality, die Realität), erforschen die verschiedenen Routen (**O**ptions, die Optionen) und engagieren sich, um Ihren Bestimmungsort zu erreichen (**W**ill, der Erfolgswille). Darstellen lässt es sich wie folgt:

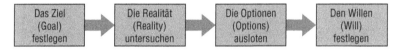

DIE WESENTLICHEN KOMPONENTEN DES MODELLS KÖNNEN WIE FOLGT ZUSAMMENGEFASST WERDEN:

❱ **Das Ziel (Goal) festlegen:** Sehen Sie sich das Verhalten an, das die andere Person verändern möchte, und drücken Sie es als Ziel aus, das sie erreichen will.
❱ **Die aktuelle Realität (Reality) untersuchen:** Ermutigen Sie den Einzelnen, es zu vermeiden, Probleme lösen zu wollen, ohne vorher die Ist-Situation in Betracht zu ziehen.
❱ **Die Optionen (Options) ausloten:** Nachdem die Realität erkundet wurde, richten Sie die Aufmerksamkeit der Person auf die Bestimmung des Möglichen.

❭ Den Willen (Will) festlegen: Da die Optionen nun klar sind, veranlassen Sie die Person, sich auf bestimmte Maßnahmen festzulegen, um der Realisierung ihrer Ziele näher zu kommen.

Whitmore betont, wie wichtig es sei, dass der Coach sich selbst nicht als Experte im Dilemma der anderen Person sehe und nicht versuche, ihre Probleme für sie zu lösen. Die letztendliche Rolle des Coachs beschreibt er als die eines Vermittlers, der die Person dabei unterstützt, die besten Optionen auszusuchen.

DIE PRAKTISCHE ANWENDUNG

Das GROW-Modell ist wohl unter allen vorgestellten Modellen das am häufigsten eingesetzte. Es ist verhältnismäßig einfach – die Metapher organischen Wachstums ist eine treffende Beschreibung für das Modell. Gutes Coaching bedeutet im Falle dieses Modells, gute Fragen zu stellen. Daher biete ich Ihnen hier einige nützliche Hinweise und Fragen, die Sie dem Kunden in den einzelnen Phasen stellen könnten:

• Die Ziele der gecoachten Person sollten spezifisch, messbar, ausführbar, realistisch und terminiert sein. Achten Sie darauf. Fragen Sie: „Wie verhält sich das im Zusammenhang mit Ihren Karrierezielen? Woher wissen Sie, wann Sie Ihr Ziel erreicht haben? Wie zuversichtlich sind Sie, dass Sie dieses Ziel erreichen können? Was ist ein realistischer Zeitplan für die Realisierung des Ziels?"

• Gestatten Sie der Person nicht, mit Lösungen aufzuwarten, bevor sie darüber nachgedacht hat, wo sie sich im Moment befindet. Fragen Sie: „Was geschieht mit Ihnen jetzt? Wie sehen Sie das, was vor sich geht? Was haben Sie bisher unternommen, um das Thema anzusprechen? Wie wirkt sich dieses Thema auf andere Themen aus, mit denen Sie konfrontiert sind?"

• Vermeiden Sie es, dass Sie sich die Optionen ausdenken. Vergessen Sie nicht: Das sind eventuell Ihre Möglichkeiten, wie Sie mit der Situation umgehen würden. Dennoch sollten Sie die zu coachende Person dazu bringen, die Machbarkeit aller Optionen zu prüfen, indem Sie fragen: „Welches sind die möglichen Folgen bei Übernahme dieser Option? Was könnten Sie unternehmen, wenn etwas schiefläuft? Welche Faktoren müssen Sie bedenken, wenn Sie eine Option abwägen?"

• Nachdem nun auch die Möglichkeiten erforscht wurden, müssen Sie die zu coachende Person dazu bewegen, sich auf bestimmte Vorgehensweisen festzulegen, indem Sie fragen: „Was werden Sie als Nächstes unternehmen? Bis wann werden Sie das tun? Woher wissen Sie, dass es erledigt ist?"

Beachten Sie, dass alle gestellten Fragen offene Fragen sind. Versuchen Sie, geschlossene Fragen, die einfach mit „Ja" oder „Nein" zu beantworten sind, zu vermeiden. Wenn die zu coachende Person auf Ihre Fragen reagiert, achten Sie darauf, aufmerksam und unvoreingenommen zuzuhören. Hier könnte Ihre Körpersprache eine wichtigere Rolle übernehmen als das, was Sie tatsächlich sagen.

FRAGEN, DIE SIE SICH STELLEN SOLLTEN

• Habe ich unbedingt sichergestellt, dass die zu coachende Person ihre aktuelle Situation versteht, bevor sie einen neuen Entwicklungsschritt beginnt?

• Konnte ich sie dazu bewegen, sich auf eine Maßnahme einzulassen?

ZUSAMMENFASSUNG VON TEIL 2

In Teil 2 des Buches habe ich einen Koffer voller Werkzeuge für Manager, Coaches, Mentoren oder Lehrer zusammengestellt, der bei der Arbeit mit Menschen eingesetzt werden kann. Welches Werkzeug Sie letztlich einsetzen, wird von der Person, dem Thema und dem Umfeld abhängen, in dem Sie mit ihr arbeiten.

Ich habe mich dazu entschieden, die Tools alphabetisch vorzustellen und keine sonstige Typisierung vorzunehmen, denn die Instrumente eignen sich für jede Coaching-Situation, und ich wollte Sie nicht in die Richtung eines bestimmten Modells drängen. Außerdem wird Ihnen das helfen, wenn Sie schon von einem bestimmten Modell gehört haben und nun mehr darüber herausfinden wollen.

Die Kernaussagen aus diesem Teil des Buches sind folglich:

- Es ist wichtig, zu verstehen, dass das Verhalten, die Fähigkeiten, Überzeugungen und Werte einer Person ihre Reaktion auf das Coaching beeinflussen.

- Menschen filtern Informationen heraus, die für sie nicht relevant scheinen.

- Eine gute Arbeitsbeziehung ist unerlässlich, um Engagement zu erreichen für die Leistungssteigerung.

- Ermutigen Sie die Menschen, eine Herausforderung als Chance wahrzunehmen und nicht als Gefahr.

- Ermuntern Sie die Menschen zu positiven Selbstgesprächen.

- Scheuen Sie sich nicht, die Menschen herauszufordern, wenn es ihrem Wohl dient.

- Sagen Sie den Personen, an etwas zu scheitern heißt nicht, dass sie Versager sind.

- Ihr Realitätssinn mag sich von dem anderer Menschen, mit denen Sie zusammenarbeiten, unterscheiden.

- Man kann nie genau sagen, wie sich eine andere Person fühlt, weil man sich nie wirklich in ihre Gedanken hineinversetzen kann.

- Unterstützen Sie Menschen dabei, eigene Lösungen für Probleme zu entwickeln.

- Muten Sie der von Ihnen gecoachten Person nicht zu viele Informationen zu.

- Wenn Sie es visualisieren können, können Sie es auch schaffen.

TEIL 3

BESSERE PERFORMANCE DURCH ORGANISATIONS-COACHING

EINFÜHRUNG

I n diesem Teil des Buches stehen Sie als Coach im Mittelpunkt, der mit einer Organisation zusammenarbeitet – entweder als Manager in einem Unternehmen, als Business-Coach oder aber als Berater, der engagiert wurde, um sich mit einem bestimmten Problem zu befassen. Die von mir ausgewählten Aspekte des organisatorischen Verhaltens spiegeln die Belange wider, die erhebliche Auswirkungen auf die Leistung in einem Unternehmen haben können. Jedes Kapitel enthält drei Theorien, die einerseits eine interessante Perspektive auf das Thema bieten. Wichtiger ist meines Erachtens jedoch, dass sie eine Orientierung geben, wie Sie als Coach dem Unternehmen helfen können, bessere Resultate zu erzielen.

Bevor wir uns bestimmten Aspekten des Organisationsmanagements zuwenden, möchte ich verschiedene Theorien in den Bereichen Leadership und *lernende Organisation* abdecken. Denn es ist möglich, daraus zu erschließen, wie die Organisation auf Ihr Coaching reagieren könnte. Es mag seltsam anmuten, die organisatorische Entwicklung mit einer humanistischen Funktion wie dem Lernen beschreiben zu wollen. Allerdings geht es beim Lernen um eine Verhaltensänderung. Es ist organisch, wächst, entwickelt sich. Folgen wir nun der Auffassung, dass die Organisation aus Menschen besteht, die dort arbeiten, und nicht allein aus Ziegeln und Mörtel, dann können wir allmählich die Bedeutung des Begriffes *lernende Organisation* erfassen.

Die folgenden Abschnitte behandeln Theorien, die Ihnen ein besseres Verständnis ermöglichen. Es geht dabei um diese Themen:

- **Führung:** Wieso Führungskräfte wichtig sind für die Organisation.

- **Wettbewerb:** Wieso die Organisation lernen muss, um besser zu sein als die Konkurrenz.

- **Kultur:** Warum die Organisation so ist, wie sie ist.

- **Planung:** Warum die Organisation tut, was sie tut.

- **Qualität:** Warum die Organisation sich verbessern muss.

- **Wandel:** Warum die Organisation auf den Wandel reagieren muss.

- **Teamarbeit:** Wieso die Menschen im Unternehmen zusammenarbeiten müssen.

Neben dem tieferen Verständnis für die obigen Punkte werden Sie mit dem Wissen und den Fähigkeiten ausgestattet, die Sie benötigen, um als Coach effektiver im Unternehmen arbeiten zu können.

1. COACHING VON FÜHRUNGS-KRÄFTEN

EINFÜHRUNG

In jüngster Vergangenheit war ein Wandel im Führungs- und Managementverständnis der Menschen zu erkennen. Über viele Jahre war die vorherrschende Meinung, dass Führung ein integraler Bestandteil der Rolle eines Managers ist. Die Wirtschaftswissenschaftler Warren Bennis und Burt Nanus führten eine andere Sichtweise ein, die sich zusammenfassen lässt mit dem Satz: „Manager tun die Dinge richtig, wohingegen Führungskräfte die richtigen Dinge tun." Auf dieser Grundlage möchte ich diese beiden Funktionen wie folgt voneinander unterscheiden:

• Führungskräfte geben eine neue Richtung vor und *initiieren* die Vision;

• Manager konzentrieren sich auf die Verfahren und *interpretieren* die Vision.

Lassen Sie mich an dieser Stelle betonen, dass wichtige Aspekte im Management die Führung mit einschließen (etwa zu 20 Prozent) und umgekehrt dass Aspekte des Managements in einigen Aspekten der Führung inbegriffen sind (ebenfalls zu etwa 20 Prozent). Selbstverständlich hängt dieser Prozentsatz von den jeweiligen Rollenerwartungen und der Größe der Organisation ab.

Dieser Abschnitt des Buches richtet sich an Manager, die eine bestimmte Führungsfunktion übernommen haben: Sie müssen Anforderungen analysieren, eine angemessene Reaktion auf diese Anforderungen wählen und über die richtigen Mitarbeiter verfügen, um die nötigen Handlungen auch ausführen zu können. Von Nachwuchskräften oder Personen im mittleren Management mag das ein bisschen viel verlangt sein. Eine Fülle von Büchern oder Kursen geben Führungskräften Theorien an die Hand, die die Führung untermauern. Doch nur wenige können einem Manager beibringen, wie man eine Zukunftsvision für die Organisation entwirft, wie man kalkulierte Risiken eingeht und ein neues Produkt oder eine neue Dienstleistung auf den Markt bringt oder wie man Macht ausübt und sich dabei wohlfühlt. Genau da kann das Coaching ansetzen und den Manager unterstützen. Beispielsweise wenn schwierige Entscheidungen zu treffen oder wichtige Fertigkeiten, zum

Beispiel ihr Urteilsvermögen, zu entwickeln sind wie auch die Fähigkeit, effektiv zu kommunizieren.

Die drei für diesen Abschnitt ausgesuchten Einträge spiegeln einige der einflussreichsten Theorien zum Thema Führung wider. Dennoch war es mir ein Bedürfnis, Konzepte vorzustellen, die diesen Komplex neu erschließen und die Führungsentwicklung als eine Art Entdeckungsreise definieren.

THEORIE **56**

JOHN ADAIR:
AKTIONSZENTRIERTE FÜHRUNG

Setzen Sie diese Theorie ein, wenn Sie Führungskräften zeigen möchten, wie ein Ausgleich zwischen den Bedürfnissen der Aufgabe, des Teams und des Einzelnen zu schaffen ist.

John Adair betont, dass eine Führungskraft stets für einen Ausgleich der Bedürfnisse sorgen muss – der Aufgabe, des Teams und des Einzelnen. Sein Modell der *aktionszentrierten Führung* besteht aus drei überlappenden Kreisen, die jeweils einen der drei Verantwortungsbereiche darstellen. Diese können wie folgt beschrieben werden:

- **Aufgabenbedürfnisse:** Das Festlegen von Zielen und Fristen, Planung, das Zuteilen von Arbeit und die Bereitstellung von Ressourcen, Überwachung und Kontrolle des Fortschritts.

- **Gruppenbedürfnisse:** Bündelung der Anstrengungen, Förderung der Zusammenarbeit innerhalb des Teams, Konfliktbewältigung und Entwicklung des Teamgeistes.

- **Einzelbedürfnisse:** Die Erfüllung der Bedürfnisse der einzelnen Teammitglieder nach Schulungen, Coaching, Mentoring und Betreuung.

Adair, der mit diesem Modell den Kern der Rolle einer Führungskraft trifft, umreißt acht Schlüsselfunktionen, für die Führungskräfte die Verantwortung tragen.

DIESE LASSEN SICH WIE FOLGT ZUSAMMENFASSEN:

❱ **Die Aufgabe definieren:** Das Festlegen von eindeutigen, spezifischen, messbaren und ausführbaren Zielen.

❱ **Planung:** Das Erschließen von Möglichkeiten, die Aufgabe zu erfüllen, und das Bereitstellen eines Notfallplans für eventuell auftretende Schwierigkeiten.

❱ **Das Team briefen:** Innerhalb des Teams für eine positive Prognose und das Gefühl sorgen, dass die Aufgabe zu bewältigen ist.

❱ **Tätigkeiten kontrollieren:** Das Erzielen maximaler Ergebnisse aus minimalen Ressourcen.

❱ **Überwachung:** Das Bewerten von Ergebnissen und das Aufspüren von Leistungssteigerungen.

❱ **Den Einzelnen motivieren:** Der Einsatz extrinsischer Motivationsquellen, wie zum Beispiel Boni und Anreize, sowie intrinsischer Motivationsquellen, wie zum Beispiel Stolz und Selbstwertgefühl, um das Beste aus der Belegschaft herauszuholen.

❱ **Mitarbeiter organisieren:** Das Sicherstellen eines guten Zeitmanagements und dass persönliche Entwicklungsbedürfnisse berücksichtigt werden.

❱ **Lernen am Modell:** Mit gutem Beispiel vorangehen.

Adair führte an, sein Modell würde herkömmliche Führungsmodelle infrage stellen, weil es zeige, dass gute Führung trainiert werden könne und nicht zwingend eine Eigenschaft sei, die die Führungskraft besitze.

DIE PRAKTISCHE ANWENDUNG

Mithilfe dieser Tipps können Sie die Führungskraft dazu bewegen, ihre Verantwortung vor dem Hintergrund der Aufgabe, der Gruppe und des Einzelnen zu reflektieren:

• Bewegen Sie die Führungskraft dazu, darüber nachzudenken, an welchen aufgabenabhängigen, zielorientierten Tätigkeiten sie beteiligt war. Anschließend soll analysiert werden, wie effektiv die Aufgabe erfüllt wurde und welche Faktoren das Ergebnis beeinflusst haben. Wurde die Aufgabe nicht erfolgreich abgeschlossen, obwohl die Leistungen des Teams und des Einzelnen ausgezeichnet waren, ist es möglich, dass Schwierigkeiten bei der Definition der Ziele oder bei der Planung ihrer Realisierung vorlagen. Die Führungskraft sollte überprüfen, ob die Ziele eindeutig, spezifisch, messbar und realistisch waren. Fragen Sie nach, ob ein Notfallplan für den Fall vorhanden war, dass Probleme mit der Aufgabe auftreten (siehe Theorien 65–67).

- Bewegen Sie die Führungskraft dazu, darüber nachzudenken, welche Gruppenaufgaben sie ausführt. Sie soll sich dabei auf Schritte konzentrieren, die zur Integration und Koordinierung von Aktivitäten und zur Schaffung eines guten Teamgeistes unternommen wurden. Bleibt die Gruppe anschließend noch immer hinter den Erwartungen zurück, könnte es sein, dass die Zusammensetzung der Menschen in der Gruppe (siehe Theorie 74) nicht stimmt oder die Einzelnen sich noch nicht zu einem Team zusammengefunden haben (siehe Theorie 75).

- Bewegen Sie die Führungskraft dazu, darüber nachzudenken, was sie unternommen hat, um einzelne Personen im Team zu fördern. Sie kann dabei die eingesetzten Trainings-, Coaching- oder Mentoring-Methoden beschreiben sowie den Grund für diese Auswahl und die Ergebnisse. Überdies kann sie überprüfen, wie sie einzelne Mitarbeiter motiviert, um das Optimum aus ihnen herauszuholen (siehe Theorien 5–7), und welche Wirkung sie als Vorbild hat (siehe Theorie 22).

- Warnen Sie die Führungskraft, dass die Bedürfnisse der Aufgabe, der Gruppe oder der Person durchaus miteinander kollidieren können. In diesem Fall muss die Führungskraft demjenigen den Vorrang geben, was langfristig gesehen für das Unternehmen am besten ist. Hat die Führungskraft dabei das Gefühl, sie vernachlässige einen oder mehrere ihrer Verantwortungsbereiche, empfehlen Sie ihr, den Ausgleich über einen bestimmten Zeitraum hinweg wieder herzustellen.

FRAGE, DIE SIE SICH STELLEN SOLLTEN

- Konnte ich die Führungskraft von der Notwendigkeit überzeugen, für einen Ausgleich zwischen den drei Bereichen zu sorgen?

THEORIE 57

BERNARD BASS:
TRANSFORMATIONALE FÜHRUNG

Setzen Sie diese Theorie ein, wenn Sie der Führungskraft vermitteln möchten, welche Bedeutung Werte und der Glaube an ihre Rolle haben.

Bernard Bass entwickelte die Theorie der *transformationalen Führung* gemeinsam mit den beiden folgenden Führungsstilen:

• **Die transaktionale Führung:** Wenn Führungskräfte auf ihre Mitarbeiter – abhängig von ihrer Leistung – durch positive oder negative Verstärkung Einfluss ausüben.

• **Der Laissez-faire-Führungsstil:** Wenn Führungskräfte die Verantwortung für die Führung Untergebener außer Kraft setzen.

Bass glaubte, die transformationale Führung würde ihre Anhänger dahingehend verändern, dass sie die Erwartungen übertreffen, indem ein emotionales Band zwischen Führungskraft und Anhänger geknüpft und Begeisterung für eine gemeinsame Mission erzeugt wird. Seiner Ansicht nach können transformationale Führer durch ihre Fähigkeit, Anhänger zu gewinnen, charakterisiert werden.

TRANSFORMATIONALE FÜHRER MOTIVIEREN ANHÄNGER DURCH:

❱ **Idealisierte Beeinflussung:** Wenn man sich so verhält, dass die Menschen es als Vorbild nehmen.
❱ **Inspirierende Motivation:** Wenn man Sinn, Optimismus und Enthusiasmus stiftet.

❭ **Intellektueller Anreiz:** Wenn man Anhänger ermutigt, gewohnte und ineffiziente Routinen zu hinterfragen und neue, kreative Lösungen zu entwickeln.

❭ **Individuelle Berücksichtigung:** Wenn man neue Entwicklungsmöglichkeiten für Anhänger schafft.

Für Bass setzen transformationale Führungskräfte auf Werte und Integrität sowie darauf, die Bedürfnisse, Hoffnungen und den potenziellen Beitrag ihrer Anhänger zu erkennen. Das würde, davon war er überzeugt, das Optimum aus den Anhängern herausholen und zu einer überragenden und nachhaltigen Organisationsleistung führen.

DIE PRAKTISCHE ANWENDUNG

Jemanden zu coachen, der die in Bass' Modell beschriebenen Qualitäten entwickeln soll, wird nicht einfach. Aber wir behandeln hier ja auch schwer verdauliche Kost. Ich durfte schon einige Führungskräfte kennenlernen. Manche strahlten Charisma aus, andere waren einschüchternd, einigen gebührte Anerkennung und wieder andere waren schlicht beängstigend. Durch die Bank weg schienen alle ihre Aufgabe zu erledigen, aber jeder Einzelne übte eine andere Wirkung auf die von ihm geführten Mitarbeiter aus. Um Manipulation oder Ausbeutung geht es bei der transformationalen Führung nicht, sondern vielmehr um Vertrauen und Integrität. Können Sie die Führungskraft, die Sie coachen, nicht davon überzeugen, müssen Sie wahrscheinlich noch einmal ganz am Anfang ansetzen. Erkennt die Führungskraft jedoch, dass sie sich durch Ihr Coaching als Führungskraft entwickelt, dann bekommen Sie hier einige Tipps an die Hand, wie Sie mit ihr zusammenarbeiten können.

• Vermitteln Sie ihr glaubhaft, dass sie sich, unabhängig davon, wie charmant oder charismatisch sie ist, gemäß soliden ethisch-moralischen Werten verhalten muss. Die Führungskraft sollte verstehen, wenn sie all ihre Anhänger respektvoll und integer behandelt, entwickelt sich daraus deren Vertrauen sowie die Bereitschaft, ihr blind zu folgen.

- Zeigen Sie ihr, dass sie ihre Anhänger am besten motivieren kann, wenn sie ein Vorbild ist, Maßstäbe setzt und ihre Anhänger dazu bewegt, an sie zu glauben (siehe Theorie 22). Gelingt es ihr, kann sie davon ausgehen, dass ihre Mitarbeiter sie nachahmen werden wollen oder zumindest dass sie sie niemals im Stich lassen.

- Anhänger stimulieren zu können, setzt bei der Führungskraft einen gewissen Grad an Kreativität voraus. Allerdings sind nicht alle Führungskräfte kreativ. Das soll keine Kritik sein – es ist einfach eine Tatsache. Zeigen Sie der von Ihnen gecoachten Person, dass sie auch ohne Kreativität eine ausgezeichnete Führungskraft sein kann, vorausgesetzt sie nutzt das kreative Talent, das in ihren Anhängern schlummert (siehe Theorie 50).

- Bringen Sie sie dazu, auf die Bedürfnisse ihrer Anhänger zu hören und diese auch zu verstehen (siehe Theorie 17). Große Führungspersönlichkeiten werden für ihre eigenen Mitarbeiter als Coaches und Mentoren fungieren – handeln Sie also selbst als Vorbild und zeigen Sie ihnen, wie man für seine Anhänger ein guter Coach sein kann.

Wenn Sie Bass' These akzeptieren, die transformationale Führung verändere ihre Anhänger dahingehend, dass sie die Erwartungen übertreffen, indem ein emotionales Band zwischen Führungskraft und Anhänger geknüpft und Begeisterung für eine gemeinsame Mission erzeugt wird, dann müssen Sie dieses Prinzip auf ihre Rolle als Coach der Führungskraft anwenden.

FRAGEN, DIE SIE SICH STELLEN SOLLTEN

- **Wie gut hat die Führungskraft aufgenommen, dass sie ihren Führungsstil ändern muss?**
- **Bin ich als ihr Coach immer ein gutes Vorbild?**

RICHARD BOYATZIS: SELBSTGESTEUERTES LERNEN

Setzen Sie diese Theorie ein, wenn Sie die Freiheit der Kunden in Bezug auf das Lernen anerkennen möchten.

Richard Boyatzis war der Ansicht, dass Führungspersonal oftmals in einem Spannungsfeld steht zwischen individuellem Wachstum und den Erwartungen des Unternehmens. Seine Theorie des *selbstgesteuerten Lernens* erkennt daher die Freiheit an, mit der Führungskräfte entscheiden, wer sie sind und wo sie hinwollen. Geprägt ist diese Theorie durch fünf Punkte der Diskontinuität, in der Führungspersönlichkeiten einen Moment der Erkenntnis erfahren, aus dem das Bedürfnis nach Veränderung erwächst.

DIE FÜNF PUNKTE DER DISKONTINUITÄT KÖNNEN WIE FOLGT ZUSAMMENGEFASST WERDEN:

❭ **Vorstellen des idealen Selbst:** Das ist der mögliche Startschuss des Prozesses, wenn die Führungskraft entdeckt, wer sie wirklich sein möchte. Er geht hervor aus ihrem Bild von der Person, die sie sein möchte, aus ihren Träumen und Hoffnungen.
❭ **Erkennen des aktuellen Selbst:** Das ist die Führungskraft, wie andere sie sehen und mit der sie interagieren. In diesem Zustand werden bei der Führungskraft häufig Abwehrmechanismen hervorgerufen, die sie vor einer automatischen Übernahme dessen, was andere über sie denken, schützt.
❭ **Entscheiden, was zu ändern ist:** Das Ziel ist hier, einen Lehrplan zu entwickeln, der nicht nur auf vorhandene Bedürfnisse zugeschnitten ist, sondern auch künftige Veränderungen meistern kann.

❭ Damit experimentieren, die Dinge anders zu tun: An diesem Punkt des Prozesses werden alte Gewohnheiten analysiert und neue Gewohnheiten stellen sich allmählich ein.

❭ Entwickeln produktiver Beziehungen: Führungskräfte müssen Beziehungen zu Menschen aufbauen, denen sie vertrauen, da diese ihnen während des Wandlungsprozesses zur Seite stehen. Effektiv sind diese Beziehungen, wenn sie ein Identitätsgefühl vermitteln und der Führungskraft den Weg zu einem angemessenen und guten Verhalten weisen.

Boyatzis stellte fest, dass die Zukunft einer Führungskraft nicht allein ihrer Kontrolle unterliegt, dass es jedoch in ihrer Macht steht, den Großteil ihrer Entwicklung selbst zu bestimmen.

DIE PRAKTISCHE ANWENDUNG

Diesen Prozess beschreibt Boyatzis als eine Art Offenbarung, als eine Reise der Selbstentdeckung und der Wendepunkte, und er betont, dass es die Reise des Einzelnen ist, nicht die des Coachs. Als Unterstützung in diesem Prozess können die folgenden Tipps dienen:

• Stellen Sie am ersten Punkt der Diskontinuität der Führungskraft Fragen, die sie ermutigen, ihr ideales Selbst zu erkunden und zu formulieren. Sorgen Sie dafür, dass sie die Erwartungen und Anforderungen, die das Unternehmen an sie stellt, kritisch betrachtet. Sie sollten die Bedeutung der vorliegenden Aufgabe nicht unterschätzen. Lassen Sie diese Etappe aus und der gesamte Prozess des selbstgesteuerten Lernens bricht in sich zusammen.

• Der Versuch, das eigene Selbstbild mit dem in Einklang zu bringen, was andere in ihnen sehen, kann sich für diejenigen Führungskräfte als schwierig erweisen, die voller Illusionen bezüglich des eigenen Selbstwertgefühls und Egos sind. Ihre Aufgabe am zweiten Punkt der Diskontinuität ist es, sie wieder zurück auf den Boden der Tatsachen zu holen. Aber gehen Sie behutsam vor. Im einfachsten Fall geben Sie der Führungskraft Feedbacks aus Ihren eigenen Beobachtungen sowie aus den Beobachtungen anderer.

Verkennen Sie nicht die praktischen Probleme, die dieser Schritt mit sich bringt: die Furcht vor Bloßstellung oder Kritik, die die Führungskraft spürt, oder dass andere das Gefühl haben, in Zugzwang zu geraten.

- Am dritten Punkt der Diskontinuität müssen Sie erkennen, dass Führungskräfte nur das lernen werden, was sie lernen wollen. Manchmal argumentieren sie sogar, dass sie diese Führungsposition nicht erreicht hätten, wüssten sie nicht zu unterscheiden, was gut oder schlecht ist, für sie selbst und für das Unternehmen. Ihre Aufgabe ist es, sie dabei zu unterstützen, ihren Lernplan realistisch einzuschätzen, sie dazu zu bewegen, ihre Motivation für die wesentlichen Aspekte des Plans zu untersuchen und sich auf jene Punkte zu konzentrieren, die zum gewünschten Ergebnis führen.

- Den vierten Punkt der Diskontinuität beschreibt Boyatzis als die Metamorphose. Hier müssen Sie die Voraussetzungen dafür schaffen, dass die Führungskraft bisherige Gewohnheiten aufbrechen und mit neuen Gepflogenheiten in relativer Sicherheit experimentieren kann. Das Wissen um den bevorzugten Lernstil der Führungskraft (siehe Theorien 2–4) und das Bemühen, ein Gefühl von psychologischer Sicherheit zu schaffen (siehe Theorie 17), werden ein Klima erzeugen, in dem Führungskräfte frei von Scham und Versagensängsten agieren können.

- Die fünfte Diskontinuität steht im Mittelpunkt des Verfahrens. Die meisten Menschen verbinden entscheidende Veränderungsmomente in ihrem Leben mit der Unterstützung einer anderen Person. Eine Beziehung zu schmieden, die die Führungspersönlichkeit stützt und die auf Vertrauen basiert, ist für den gesamten Prozess daher unverzichtbar.

FRAGE, DIE SIE SICH STELLEN SOLLTEN

- Genieße ich absolutes Vertrauen und den Respekt der von mir gecoachten Person, damit sie die Führungskraft beschreiben kann, die sie sein möchte, wie auch das Leben und die Arbeitssituation, die sie sich für die Zukunft wünscht?

2. BESSER ALS DIE WETTBEWERBER SEIN

EINFÜHRUNG

S eit den frühen 1980er-Jahren hat sich der Begriff *lernende Organisation* zu einem Etikett entwickelt, das für eine Kombination von Ideen aus der organisatorischen Forschung und Praxis verwendet wird. Vermutlich ist es die natürliche Weiterentwicklung der Prinzipien des Qualitätsmanagements (siehe Theorien 68–70), die in den 1970er-Jahren vorherrschten, und der Betonung von Werten und Überzeugungen aus jüngerer Vergangenheit (siehe Theorien 62–64). Sich zu einer lernenden Organisation zu entwickeln, ist ein entscheidender Schritt, um sich gegen den Wettbewerb durchsetzen zu können.

Was eine lernende Organisation ausmacht, gibt allerdings Anlass zu Vermutungen – überwiegend, weil es sich als schwierig erweist, Praxisbeispiele für lernende Organisationen zu identifizieren. Gut möglich, dass die Vision zu sehr einer Idealvorstellung gleicht oder nicht zu den Anforderungen oder der Kultur von Unternehmen passt.

Immerhin scheint aber Einigkeit über das Verfahren zu herrschen, mit dem ein Unternehmen zu einer *lernenden Organisation* wird. Ich möchte zu enträtseln versuchen, was hier gemeint ist. Nehmen wir an, Lernen findet aufgrund des Willens von Einzelpersonen statt, ihr Verhalten durch den Erwerb neuer Fähigkeiten, neuen Wissens oder neuer Erkenntnisse zu verändern. Organisationales Lernen ist das gemeinsam gepflegte Lernen aller Mitarbeiter, die im Auftrag der Organisation tätig sind. Erwartet wird dabei, dass Einzelpersonen als *Lernagent* für die Organisation tätig sind. Diese identifizieren, was unternommen werden muss, um die Organisation so zu transformieren, dass sie auf die Bedürfnisse aller Interessenvertreter („Stakeholder") effektiv reagiert.

In diesem Abschnitt greife ich daher die meines Erachtens bahnbrechendsten Arbeiten zum Thema organisationales Lernen auf. Zudem habe ich versucht, relativ komplex erscheinende theoretische Modelle wie das *Triple-Loop Learning* und das *Systemdenken* mit einem grundlegenden Überblick über die verschiedenen Theorien sowie einigen praktischen Anwendungsschritten auszugleichen.

Wenn Ihnen der ein oder andere Eintrag zusagt und Sie Zeit erübrigen können, empfehle ich Ihnen, die Liste der weiterführenden Literatur durchzugehen und die Bücher zu lesen. Ich verspreche, dass

Sie keines enttäuschend finden werden. Mich selbst hat das Buch von Pedlar, Burgoyne und Boydell (Theorie 59) derart beeindruckt, dass ich einen Termin mit Tom Boydell arrangierte, den er sogar wahrnahm. Dort erzählte er mir in aller Bescheidenheit, dass ihn einmal der Präsident eines afrikanischen Staates gebeten hatte, sein Land in ein *lernendes Land* zu verwandeln. Ihr Vorhaben wird vermutlich nicht ganz so grandios sein. Aber glauben Sie mir: Es ist genauso wichtig für die Menschen, die Ihre Organisation ausmachen, wie es für die Menschen jenes afrikanischen Landes war.

MIKE PEDLAR, JOHN BURGOYNE UND TOM BOYDELL: DAS LERNENDE UNTERNEHMEN

Setzen Sie diese Theorie ein, wenn Sie die Organisation motivieren möchten, ein Verfahren für die Umsetzung und Bewertung eines Transformationsplans einzurichten.

Als Mike Pedlar, John Burgoyne und Tom Boydell ihre wegweisende Arbeit „The Learning Company" (McGraw-Hill, 1997) veröffentlichten, brachten sie eine Generation von öffentlichen und privaten Institutionen hervor, die als *lernende Organisationen* anerkannt sein wollten. Die Prinzipien hinter dem Grundgedanken des *lernenden Unternehmens* gründen auf der Überzeugung, dass sich solch eine Organisation fortwährend verändern muss, um den Bedürfnissen ihrer Kunden und Auftraggeber zu entsprechen.

DIE FÜNF ZU THEMATISIERENDEN SCHWERPUNKTBEREICHE SIND:

❱ **Strategie:** Die bewusste Gestaltung organisatorischer Grundsätze und der Strategie als ein Lernprozess, der alle Mitglieder der Organisation einbindet – in Verbindung mit seiner Umsetzung und Bewertung.

❱ **Konzerninternes Lernen:** Das umfasst die Förderung des Konzeptes, dass sich alle Abteilungen als Kunden und Lieferanten der anderen begreifen. Dann entsteht ein konstruktiver Dialog und sie verhandeln miteinander über und bieten einander einen ausgezeichneten Service.

❱ **Organisationsstrukturen:** Ziel ist hier, Strukturen innerhalb der Organisation zu entwickeln, die nicht nur auf vorhandene Bedürfnisse zugeschnitten sind, sondern auch künftige Veränderungen meistern können.

❱ Konzernübergreifendes Lernen: Dabei sollte genau darauf geachtet werden, was die Konkurrenz und andere Organisationen unternehmen, und in Erfahrung gebracht werden, wie deren Prozesse angepasst und übernommen werden können, damit sie sich für die Organisation eignen.

❱ Lernklima: Hier geht es darum, Menschen zu ermutigen, ihre Kenntnisse und Erfahrungen mit anderen zu teilen, und fortwährend selbst nach beruflichen und persönlichen Entwicklungschancen Ausschau zu halten.

Als die Autoren 1997 die zweite Auflage ihres Buches herausbrachten, räumten sie ein, dass ein vorgestelltes Grundprinzip fehlerhaft war. Das Konzept des fortwährend notwendigen Wandels schien ein potenzielles Rezept für Chaos und Katastrophen in einem Unternehmen zu sein. Sie empfahlen, in ihrer Definition das Wort *fortwährend* durch *bewusst* auszutauschen: Um eine effektive Organisation zu sein, muss sich diese bewusst sein, wo sie steht, und die Bereitschaft beziehungsweise den Wunsch haben, sich ändern zu wollen. Darüber hinaus regten sie an, dass Veränderung schrittweise im Zusammenhang mit Konsolidierungsphasen zunehmen muss: Man sollte sie eher als eine Reihe von Maßnahmen statt als kontinuierliche Kurve ansehen.

DIE PRAKTISCHE ANWENDUNG

Mithilfe dieser Theorie können Sie die Organisation dabei unterstützen, einen Transformationsplan gemeinsam mit einem Prozess zur Umsetzung, Bewertung und Verbesserung zu formulieren. Allerdings ist dies kein Hauruckverfahren, sondern im Verlauf des Prozesses ergeben sich immer wieder Möglichkeiten der Entwicklung, der Ausarbeitung und Überarbeitung. Die folgenden Schritte wären zu beachten:

• Empfehlen Sie der Organisation, eine Strategiegruppe einzurichten, die die Vision für das Unternehmen definieren soll. Ein guter Weg ist dabei, diese Vision als Metapher zu beschreiben. Mit derselben Methode beschreiben Sie, wo das Unternehmen aktuell steht – dann vergleichen Sie die beiden Bilder und besprechen, wie das Unternehmen vom derzeitigen Bild zur Vision gelangen kann. Veranlassen Sie die Strategiegruppe, sich wieder in der Realität einzufinden und sich die Stärken und Schwächen im Unternehmen anzusehen. Konzentrieren Sie sich dabei auf interne Beziehungen, Systeme und Strukturen. Fragen Sie: „Sind sie bei der Realisierung der Vision hilfreich oder behindern sie uns?"

- Lassen Sie die Strategiegruppe anschließend untersuchen, was die Konkurrenz unternimmt. Setzen Sie Maßstäbe für gut gemachte Produkte und Dienstleistungen, die man nachzuahmen beziehungsweise zu übertreffen versuchen sollte. Dann soll sie sich andere Organisationen und deren Maßnahmen vornehmen, nicht nur Wettbewerber, die ähnliche Prozesse haben (zum Beispiel Empfang, Finanz- und Personalwesen), und sie soll Maßstäbe setzen für deren Prozesse, die man versuchen sollte nachzubilden beziehungsweise zu übertreffen.

- Anschließend soll sie das Lernklima innerhalb ihrer Organisation fördern, indem sie Einzelne als Vorbilder aufbaut und Ressourcen und Einrichtungen zur Selbstentwicklung allen Mitgliedern der Organisation zur Verfügung stellt.

- Regen Sie zum Schluss an, dass die Organisation ihre Vision in einer knappen Erklärung, einem sogenannten *Leitbild* formuliert. Das kann einfach gehalten sein, etwa in der Art: „Gut genug ist nicht gut genug – wir müssen uns bemühen, noch besser zu sein." Wenn Ihnen der Einsatz von Metaphern in den Übungen nicht zusagt, lassen Sie den Teil einfach aus und konzentrieren Sie sich auf die Realität.

FRAGEN, DIE SIE SICH STELLEN SOLLTEN

- Habe ich erreicht, dass die Organisation deutlich ihre Vision für das Unternehmen definiert?

- Habe ich angeregt, dass innerhalb der Organisation ein Lernklima entwickelt wird?

- Wie kann ich sie dabei unterstützen, Maßstäbe für das zu setzen, was ihre Konkurrenz unternimmt?

CHRIS ARGYRIS UND DONALD SCHÖN: TRIPLE-LOOP LEARNING

Setzen Sie diese Theorie ein, wenn Sie die Organisation dabei unterstützen möchten, zu lernen, wie man besser ist als die Konkurrenz.

Argyris und Schön beschreiben organisationales Lernen mithilfe eines dreistufigen evolutionären Modells, das aus einer Einfach-, Zweifach- und Dreifachschleife besteht (Single-, Double- und Triple-Loop Learning). Das kann wie folgt dargestellt werden:

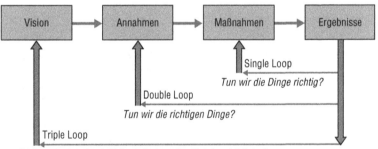

Woher wissen wir mit Sicherheit, dass das Richtige richtig ist?

Quelle: Argyris, C. und Schön, D. (1974): „Theory in Practice: Increasing Professional Effectiveness", Jossey-Bass, San Francisco.

DIE MERKMALE DES SINGLE-, DOUBLE- UND TRIPLE-LOOP LEARNING SIND:

❯ **Single-Loop Learning** steht für das Grundniveau der von einer Organisation eingesetzten Qualitätskontrolle und hängt mit der Fehlererkennung und -korrektur zusammen. Es wird die Frage gestellt: „Tun wir die Dinge richtig?"

❭ **Double-Loop Learning** ist eher auf die Qualitätssicherung ausgerichtet und konzentriert sich daher im gesamten Unternehmen und nicht nur am Leistungsort auf die Fehlerprävention. Es wird die Frage gestellt: „Tun wir die richtigen Dinge?"
❭ **Triple-Loop Learning** stellt die höchste Form der organisationalen Selbstbetrachtung dar und beinhaltet die ständige Hinterfragung der Dienstleistungen sowie die Bestimmung, wo sich das Unternehmen im Markt positionieren sollte. Es wird die Frage gestellt: „Woher wissen wir mit Sicherheit, dass das Richtige richtig ist?"

Argyris und Schön beschreiben, dass für den Triple-Loop-Lernprozess ein höheres Maß an Kreativität notwendig ist und das daraus resultierende organisatorische Lernen sowohl ein interaktives als auch iteratives Verfahren darstellt.

DIE PRAKTISCHE ANWENDUNG

Nicht allein die Qualität eines Produktes oder einer Dienstleistung bestimmt, ob eine Organisation herausragend ist. Aber seien wir doch ehrlich: Sie bildet das Herzstück ihrer Existenz und wenn sie das schon nicht richtig hinbekommt, kann sie gleich einpacken. Viel zu oft liegt der Schwerpunkt auf den alten Prozessen der Qualitätskontrolle, nämlich *Inspektion – Feststellung – Instandsetzung – Schuldzuweisung*: Erst sehen wir uns an, was wir machen, dann finden wir Fehler, die wir anschließend beheben, um dann die Schuld bei einem anderen zu suchen. Wenn es das ist, was die Organisation tut, ist sie beim Single-Loop Learning hängen geblieben. Wie helfen Sie ihr aus der Einfachschleife heraus? Die folgenden Dinge können Sie als ihr Coach anmerken:

- Halten Sie sich nicht mit Schuldzuweisungen auf. Gut – Menschen machen Fehler. Beim Double-Loop Learning geht es im Wesentlichen darum, aus Fehlern zu lernen. Wenn aber immer dieselben Personen die gleichen Fehler wiederholen, werden Sie etwas unternehmen müssen.

- Gut gemacht! Durch die überzeugte Anwendung des Double-Loop Learning konnten Sie die Qualität Ihrer Produkte und Dienstleistungen sichern. Lehnen Sie sich nun zurück und warten Sie auf das Lob. Sicher nicht! Denn auch Ihre Wettbewerber haben Argyris und Schön gelesen und das Gleiche unternommen. Ein Mal stellte mir jemand aus einem unterdurchschnittlich abschneidenden College eine Frage zu einem anderen College, das in der letzten Inspektion durch das britische Office for Standards in Education mit „ausgezeichnet" bewertet worden war. Er erkundigte sich: „Was können wir tun, um zu ihnen aufzuschließen?" Meine nachdenklich Antwort für ihn lautete: „Mir war gar nicht bewusst, dass sie auf euch warten."

• Transformation muss nicht so dramatisch sein, wie die Verwandlung von Bruce Banner in den Hulk. Es können lediglich ein paar Kleinigkeiten betroffen sein. Zum Beispiel könnten die Optik des Empfangsbereichs oder aber Ihr telefonischer Umgang mit Kunden zu verändern sein.

• Warten Sie nicht einfach nur darauf, dass sich die Dinge von allein erledigen. Ist das die Kultur in Ihrer Organisation, dann unternehmen Sie etwas dagegen und suchen Sie selbst nach Bereichen, in denen Verbesserungsbedarf besteht. Für Sie ist es wichtig, aus Fehlern zu lernen. Genauso wichtig ist es, zu sehen, wenn andere etwas Gutes tun, und zu versuchen, daraus zu lernen.

Die wichtigste Information für die von Ihnen gecoachten Personen ist, dass sie nicht alle Antworten kennen und dass sie andere in den Transformationsprozess einbinden sollten.

FRAGEN, DIE SIE SICH STELLEN SOLLTEN

• Habe ich vermitteln können, wie wichtig es ist, sich nicht zurückzulehnen und darauf zu warten, dass sich die Dinge erledigen?

• Ist den Mitarbeitern bewusst, wie unerlässlich es ist, aus Fehlern zu lernen?

THEORIE **61**

PETER SENGE: DIE FÜNFTE DISZIPLIN

Setzen Sie diese Theorie ein, wenn Sie die Organisation dazu befähigen möchten, ihre künftige Handlungsfähigkeit zu verbessern.

Peter Senge wirkte maßgebend in der Analyse dessen, was verschiedene Organisationen unternehmen, um die Lernfähigkeit auszubauen. Weiterhin untersuchte er, wieso einige Organisationen das Lernen besser nutzen als andere. Er stellte fünf Fertigkeiten beziehungsweise Disziplinen vor, die erfüllt sein müssen, um das Potenzial zu erhöhen, ein erfolgreiches Umfeld zu schaffen, in dem die Organisation lernen kann.

DIE EIGENSCHAFTEN DER DISZIPLINEN SIND:

- **Individuelle Selbstentwicklung:** Sie sollte intrinsischer Natur sein und von einer persönlichen Vorstellung von effektivem Arbeiten herrühren.
- **Mentale Modelle:** Dazu zählen die Überzeugungen, Werte und Annahmen, die die Basis der persönlichen Vision bilden.
- **Gemeinsame Vision:** Darunter fallen gemeinsame und kollektive Ziele, das Leitbild und die Werte, die die lernende Organisation kennzeichnen.
- **Lernen im Team:** Basiert auf der Annahme, dass die Intelligenz des Teams die Intelligenz der Individuen im Team übersteigt.
- **Systemdenken:** Die fünfte Disziplin stellt den konzeptuellen Rahmen für Systeme innerhalb der Organisation dar, der alle anderen Disziplinen zusammenhält. Hier geht es um das Verständnis dafür, wie Systeme sich verhalten und mit anderen Systemen interagieren.

Senge vertrat die Ansicht, alle fünf Disziplinen müssten befolgt werden, ansonsten wäre die Intensität des Lernprozesses gefährdet.

DIE PRAKTISCHE ANWENDUNG

Finden Sie heraus, ob die von Ihnen gecoachten Personen die Verbesserung der künftigen Handlungsfähigkeit ihrer Organisation ernsthaft betreiben. Fragen Sie zuallererst: „Was möchten Sie erschaffen? Welche Vision haben Sie für eine exzellente Organisation?" Sich möglichst bald die Zeit zu nehmen, um das zu besprechen, ist ausschlaggebend für den Aufbau gemeinsamer Überzeugungen, für die Freisetzung der Hoffnungen der Menschen und für das Aufspüren von Vorbehalten und Widerständen. Sobald diese Punkte erledigt sind, kann man wie folgt weitermachen:

• Achten Sie darauf, dass ihnen bewusst ist, welche Überzeugungen, Hoffnungen und Widerstände gegen die Veränderung bestehen. Sprechen Sie all diese Punkte an. Scheuen Sie sich nicht, die Menschen bezüglich dieser Überzeugungen zu fordern. Dadurch werden die mentalen Modelle der Menschen für alle deutlich sichtbar und es kann ein gemeinsames Verständnis entstehen.

• Fragen Sie: „Wie viel wissen Sie über sich selbst und die Wirkung, die Ihr Verhalten auf andere hat?" Scheuen Sie sich nicht, sie aufzufordern, dieses Verhalten zu hinterfragen. Mithilfe der in den Theorien 8–10 vorgestellten Kommunikationstechniken können Sie aufzeigen, wie die Qualität der Zusammenarbeit und ihrer Beziehungen innerhalb, aber auch außerhalb ihrer Organisation zu verbessern ist.

• Regen Sie alle Mitglieder der Organisation an, die zuvor beschriebenen Abläufe zu durchlaufen und zu überlegen, wie viel sie über sich selbst und die anderen Mitarbeiter wissen. Sorgen Sie dafür, dass intern belastbare und ehrliche Diskussionen zu den Überzeugungen, Werten und dem Leitbild der Organisation stattfinden.

• Das Nachdenken über die Organisation konnte also in Gang gesetzt werden? Sehr gut. Informieren Sie die gecoachten Personen, sie sollen sich nicht dem Irrglauben hingeben, die wichtigen Leute wären die üblichen Verdächtigen, die zu den monatlichen Sitzungen erscheinen. Wenn sie das annehmen und bisher allem fraglos gefolgt sind, können

Sie ihnen mitteilen, dass sie großartige Mitarbeiter und Teams in einer schlechten Unternehmensstruktur haben.

• Machen Sie sie darauf aufmerksam, dass kein einziger Geschäftsbereich in einer Organisation abgeschottet von anderen arbeitet. Alle Bereiche sind voneinander abhängig. Das bedeutet, nur wenn jeder einzelne Mitarbeiter in einer Organisation darauf hinarbeitet, wird die Organisation zur Exzellenz finden.

FRAGEN, DIE SIE SICH STELLEN SOLLTEN

• Habe ich der Organisation verdeutlicht, dass sie klar definieren muss, was genau sie erreichen möchte?

• Habe ich mein Bestes dabei gegeben, die Menschen bezüglich ihrer Überzeugungen und Annahmen über die Organisation herauszufordern?

• Verstehen sie, wie wichtig es ist, als Kollektiv zu lernen statt als Einzelne?

3. DIE RICHTIGE ARBEITSPLATZ-KULTUR

EINFÜHRUNG

D as Konzept der Organisationskultur hat in den vergangenen 20 Jahren an Bedeutung gewonnen. Teilweise aufgrund der Unzufriedenheit, die bezüglich der Konzentration auf strukturelle und technische Aspekte der Betriebssysteme in einigen Organisationen herrschte, aber zum Teil auch, weil der Schwerpunkt im Werte- und ideologischen Bild verlagert worden ist.

Nur was genau ist unter dem Begriff *Kultur* zu verstehen? Vor einiger Zeit erkundigte ich mich bei den Führungskräften des mittleren Managements eines großen britischen Automobilherstellers, was der Begriff Kultur für sie bedeutet. Ihre Antworten reichten von „Werte und Überzeugungen" bis hin zu „die pelzigen Teilchen, die übers Wochenende in der Tasse wachsen, wenn man sie nicht spült". Ich bestätigte ihnen, dass Werte und Überzeugungen selbstverständlich die Kultur beeinflussen und dass selbst der Hauch von Penizillin, der in der Tasse wächst, verdeutlicht, dass Kultur etwas Organisches ist.

Diesen Teil des Buches zu schreiben, fiel mir am schwersten. Nicht weil es an guten Theorien zum Thema mangelt, sondern weil es wirklich großartige Theorien im Überfluss gibt. Acht Einträge über die Unternehmenskultur sind in das Buch „Der 5-Minuten-Manager: Die wichtigsten Management-Theorien auf den Punkt" (Börsenmedien AG, 2014) eingegangen, und wir hätten diese Zahl verdoppeln oder verdreifachen können. Hier habe ich mich auf gerade mal drei Einträge beschränkt. Ich hatte die Qual der Wahl – wie bin ich also bei der Entscheidung vorgegangen?

Mit den Konzepten wollte ich das Spektrum der Definitionen abdecken, die beschreiben, was die Organisation *ist* (wie sie wahrgenommen wird) und was die Organisation *hat* (ihre Werte und Überzeugungen). Darüber hinaus sollte eine Theorie den herkömmlichen pragmatischen Ansatz vermitteln und zwei Theorien zeitgenössischere *unorthodoxere* Konzepte.

THEORIE **62**

EDGAR SCHEIN: DAS KULTUREBENEN-MODELL

Setzen Sie dieses Modell ein, wenn Sie der Organisation begreiflich machen möchten, welche Werte und Überzeugungen sie vertritt.

Edgar Schein argumentiert, dass die Kultur innerhalb einer Organisation bestimmt wird durch eine Reihe von Grundüberzeugungen, von denen die Organisation annimmt, dass sie die Organisation definieren. Diese Überzeugungen, so glaubt Schein, werden von drei unabhängigen Ebenen geformt, die zusammengenommen die Kultur einer Organisation ausmachen. Diese sind:

Quelle: Schein, E.H. (1992): „Organizational Culture and Leadership", Jossey-Bass, San Francisco.

DIE EINZELNEN EBENEN KÖNNEN WIE FOLGT ZUSAMMENGEFASST WERDEN:

❭ Artefakte: Rituale, Mythen und Legenden, die über die Organisation existieren und eine Botschaft nach außen vermitteln, was diese Organisation zu einem guten oder schlechten Arbeitsplatz macht.

❭ **Öffentlich propagierte Werte:** Ein Richtlinienpaket (formell und informell) für Manager und Belegschaft über angemessenes Verhalten.
❭ **Grundlegende Annahmen:** Häufig vorausgesetzte Auffassungen, die alle gegenüber der Organisation hegen.

Die Schein'sche Theorie regt an, dass diese Ebenen bewusst oder unbewusst in den Köpfen der Menschen verankert sein können und – auch wenn sie konstruiert sein mögen – für die Betroffenen nicht minder real sind.

DIE PRAKTISCHE ANWENDUNG

Scheins Kulturtheorie ist wahrscheinlich die am häufigsten zitierte. Gelegentlich wird er auch als der *Gründervater* der Organisationskultur bezeichnet. Die folgenden Tipps unterstützen Sie bei der Umsetzung der Schein'schen Theorie:

• Damit die von Ihnen gecoachten Personen die in ihrem Unternehmen vorherrschende Kultur verstehen, ist es zunächst wichtig, zu begreifen, wie die Stakeholder die Organisation sehen. Raten Sie der Organisation dazu, sich zu Anfang ein umfassendes Bild von den vorhandenen kulturellen Anhaltspunkten zu machen. Mit aufmerksamen Augen durch das Unternehmen zu gehen und zu beobachten, wie alles läuft, ist ein guter Anfang.

• Dabei soll sich die Organisation auf das Offensichtliche konzentrieren: die sichtbaren Hinweise. Bringen Sie sie dazu, Schlüsselfragen zu stellen, wie zum Beispiel: „Wäre ich hier angestellt, welche Eindrücke hätte ich von der Organisation? Würde ich hier gerne arbeiten? Sind Arbeitsbereiche überladen und unordentlich? Bewegen und handeln die Mitarbeiter unternehmerisch?"

• Anschließend sollte sie unter die Oberfläche schauen und Werte und Grundannahmen überprüfen. Sie sollten ihr dabei deutlich machen, dass sie dazu mit den Mitarbeitern wird reden müssen. Sich eine Methode zurechtzulegen, die das ermöglicht und gleichzeitig die besten Ergebnisse erzielt, ist entscheidend. Ein persönliches Gespräch wird das Beste sein – möglicherweise aber zu zeitaufwendig. Workshops eignen sich hervorragend für eine große Gruppe, sind einigen jedoch nicht vertraulich genug, wenn man missliebige Ansichten ausdrücken möchte.

- Ist man zu einer Erkenntnis über die Organisationskultur gelangt, bitten Sie sie nach einem Urteil, inwieweit sich dieses Wissen in ihre Grundüberzeugung, wie die Organisation aussehen sollte, einfügt. Hierfür eignet sich insbesondere die MBWA-Methode (Management By Walking Around, Management durch Herumgehen); ermutigen Sie die Manager dazu.

- Erläutern Sie ihnen, dass MBWA eine gute Möglichkeit ist, den Kontakt zu halten zu den Ansichten der Menschen über die Organisation. Empfehlen Sie ihnen gleichzeitig, nicht ziellos herumzuwandern. Sie sollten darauf achten, bei jedem Rundgang ein Ziel zu verfolgen sowie auf das zu hören, was man ihnen mitteilt, und anschließend danach zu handeln. Ich kann Ihnen ein gutes Beispiel dafür geben: Ein guter Freund von mir, gleichzeitig der Rektor eines großen Colleges, trat sein Büro den Mitarbeitern ab, damit sie es als Gemeinschaftsraum nutzen konnten. Immer wieder ging er auf Rundgang, setzte sich gelegentlich zu den Mitarbeitern in den Gemeinschaftsraum, manchmal zu den Lernenden in die Mensa oder auch zu den Lehrern ins Klassenzimmer. Dabei erfuhr er eine Menge darüber, was das Personal und die Lernenden von dem College hielten. Und ein weiterer Vorteil war – so erzählte er mir –, er wurde nicht mehr jeden Tag mit Dutzenden überflüssiger Telefonate und E-Mails belästigt.

FRAGEN, DIE SIE SICH STELLEN SOLLTEN

- Gibt sich die Organisation mit dem zufrieden, was oberflächlich zu sehen ist?
- Wie kann ich sie dazu bewegen, gründlich nachzuhaken, um zu erfahren, was die Menschen wirklich von der Organisation halten?

CARL STEINHOFF UND ROBERT OWENS: KULTURELLE METAPHERN

Setzen Sie dieses Modell ein, wenn Sie die Organisation dabei unterstützen möchten, die Meinung der Menschen über den Sinn und Zweck der Organisation festzustellen.

Carl Steinhoff und Robert Owens entwickelten vier Metaphern (*Familie, Maschine, Zirkus* und *Der kleine Horrorladen*), die sie als *Phänotypen* bezeichnen und die möglicherweise vorhandene Kulturen in Organisationen charakterisieren. Die von mir in *Chaos* oder *Kontrolle* sowie *Kollektiv* oder *Individuum* eingeteilten Kulturen finden Sie hier:

	Kollektiv	**Individuum**
Kontrolle	Familie	Maschine
Chaos	Zirkus	Der kleine Horrorladen

Um aufzuzeigen, welche Extreme in den einzelnen Kategorien vorhanden sein können, habe ich die Metaphern angepasst.

DIE METAPHERN ZUM AUFZEIGEN VON EXTREMEN SIND:

❯ Die Familie: Die Organisation wird über die Beziehungen gesehen, die dort existieren. Es können kuschelige und eng verbundene Teams wie die Waltons oder zerrüttete wie die Simpsons sein.

❭ **Die Maschine:** Die Organisation wird rein im Sinne eines Fertigungsbandes betrachtet. Dabei könnte es sich um ein gut geöltes Unternehmen handeln, das Qualitätsprodukte herstellt, wie zum Beispiel Rolls-Royce (ein Auto, das synonym für das Wort „Qualität" steht), oder um den Hersteller des Trabants (der in einer Autozeitung beschrieben wurde als das „hohle Hirngespinst eines Autos, das aus recyceltem Nichts gebaut wurde").

❭ **Der Zirkus:** Die Organisation wird über die künstlerische und intellektuelle Qualität ihrer Belegschaft betrachtet. Der Manager wird entweder als Zeremonienmeister angesehen (der ein wachsames Auge auf die Künstler hat) oder als Selbstdarsteller (stellt seine künstlerische Fähigkeit über die der anderen Künstler).

❭ **Der kleine Horrorladen:** Die Organisation wird unter den Aspekten ihrer Unvorhersehbarkeit und chaotischen Natur betrachtet. In dieser Kultur leiden Organisationen entweder unter dem Napoleon-Komplex (der Dominanz und Kontrolle verursacht) oder unter Jekyll-und-Hyde-Persönlichkeiten (die Unsicherheit und Chaos verbreiten).

DIE PRAKTISCHE ANWENDUNG

Ist der Einsatz derartiger Metaphern nicht einfach herrlich? Nein? Na ja, man kann es nicht jedem recht machen. Wenn das nicht ganz Ihre Kragenweite ist (Entschuldigung, noch eine Metapher), dann lassen Sie diesen Eintrag außen vor. Was jedoch schade wäre, denn den Leuten nahezubringen, ihre Situation über Metaphern zu erschließen, kann eine äußerst wirksame und produktive Übung sein.

• Beginnen Sie damit, den Leuten anhand Steinhoffs und Owens *Phänotypen* einen Einblick in den Einsatz von Metaphern zu geben. Die Bitte, ihre Organisation mit den *Waltons* und den *Simpson* oder mit dem *Rolls-Royce* und dem *Trabant* zu vergleichen, ist sicherlich einleuchtend.

• Händigen Sie jedem Mitarbeiter in der Organisation (auch in kleinen Gruppen, wenn die Organisation groß ist) einige Flipchart-Blätter aus und bitten Sie sie, die Kultur der Organisation in einem Bild darauf

festzuhalten. Wundern Sie sich nicht, wenn Sie einen Gutteil an ver-
störenden Bildern zu sehen bekommen (Ameisen, die über einen Mist-
haufen krabbeln, oder Blumen mit Reißzähnen habe ich zum Beispiel
schon gesehen).

- Bitten Sie die Künstler anschließend, zu erklären, was die Zeichnungen
  bedeuten. Gehen Sie sie der Reihe nach durch und versuchen Sie herauszufinden, wo das Problem liegt. Blumen mit Reißzähnen hängen
  im Allgemeinen mit versteckten Drohungen zusammen. Die Interpretation anderer Bilder überlasse ich Ihnen. Holen Sie sich die Meinung
  anderer Mitglieder darüber ein, was sie über das Bild denken und wie
  man damit umgehen sollte (in der Blumenmetapher könnte ein Ansatzpunkt sein, die Zähne zu ziehen).

- An diesem Punkt können Sie getrost wieder in die Realität zurückkehren
  und damit beginnen, einige der echten Probleme in Angriff zu nehmen.
  Die Bedrohung mag vielleicht nicht gänzlich aus der Welt zu schaffen
  sein, eventuell können Sie aber etwas zur Minderung beitragen.

Auch wenn ich in diesem Eintrag Steinhoff und Owens vorgezogen habe,
gibt es eine ganze Palette großartiger Metaphern zu entdecken. Insbe-
sondere Gareth Morgan stellt einige herausragende Bilder in seinem Buch
„Images of Organisations" vor. Vermutlich hat mich ihr Bild vom *kleinen
Horrorladen* überzeugt wie auch dasjenige, das ich von meinem alten
College-Rektor hatte: nämlich das einer blutsaugenden, fleischfressenden
Pflanze. Aber das ist eine andere Geschichte ...

FRAGEN, DIE SIE SICH STELLEN SOLLTEN

- Fühlen sich die von mir gecoachten Personen wohl dabei,
  Metaphern einzusetzen?
- Welche anderen Methoden könnte ich verwenden, um den
  Denkprozess über die Kultur in ihrer Organisation
  anzuregen?

THEORIE **64**

CHARLES HANDY: KULTURGÖTTER

Setzen Sie diese Theorie ein, wenn Sie einer Organisation zeigen möchten, wie Persönlichkeiten die Organisationskultur beeinflussen können.

Laut Charles Handy kann die Metapher der antiken griechischen Götter sich bei der Darstellung von Persönlichkeiten als nützlich erweisen, die Einfluss darauf haben, wie eine Organisation nach innen und nach außen wahrgenommen wird. Hinsichtlich der Punkte „unterstützend/richtungsweisend" und „Anteilnahme/Eigeninteresse" lassen sie sich folgendermaßen einstufen:

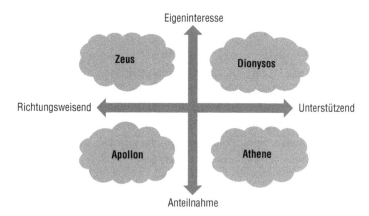

DIE EIGENSCHAFTEN DER EINZELNEN GÖTTER KÖNNEN WIE FOLGT ZUSAMMENGEFASST WERDEN:

❱ Zeus (Spinnennetz- oder Klubkultur): Die Macht konzentriert sich in den Händen eines Einzelnen. Führungspersönlichkeiten werden durch Macht angetrieben, sind stark und charismatisch.

❭ **Apollon (Rollenkultur):** Die Machtstruktur ist hierarchisch und in den Rollen definiert, die die Menschen ausfüllen. Führungskräfte sind gut organisiert und berechenbar, logisch und analytisch.

❭ **Athene (Aufgabenkultur):** Die Macht leitet sich aus der für die Erfüllung der Aufgaben notwendigen Expertise ab. Führer sind weise, ehrgeizig und gute Problemlöser.

❭ **Dionysos (Existenzielle Kultur):** Die Macht liegt bei Einzelpersonen in der Organisation. Führungskräfte sind eigennützig und nur schwer zu beeinflussen.

Handy gab an, auch wenn in einer Organisation eine Kombination aller Kulturen vorhanden sein mag, wird wahrscheinlich eine davon dominieren.

DIE PRAKTISCHE ANWENDUNG

Es tut mir leid, wenn Sie kein Fußballfan sind. Allerdings schreibe ich an diesem Eintrag kurz vor dem Ende der englischen Fußballsaison, in der es vier Teams unter sich ausmachen, wer Premier-League-Meister wird. Alle vier Mannschaften haben Trainer, deren Persönlichkeiten sich völlig voneinander unterscheiden, was sich auch in der Kultur ihrer jeweiligen Clubs widerspiegelt.

• **Arsène Wenger**, Trainer von Arsenal FC, ist der am längsten in der Premier League tätige Trainer und hat eine beinahe uneinnehmbare Stellung im Club. Nach Handys Typologie wäre er eine *Zeus*-ähnliche Figur, die in einer Spinnennetzkultur agiert, in der gilt: Wehe dem, der ihn verärgert.

• **Manuel Pellegrini**, Trainer von Manchester City FC, ist noch relativ neu im Club. Er hat eine der teuersten Mannschaften des Landes übernommen, blieb aber der Struktur, die unter dem vorherigen Manager eingeführt wurde, treu. Er verfolgt eine geordnete und analytische Herangehensweise an das Spiel, was Handy wohl als *Apollon*-ähnlich bezeichnen würde.

- **Brendan Rodgers**, Trainer des FC Liverpool, ist der Neuling, der das Problem bewältigen musste, einen Club mit großen Hoffnungen und einigen talentierten, aber launischen Spielern zusammenwachsen zu lassen. Rogers' Fähigkeit, diese Probleme zu lösen und ein Team mit Meisterschaftspotenzial zu formen, würde ihn wahrscheinlich als *Athene* klassifizieren.

- **José Mourinho**, Trainer bei Chelsea London, trägt den Spitznamen *der Auserwählte*. Er verfügt über eine Truppe talentierter Individuen, die nicht immer als Team funktionieren. Wahrscheinlich würde Handy ihn aufgrund seines Eigeninteresses und seines schwer zu beeinflussenden Wesens als *Dionysos*-Typ einordnen.

Nutzen Sie dieses Modell und das Beispiel aus dem Fußball, um der Organisation die verschiedenen in ihr existierenden Kulturen bewusst zu machen. Betonen Sie dabei, dass effektive Interventionen für einen Ausgleich unter den vier Kulturen sorgen und dabei gleichzeitig der dominanten Kultur treu bleiben müssen. Weisen Sie darauf hin, dass effektive Organisationen lernen, zwischen den verschiedenen Kulturen, die in der Organisation existieren können, Brücken zu schlagen: zusammenarbeitende statt wettstreitende Kräfte aufzubauen.

FRAGEN, DIE SIE SICH STELLEN SOLLTEN

- Kann die von mir gecoachte Organisation beurteilen, welche Kulturen für sie am besten funktionieren?
- Ist ihr bewusst, wie Führungskräfte die Kultur der Organisation beeinflussen?

4. BESSER PLANEN

EINFÜHRUNG

I n dem Buch „Der 5-Minuten-Manager: Die wichtigsten Management-Theorien auf den Punkt" (Börsenmedien AG, 2014) konnten wir zwölf Modelle zum Thema Strategisches Management vorstellen. Eines hatten all diese Modelle gemeinsam: Sie vermittelten, wie wichtig es ist, dass Organisationen die Bedürfnisse und Erwartungen ihrer Kunden kennenlernen. Erklären Sie den Menschen, mit denen sie zusammenarbeiten, dass es zwei Arten der Planung gibt, an denen sie teilhaben werden − sofern sie verantwortlich sind für die Entwicklung der Unternehmensplanung:

• die **operative** Planung, die kurzfristige Entscheidungen abdeckt;

• die **strategische** Planung, bei der es um die langfristige Entwicklung geht.

Für dieses Kapitel habe ich mir drei Modelle angesehen, die entweder für die operative oder für die strategische Planung von Nutzen sind. Je nach Funktion, die die Person in der Organisation einnimmt, kann eines der Modelle für sie wichtiger sein als die anderen − dennoch sind alle nützlich, denn wenn man versteht, wie wichtig kurzfristige Entscheidungen sind, wird sich das auf die langfristige strategische Entwicklung und umgekehrt auswirken.

GERRY JOHNSON UND KEVAN SCHOLES: DIE SIEBEN PHASEN DER STRATEGISCHEN PLANUNG

Setzen Sie diese Theorie ein, wenn die Organisation Schlüsselphasen des Planungsprozesses ermitteln soll.

Gerry Johnson und Kevan Scholes entwickelten ein siebenstufiges Konzept, mit dessen Hilfe – so waren sie überzeugt – ein umfassender und strukturierter Strategieplan erstellt werden kann.

DIE SCHLÜSSELPUNKTE DER EINZELNEN PHASEN SIND:

- ❭ **Leitbild:** Eine Vision, wie die Organisation aussehen sollte, und die Entschlossenheit, das zu erreichen.
- ❭ **Zielvorgaben:** Ermitteln Sie, welche Zielvorgaben zur Realisierung der Vision erfüllt sein müssen.
- ❭ **Ziele:** Zerlegen Sie diese Zielvorgaben in spezifische, messbare, annehmbare, realistische und terminierte Ziele.
- ❭ **Strategie:** Entscheiden Sie, welche Maßnahmen zur Erfüllung der Ziele notwendig sind.
- ❭ **Maßnahmen:** Führen Sie die Strategie aus.
- ❭ **Kontrolle:** Richten Sie ein Verfahren für die Bewertung des Fortschritts ein.
- ❭ **Belohnungen:** Feiern Sie Erfolge.

Johnson und Scholes betonten die Rolle, die Stakeholder in jeder einzelnen dieser Phasen einnehmen müssen, und präsentierten nach weiteren Forschungen ein Stakeholder-Mapping-Modell, das die einzelnen Interessenvertreter nach ihren jeweiligen Macht- und Interessenniveaus einstufte.

DIE PRAKTISCHE ANWENDUNG

Möglicherweise haben Sie schon von den bekannten britischen Sportlern Chris Hoy und Bradley Wiggins gehört. Als Ergebnis ihrer Verdienste für den Radsport wurden beide von der Königin von England zum Ritter geschlagen. Weit weniger bekannt wird ein weiterer radelnder Ritter sein – David Brailsford: das Genie (und diesen Begriff verwende ich niemals leichtfertig) hinter den Erfolgen der britischen Radrennsportler in den vergangenen fünf Jahren. Brailsford schrieb diese Erfolge den Fähigkeiten und dem Wissen zu, die er sich während seines MBA-Studiums angeeignet hat. Ich bin mir relativ sicher, dass er in seinem Studium irgendwann einmal auch Johnson und Scholes gelesen haben muss – wegen seines akribischen Planungsansatzes.

Alles begann mit seiner kühnen Mission, eine ganze Reihe WM- und olympische Goldmedaillen zu gewinnen und das zu erreichen, was noch kein anderer britischer Radfahrer auch nur im Entferntesten geschafft hat: die Tour de France für sich zu entscheiden. Sein Ziel war, das innerhalb von fünf Jahren zu schaffen; er brauchte nur drei. Er legte anspruchsvolle Ziele fest und verfolgte bei allem konsequent die winzigsten Vorteile: bei den Rädern, beim Fitnessgrad der Radfahrer, bei ihrer Kleidung, ihrer Ernährung und bei der Teamarbeit. Er nannte das einmal die Kumulation marginaler Gewinne. Seine Sorgfalt bei der Messung dieser Gewinne wurde deutlich, als Wiggins die Ziellinie überquerte und als erster britischer Gewinner in die Geschichte der Tour de France einging; denn er stellte sicher, dass er zuerst den Knopf auf seiner Stoppuhr drückte, bevor er die Fäuste vor Freude in die Luft riss.

Kann sich die Organisation, die Sie coachen, mit Brailsford messen? Kann sie ihre Vision für die Organisation definieren? Kann sie sie für jedermann deutlich beschreiben und grafisch darstellen? Wenn eine klare Vision besteht, können Sie die Organisation mithilfe der folgenden Tipps unterstützen:

• Bewegen Sie sie dazu, Zielvorgaben zu definieren, die zur Realisierung dieser Vision erreicht werden müssen. Muss die Produkt- beziehungsweise

Dienstleistungsqualität erhöht werden? Möchte sie umweltfreundlicher werden? Möchte sie eine größere Produkt- beziehungsweise Dienstleistungspalette anbieten?

- Bitten Sie sie, die Zielvorgaben in spezifische, messbare, ausführbare, realistische und terminierte Ziele zu zerlegen. Achten Sie darauf, dass sie sich einen Prozess zurechtlegt, um die Fortschritte zu messen. Sorgen Sie dafür, dass die Organisation ermittelt, wer in die Realisierung der Ziele eingebunden werden muss. Anschließend muss sie Aufgaben definieren, die von Einzelpersonen auszuführen sind, deren Leistung überwachen und etwaige Defizite beim Vergleich der Ist-Soll-Leistung ansprechen.

- Zeigen Sie die Bedeutung auf, nicht darauf zu warten, bis die Vision realisiert wurde, sondern kleine Erfolge *auf dem Weg dorthin* zu feiern und den Beitrag der Mitarbeiter anzuerkennen. War die Vision einfach zu erreichen, war sie womöglich nicht aufregend oder anspruchsvoll genug, was zu Selbstgefälligkeit führen kann. Verfehlt man die Vision, kann das bedeuten, dass die Mitarbeiter zu ehrgeizig waren, was Niedergeschlagenheit hervorrufen kann.

FRAGEN, DIE SIE SICH STELLEN SOLLTEN

- Habe ich die Organisation davon überzeugt, eine eindeutige Vision zu haben, wo das Unternehmen hinsteuern soll?

- Habe ich ihr bei der Definition der Ziele (in Bezug auf das Akronym SMART) geholfen, die zur Realisierung dieser Vision nötig sind?

DIE MCKINSEY GROUP:
DAS 7-S-MODELL

Setzen Sie dieses Modell ein, um aufzuzeigen, wie die Brauchbarkeit von Schlüsselelementen im Unternehmen zu definieren und bewerten ist.

Das 7-S-Modell wurde von einem für die McKinsey Consulting Group arbeitenden Team entwickelt. Es beschreibt die Beziehung zwischen sieben Schlüsselelementen, die für die Entwicklung des Wohlergehens einer beliebigen Organisation unerlässlich sind. Das Zusammenspiel dieser Elemente wird für gewöhnlich so dargestellt:

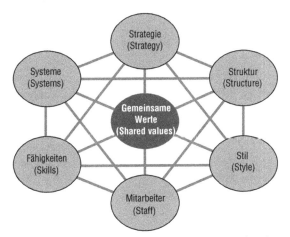

Quelle: Waterman, R.H., Peters, T.J. und Phillips, J.R. (1980): „Structure is not an organization", *Business Horizons* 23(3), S. 14–26.

DIE EIGENSCHAFTEN DER EINZELNEN ELEMENTE KÖNNEN WIE FOLGT ZUSAMMENGEFASST WERDEN:

> **Strategie:** Hier geht es darum, effektive Planungsprozesse zu haben.
> **Struktur:** So interagieren die verschiedenen Abteilungen miteinander.
> **Stil:** So geht die Organisation an ihre Arbeit heran.
> **Mitarbeiter:** Hier geht es darum, wie Mitarbeiter angeworben und in der Organisation gefördert werden.
> **Fähigkeiten:** Hier geht es darum, in der Organisation über den richtigen Qualifikationsmix zu verfügen.
> **Systeme:** Das sind die Verfahren, Prozesse und Routinen, die in der Organisation eingesetzt werden.
> **Gemeinsame Werte:** Hierbei handelt es sich um den Kern des Modells, der alles miteinander verbindet; dafür steht die Organisation.

Laut der McKinsey Group führen Änderungen an einem Element zu einer Kettenreaktion bei allen anderen Elementen.

DIE PRAKTISCHE ANWENDUNG

Dieses Modell ist nicht so komplex, wie es auf den ersten Blick scheint. Es definiert die Schlüsselbereiche, die innerhalb der Organisation wichtig sind, und unterstreicht, wie die einzelnen Bereiche sich auf die jeweils anderen sechs auswirken. Der Teufel steckt in der Anwendung. Damit das Modell effektiv eingesetzt werden kann, müssen Sie der Organisation anraten, jedes Element einzeln zu betrachten, und ihr eine Reihe kniffliger Fragen stellen.

* **Strategie:** Fragen Sie: (a) Erfolgt die Planung in der Organisation kurzfristig, ziellos und als Reaktion auf ein Ereignis? Oder (b) besteht eine klare Vision dessen, was erreicht werden muss und wie es zu erreichen ist?

* **Struktur:** Fragen Sie: (a) Herrschen Verwirrung über die Aufgabenverteilung, mangelhafte Kommunikation zwischen den Abteilungen und Zielkonflikte? Oder (b) herrscht Einigkeit darüber, wer in der Organisation verantwortlich und rechenschaftspflichtig ist, und besteht eine gute Kommunikation zwischen den Abteilungen sowie eine gemeinsame Zielvorstellung?

- **Stil:** Fragen Sie: (a) Gibt es Subkulturen, die unabhängig funktionieren und verschiedene Ansätze verfolgen? Oder (b) gibt es eine feste Zusage, zusammenzuarbeiten, sowie eine gemeinsame Herangehensweise?

- **Mitarbeiter:** Fragen Sie: (a) Gibt es eine ungleichartige Herangehensweise an die Personalbeschaffung und einen Mangel an Weiterbildungsmaßnahmen? Oder (b) sind gute Abläufe für die Auswahl, Motivation und Weiterbildung der Mitarbeiter vorhanden?

- **Fähigkeiten:** Fragen Sie: (a) Fehlen den Mitarbeitern die für den Job angemessenen Fähigkeiten? Oder (b) sind die Fähigkeiten ausreichend, um die Arbeit effektiv zu erledigen?

- **Systeme:** Fragen Sie: (a) Sind diesbezüglich nur Lippenbekenntnisse zu hören? Oder (b) hält sich jeder daran?

- **Gemeinsame Werte:** Fragen Sie: (a) Besteht ein interner Konflikt und ein mangelndes Bekenntnis zur Vision? Oder (b) kooperieren alle, um die Vision zu realisieren?

Ist zu erkennen, dass die Antworten häufiger zu den (a)-Fragen tendieren, müssen Sie mit der Organisation überlegen, wie man diese Punkte ansprechen kann, denn es besteht die Gefahr, dass alles zerstört wird. Favorisiert man hingegen die (b)-Antworten, wird eine positive Auswirkung auf die anderen Elemente einsetzen.

FRAGEN, DIE SIE SICH STELLEN SOLLTEN

- Konnte ich die Organisation von der Notwendigkeit überzeugen, anspruchsvolle Fragen in allen Bereichen des Geschäftes zu stellen?

- Wie kann ich sicherstellen, dass sie auf die Antworten zu diesen Fragen reagiert?

THEORIE 67

MARY BITNER UND BERNARD BOOMS: DIE 7 P DES MARKETINGMIX

Setzen Sie diese Theorie ein, um aufzuzeigen, was unternommen werden muss, um ein Produkt beziehungsweise eine Dienstleistung erfolgreich zu machen.

Der *Marketingmix* ist ein berühmtes Planungsinstrument, das eingesetzt wird, um Unternehmen zu verdeutlichen, welche Entscheidungen sie bei der Markteinführung eines Produktes oder einer Dienstleistung treffen müssen. Mary Bitner und Bernard Booms erweiterten die klassischen vier Säulen von Jerome McCarthy [Product (Produkt), Place (Vertrieb), Price (Preis) und Promotion (Kommunikation)] zu folgendem Modell:

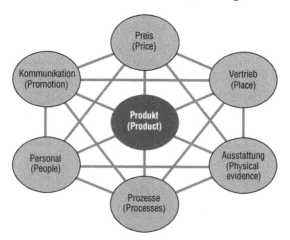

Quelle: Booms, B.H. und Bitner, M.J. (1981): „Marketing strategies and organisation structures for service firms", in: Donnelly, J. und George, W.R. (eds.) „Marketing of Services", American Marketing Association, Chicago, Illinois, S. 47–51.

DIE 7 P KÖNNEN ÜBER EINE REIHE WESENTLICHER FRAGEN ERSCHLOSSEN WERDEN:

❭ **Produkt (Product):** Bietet das Unternehmen die Produkte beziehungsweise Dienstleistungen an, die zu den Marktanforderungen passen?

❭ **Vertrieb (Place):** Haben Kunden bei Bedarf Zugriff auf das Produkt oder die Dienstleistung?

❭ **Preis (Price):** Hat das Unternehmen für das Produkt oder die Dienstleistung einen realistischen Wert angesetzt?

❭ **Kommunikation (Promotion):** Vermittelt das Unternehmen den Kunden die richtige Botschaft über das Produkt oder die Dienstleistung?

❭ **Personal (People):** Verfügt das Unternehmen über den richtigen Mix an Kompetenzen, um Produkt- und Dienstleistungsqualität zu gewährleisten?

❭ **Prozesse (Processes):** Sind die im Unternehmen eingesetzten Verfahren, Prozesse und Routinen effizient und effektiv?

❭ **Ausstattung (Physical evidence):** Können sich alle Kunden und Lieferanten das richtige Bild vom Unternehmen machen?

Wie Bitner und Booms betonen, muss man verstehen, dass jedes einzelne P in Abhängigkeit zu allen anderen steht. Ein großartiges Produkt, das überteuert ist, auf das niemand zugreifen kann und dem es am richtigen Kommunikations- und Vertriebsteam mangelt, kann in die Katastrophe führen.

Steht man im Zentrum des Tian'anmen-Platzes in Peking, hat man einen wunderbaren Blick auf die Große Halle des Volkes, die Verbotene Stadt, das Mao-Zedong-Mausoleum und ein McDonald's-Schild. Als in Moskau das erste McDonald's-Restaurant eröffnet wurde, waren die Schlangen länger als diejenigen für Lenins Mausoleum. Natürlich trifft es das Marketingteam von McDonald's auch nicht immer. Für den Start ihrer Marketingkampagne in China setzte es die Markenikone Ronald als Dreh- und Angelpunkt der Werbeaktion ein. Unglücklicherweise ignorierte es damit, dass die Chinesen Schwierigkeiten haben, ein R auszusprechen, und dass das weiße Gesicht des Clowns in China symbolisch für die Totenmaske steht!

DIE PRAKTISCHE ANWENDUNG

Damit Ihr Unternehmen nicht die gleichen Fehler begeht wie McDonald's in China, können diese vier grundlegenden Schritte eingeleitet werden:

- Überzeugen Sie das Unternehmen davon, zwingend Marktforschung zu betreiben, um sicherzugehen, dass seine Produkte und Dienstleistungen den Anforderungen der Kunden entsprechen.

- Sie müssen ihm deutlich machen, dass es eine Sache ist, zu wissen, was die Kunden wünschen, aber eine völlig andere, über die richtigen Mitarbeiter und Prozesse zu verfügen, um dem auch entsprechen zu können.

- Bewegen Sie es dazu, jede einzelne der 7-P-Variablen nacheinander zu untersuchen und anschließend zu bestimmen, welche Kombination von Maßnahmen ein Gleichgewicht schafft zwischen Angebot und Nachfrage.

- Zu guter Letzt ermutigen Sie das Unternehmen, dieses Arrangement kontinuierlich zu hinterfragen und wenn nötig Änderungen vorzunehmen, bis es den für sich optimalen Mix erreicht hat.

Im Marketing macht McDonald's selten etwas falsch. Wenn es aber doch passiert, dann im *Big-Mac*-Stil.

FRAGEN, DIE SIE SICH STELLEN SOLLTEN

- Habe ich dem Unternehmen vermitteln können, wie wichtig es ist, Marktforschung zu betreiben, um sicherzugehen, dass seine Produkte und Dienstleistungen den Anforderungen der Kunden entsprechen?

- Hat es jede einzelne Variable untersucht und bestimmt, welche Maßnahmenkombination im Hinblick auf die 7 P ein Gleichgewicht zwischen Angebot und Nachfrage schafft?

5. QUALITÄT MANAGEN

EINFÜHRUNG

B itten Sie eine Gruppe von Personen, Ihnen den Namen einer Quali-
tätsuhr oder eines Qualitätsautos zu nennen, dann ist es sehr wahrscheinlich, dass Produkte wie Rolex und Rolls-Royce weit oben auf der
Liste stehen. Das liegt an der Tendenz, Qualität über den Preis und das
Prestige zu messen. Die Auswirkungen sind, dass die meisten Menschen,
die sich solch einen Luxus nicht leisten können, der Qualität beraubt werden. Daher dürfen wir Qualität nicht anhand der obigen Begriffe messen,
sondern im Hinblick auf die *Zwecktauglichkeit*: Erfüllt das Produkt oder die
Dienstleistung den gewünschten Zweck und kann man in Sachen Preis
und Verfügbarkeit darauf zugreifen?

Die Theoretiker für dieses Kapitel auszusuchen, war wohl die einfachste
Aufgabe. Wie jeder philosophische Diskurs sich am Ende auf die drei großen Griechen (Aristoteles, Plato und Sokrates) bezieht, so hege ich keine
Zweifel, dass die drei großen Amerikaner (Deming, Crosby und Juran) in
den 1970er- und 1980er-Jahren mehr zu unserem Verständnis des Qualitätsmanagements beigetragen haben als alles, was danach folgte. Sie
haben nicht nur über dieses Thema geschrieben; sie revolutionierten die
Art, wie Industrie und Handel Qualität auffassten, gründlich.

Insbesondere Demings Verdienst, die japanische Industrie von einer
Lachnummer in ein Synonym für Qualität zu verwandeln, war derart
beeindruckend, dass ich mich in den 1990er-Jahren veranlasst gefühlt
habe, Mitglied in der Deming Society zu werden. Er ist immer noch der
einzige Mann aus dem Westen, der den japanischen Verdienstorden
für seine Arbeit in der Industrie verliehen bekommen hat. In Demings,
Crosbys und Jurans Arbeit steckt so viel mehr als das, was ich in diesem
Kapitel abdecken konnte, dass eine weitergehende Lektüre durchaus zu
empfehlen ist. Wenn Sie das Unternehmen unter dem Aspekt „Qualität
managen" coachen, ist hier ausreichend Material aufgeführt, mit dem Sie
den Prozess beginnen können, sowie einige wichtige Punkte, die Sie im
Unternehmen ansprechen müssen.

THEORIE 68

JOSEPH JURAN: DIE 80-20-REGEL: DIE ENTSCHEIDENDEN WENIGEN UND DIE BELANGLOSE MASSE

Setzen Sie diese Theorie ein, wenn Sie der Organisation zeigen möchten, wie man geschätzte Kunden behält.

Die 80-20-Regel wird gelegentlich auch *Pareto-Prinzip* genannt. Vilfredo Pareto, ein italienischer Ökonom, wandte seine Regel an, um aufzuzeigen, dass sich in Italien 80 Prozent des Vermögens im Besitz von 20 Prozent der Bevölkerung befanden. Der Qualitätsguru der 1980er-Jahre, Joseph Juran, wandte diese Regel im wirtschaftlichen Bereich an, um die Bedeutung *der entscheidenden Wenigen und der belanglosen Masse* darzustellen und zu demonstrieren, in welchen Bereich ein Unternehmen seine Anstrengungen konzentrieren muss, um maximale Resultate zu erzielen.

Für Juran ist die praktische Anwendung dieser Regel einfach.

ZUM BEISPIEL:

❱ 80 Prozent des Umsatzes eines Unternehmens werden mit 20 Prozent seiner Kunden erzielt. Folglich sollte man sich auf die 20 Prozent konzentrieren, die die meisten Produkte oder Dienstleistungen kaufen.
❱ 80 Prozent der Personalprobleme eines Unternehmens werden von 20 Prozent seiner Arbeitskräfte verursacht. Kümmern Sie sich also um die 20 Prozent, die die meisten Schwierigkeiten bereiten.
❱ 80 Prozent der Produktivität eines Unternehmens werden an 20 Prozent seiner Belegschaft hängen. Achten Sie folglich darauf, sie entsprechend zu belohnen.

Juran warnt eindringlich davor, sich mit diesen 80 Prozent zufriedenzugeben. Wenn es das Ziel sei, gerade so viel zu tun, um den Job zu erledigen, dann könnten 80 Prozent Aufwand ausreichen. Der Erfolg kann allerdings davon abhängen, wie Sie mit den übrigen 20 Prozent umgehen.

DIE PRAKTISCHE ANWENDUNG

Es ist schon unheimlich, wie oft die *Pareto-Regel* zum Zuge kommt. Natürlich nur, wenn das Unternehmen anerkennt, dass es sich hierbei um kein präzises Maß handelt und das Verhältnis auch bei 75 zu 25 oder 85 zu 15 liegen könnte. Betonen Sie, dass das wertvollste Gut, das dem Unternehmen zur Verfügung steht, *Zeit* ist. Erarbeiten Sie daher eine Methode, wie man am besten mit den *20-Prozentern* umgeht. Wenn es sich hierbei um positive Faktoren im Unternehmen handelt, muss nach Wegen gesucht werden, wie man diese nutzen kann. Sind es dagegen negative Faktoren, muss überlegt werden, wie sie zu eliminieren sind. Achten Sie darauf, dass man sich professionell mit ihnen befasst.

Im Folgenden finden Sie einige einfache Schritte, mit denen Sie das Unternehmen überzeugen können, die 80-20-Regel zu nutzen:

- Als Erstes bewegen Sie das Unternehmen dazu, die Probleme zu identifizieren, die gelöst werden müssen.

- Als Nächstes soll es sich bei der Belegschaft sowie den Kunden und Lieferanten erkundigen, wie diese zu den Problemen stehen.

- Jedes Problem sollte anschließend auf einer Skala von 1 (geringfügig) bis 10 (erheblich) bewertet werden.

- Unterstützen Sie das Unternehmen dabei, die Ursache für jedes einzelne Problem festzustellen. Sobald das Unternehmen die Schwierigkeiten in den Griff bekommen hat, soll es die Probleme nach Grundursachen gruppieren und die Bewertungen für jede Gruppe addieren.

- Überzeugen Sie das Unternehmen, 80 Prozent seiner verfügbaren Zeit mit der Bearbeitung der oberen 20 Prozent der Gruppen mit der höchsten Punktzahl zu verbringen.

Machen Sie deutlich, dass die verbleibende Zeit auf die übrigen 80 Prozent der Probleme verwandt werden kann. Dass man aber nicht vergessen sollte, dass die Gruppen mit niedriger Punktzahl den Aufwand womöglich nicht wert sind, weil die Lösung dieser Probleme mehr kosten kann als die Lösungen einbringen.

> Als ich einmal von der Rektorin eines Colleges gebeten wurde, sie bei der Einführung neuer Maßnahmen in der Organisation zu unterstützen, riet ich ihr zu einer leichten Abwandlung der 80-20-Regel. Ich informierte sie, dass zehn Prozent ihres Personals glühende Unterstützer ihrer Maßnahmen und weitere zehn Prozent leidenschaftliche Gegner sein würden. Die Mitarbeiter in den beiden entgegengesetzten 10-Prozent-Gruppen standen im Grunde schon fest: Die Unterstützer saßen schon im Boot, während nichts und niemand die Gegner überzeugen würde, sich zu fügen. Ich riet ihr also, sich auf die 80 Prozent in der Mitte zu konzentrieren, denn sie würden wir brauchen, um die Maßnahmen durchzudrücken. Sie befolgte meinen Rat. Und das College entwickelte sich innerhalb von drei Jahren von einer Note 3 der Behörde für Bildungsstandards (Office for Standards in Education – OFSTED) zu einer Note 1.

Zum Schluss noch eine Warnung: Sie sollten nicht denken, dass dieses Prinzip sich dafür ausspricht, man müsse nur 80 Prozent der notwendigen Arbeit erledigen.

FRAGEN, DIE SIE SICH STELLEN SOLLTEN

> - Wie konsequent habe ich die Organisation aufgefordert, ihre Kundenbasis zu analysieren?
> - Ist es mir gelungen, die Organisation dazu zu bewegen, sich auf die 20 Prozent ihrer Kunden zu konzentrieren, auf die es ankommt?

THEORIE **69**

WILLIAM EDWARDS DEMING: 14 SCHRITTE ZUM QUALITÄTSMANAGEMENT

Setzen Sie diese Theorie ein, um der Organisation zu demonstrieren, was sie zur Qualitätssteigerung ihrer Produkte und Dienstleistungen unternehmen muss.

William Deming gehörte zu den einflussreichsten Befürwortern des umfassenden Qualitätsmanagements. Er gab an, dass Manager zu 85 Prozent die Verantwortung für die Qualität ihrer Produkte tragen und Arbeitskräfte zu 15 Prozent. Er behauptete weiterhin, seine *14 Punkte* zum Qualitätsmanagement würden ein neues Denken in Organisationen anstoßen, was wiederum zu einer größeren Kundenzufriedenheit führen würde.

DIESE 14 PUNKTE KÖNNEN WIE FOLGT ZUSAMMENGEFASST WERDEN:

❭ Entwickeln Sie ein Leitbild, dem sich alle Manager verpflichten.
❭ Akzeptieren Sie keine Ausreden für Irrtümer, Verzögerungen, Mängel und Fehler.
❭ Verlassen Sie sich nicht darauf, dass eine Masseninspektion die Qualität verbessert.
❭ Setzen Sie ausschließlich Lieferanten ein, die Qualitätsprodukte herstellen beziehungsweise Qualitätsdienstleistungen erbringen.
❭ Achten Sie auf kontinuierliche Verbesserungen in Ihren Prozessen.
❭ Bieten Sie Ihrer gesamten Belegschaft angemessene Schulungsmaßnahmen an.
❭ Führen Sie den partizipativen Führungsstil ein.

❭ Schaffen Sie ein Klima des Vertrauens im gesamten Unternehmen.
❭ Bauen Sie die Schranken zwischen den Abteilungen ab.
❭ Schütteln Sie Slogans und Mitarbeiterziele ab.
❭ Stellen Sie keine willkürlichen Quoten auf, die die Qualität beeinträchtigen.
❭ Räumen Sie Hindernisse aus dem Weg, die bewirken, dass Menschen auf ihre Arbeit nicht stolz sein können.
❭ Fördern Sie eine kontinuierliche berufliche Weiterbildung für alle.
❭ Holen Sie sich von allen die Verpflichtung zur Umsetzung der obigen Punkte ein.

Laut Deming kommen gravierende Verbesserungen in der Produkt- oder Dienstleistungsqualität von Managern, die das System verbessern, und nicht von Arbeitern, die ihre eigene Leistung erhöhen.

DIE PRAKTISCHE ANWENDUNG

Die Frage sollte vermutlich lauten: „Was ist besser? Eine Organisation mit großartigen Prozessen, aber einem schlechten Produkt? Oder ein Unternehmen mit schlechten Prozessen, aber einem großartigen Produkt?"

Hier finden Sie einige Tipps, die Sie einsetzen können, wenn das für die Organisation, die Sie coachen, ein Problem ist:

• Bewegen Sie die Organisation dazu, bei der Entwicklung von Produkten und Dienstleistungen stets die Qualität zu bedenken, um die Kundennachfrage zu bedienen. Dasselbe gilt auch für Prozesse, damit sie effizient und effektiv funktionieren.

• Achten Sie darauf, zu vermitteln, dass Qualität von jedem Einzelnen abhängig ist und dass deshalb Teams aus eng verbundenen und verantwortungsvollen Arbeitskräften entstehen müssen. Sorgen Sie dafür, dass auf kontinuierliche Verbesserungen bei Prozessen und Produkten geachtet wird. Selbst wenn es nur minimale Veränderungen sind, zusammengenommen können sie sich massiv auswirken.

• Vermitteln Sie den Verantwortlichen, dass die Organisation Teil einer internen, aber auch externen Lieferkette ist, bei der die Qualität des Endproduktes von jedem einzelnen Glied abhängig ist.

• Sie sollten vor allem sicherstellen, dass sich das gehobene Management zu den obigen Schritten bekennt.

Es gibt Unternehmen, von denen werden Sie hören: „So haben wir das immer schon gemacht" oder „Repariere nichts, was nicht kaputt ist". Sie könnten ihnen antworten: „Das ist nicht genug" und „Dann schauen Sie nicht genau genug hin: Reparieren Sie es trotzdem".

FRAGEN, DIE SIE SICH STELLEN SOLLTEN

• Habe ich dem Unternehmen vermitteln können, dass Qualitätsverbesserungen von Managern herrühren, die das System überarbeiten?

• Habe ich die Zusage der Geschäftsleitung, dass sie hinter der Qualitätsverbesserung steht?

THEORIE 70

PHIL CROSBY: DAS REIFEGRADMODELL – MATURITY GRID

Setzen Sie dieses Modell ein als Grundlage, das Unternehmen bei der Entwicklung eines Qualitätsprogrammes zu unterstützen.

Phil Crosby gehörte zu einer Gruppe von *Qualitätsgurus*, zu der auch William Edwards Deming und Joseph Juran gehörten, die in den 1970er-Jahren eine Qualitätsrevolution auslösten und zu den Architekten der Bewegung des Total Quality Management (TQM) wurden. Er entwickelte zwei Konzepte, die in der TQM-Bewegung zu Standardaussagen wurden. Nämlich erstens: *Qualität kostet nichts* beziehungsweise *Fehler verursachen Kosten (Kosten der Unqualität)* in Form von Garantieansprüchen und schlechter Publicity, die Unternehmen durch Waren geringerer Qualität entstehen. Und zweitens die Bedeutung, *es gleich beim ersten Mal richtig zu machen* und *immer wieder*.

Diese beiden Säulen betonen die Wichtigkeit, dass Unternehmen einen gewissen operativen Reifegrad erreichen, indem sie sich von der *Unwissenheit* und *Ungewissheit* hin zu *Weisheit* und *Gewissheit* entwickeln.

CROSBYS REIFEGRADMODELL KANN FOLGENDERMASSEN ZUSAMMENGEFASST WERDEN:

) **Ungewissheit:** Das Unternehmen weiß nicht, warum es ein Qualitätsproblem hat.

) **Aufwachen:** Das Unternehmen beginnt allmählich zu verstehen, weshalb die Leistung in diesen Bereichen schlecht ist.

❭ **Erleuchtung:** Das Unternehmen stellt ausreichend Ressourcen zur Behebung der Probleme bereit.

❭ **Weisheit:** Das Unternehmen vermeidet von vornherein, dass Fehler auftreten.

❭ **Gewissheit:** Das Unternehmen ist sich gewiss, dass es keine Qualitätsprobleme hat.

DIE PRAKTISCHE ANWENDUNG

Als vollberechtigtes Mitglied der Deming Society (ja, es gibt tatsächlich eine) komme ich mir beinahe wie ein Verräter vor, wenn ich andere Modelle – wie zum Beispiel dasjenige von Crosby – vorstelle. Dieses Modell habe ich gewählt, weil mir Crosbys Analogie gefiel, dass Qualität viel gemeinsam hat mit Sex:

> *Jedermann will es, jedermann glaubt, er wisse alles darüber, jedermann denkt, dass es nur eine Sache des natürlichen Instinkts ist und dass Fehler nur vom Partner gemacht werden.*

Helfen Sie einem Unternehmen bei der Anwendung dieser Theorie, indem Sie

- es dazu bewegen, Allianzen mit allen Managern zu bilden und die Mitarbeiter zu unterstützen, die die Verpflichtung spüren, Qualitätsarbeit zu leisten,

- es ermutigen, sich zu überlegen, wo sich das Unternehmen auf dem Weg von der *Ungewissheit* zur *Gewissheit* befindet [in Crosbys Buch „Quality is free" (Penguin, 1980) gibt es eine Testmöglichkeit dafür],

- ihm sagen, dass es nicht in Panik verfallen muss, wenn die Antwort darauf zeigt, dass sich das Unternehmen noch im unteren Bereich der Reifegradmatrix (*Erwachen*) befindet,

- es dazu bewegen, die vorhandenen Probleme zu akzeptieren, denn nur dadurch kann man etwas dagegen unternehmen (*Erleuchtung*),

- es ermutigen, ein System zu entwickeln, das das Auftreten von Quali-
  tätsproblemen vermeidet, anstatt immer nur auf darauf zu reagieren
  (*Weisheit*).

Nachdem ich Ihnen nun gezeigt habe, wie Sie die Qualitätsprobleme des
Unternehmens aus der Welt schaffen können, könnten wir uns nun mit
dem Thema Sex beschäftigen.

FRAGEN, DIE SIE SICH STELLEN SOLLTEN

- **Ist mir bewusst, wo sich das Unternehmen auf der
  Reifegradmatrix befindet?**

- **Habe ich dem Unternehmen vermitteln können, dass der
  Weg von der Ungewissheit zur Gewissheit bezüglich der
  Produkt- und Dienstleistungsqualität über die Stationen
  Aufwachen, Erleuchtung und Weisheit führt?**

6. AUF VERÄNDERUNG REAGIEREN

EINFÜHRUNG

Für viele Menschen ist Veränderung schmerzvoll und/oder unbequem: Sie bevorzugen es, in ihrer Komfortzone zu bleiben, oder aber sie verstehen die Gründe für die Veränderung nicht. Wie Veränderung wahrgenommen wird, ist für jeden von uns verschieden: Was für den einen frisch und stimulierend wirkt, kann für den anderen eine ernste Störung sein. Auch in unserer Fähigkeit, dem Unbekannten zu begegnen und mit der Ungewissheit, die Teil der Veränderung ist, umzugehen, unterscheiden wir uns. Ich bin mir darüber im Klaren, dass dieses Kapitel nicht im Mindesten alle Themen abdecken kann, mit denen Sie – als jemand, der einen Veränderungsvorgang durchmacht oder lenkt – konfrontiert sind. Aber es wird Ihnen ein besseres Verständnis für die Probleme vermitteln, vor denen Menschen stehen, wenn sie eine Veränderung bewältigen müssen, und einige nützliche Instrumente vorstellen, mit deren Hilfe Sie einen Veränderungsprozess steuern können.

Veränderung anzuführen, ist jedoch nicht leicht. Dafür ist es erforderlich, sowohl das interne als auch das externe Umfeld nach Trends, die sich auf das Unternehmen auswirken können, zu überprüfen und diese zu verstehen. Einige dieser Trends können einen positiven Effekt auf das Unternehmen haben, während andere den Prozess behindern. In dem Buch „Der 5-Minuten-Manager: Die wichtigsten Management-Theorien auf den Punkt" (Börsenmedien AG, 2014) untersuchten wir acht einzigartige Modelle zum Thema Change Management. Dort sind auch Abschnitte zu herkömmlicheren Werkzeugen für die Umweltbewertung enthalten, wie die Swot- und die PEST-Analyse, die sich als unbezahlbar für diejenigen erweisen, die den Veränderungsprozess leiten. Wenn es in all diesen Modellen gemeinsame Elemente gibt, dann sind sie wie folgt zusammenzufassen:

• Wichtig ist, die notwendige Veränderung festzustellen: Achten Sie folglich darauf, dass Belege und Daten den Änderungsbedarf bestätigen.

• Jeder nimmt Veränderung unterschiedlich wahr: Machen Sie sich daher bewusst, für einige gilt sie als erfrischend und stimulierend, anderen hingegen sitzt bei dem Gedanken daran die Angst im Nacken.

- Mit einer soliden Ausgangsbasis die Veränderung zu planen, ist unerlässlich: Sie müssen sich bewusst sein, *wie* die Veränderung stattfindet
und *was* verändert wird.

- Entscheidend ist eine effektive Kommunikation, denn mit ihr können die Vision und die aus der Veränderung erwarteten Ergebnisse
deutlich gemacht werden.

Für dieses Kapitel habe ich drei Modelle ausgesucht, die den Wandel sowohl aus organisatorischer als auch aus persönlicher Sicht erschließen.

JOHN KOTTER:
DAS 8-STUFEN-MODELL

Setzen Sie dieses Modell ein, um dem Unternehmen zu vermitteln, dass der Aufbau eines stabilen Fundaments für einen effektiven Veränderungsprozess wesentlich ist.

John Kotter regte an, dass die Leitung eines Veränderungsprozesses beinhaltet, die Richtung vorzugeben, Mitarbeiter zu harmonisieren, anschließend zu motivieren und sie zur Umsetzung der geplanten Umgestaltungen anzuspornen. Dafür entwickelte er ein achtstufiges Modell.

DIESES MODELL IST WIE FOLGT ZUSAMMENZUFASSEN:

❭ **Ein Gefühl der Dringlichkeit erzeugen:** Ermitteln Sie die Herausforderungen, denen sich das Unternehmen gegenübersieht.
❭ **Eine Führungskoalition aufbauen:** Holen Sie sich die richtigen Leute mit ins Boot, die über die Macht verfügen, den Wandel umzusetzen.
❭ **Eine Vision des Wandels entwickeln:** Knüpfen Sie Ihre Pläne für den Wandel an eine aufregende Vision, mit der sich die Menschen identifizieren können.
❭ **Die Vision des Wandels kommunizieren:** Sprechen Sie mit Mitarbeitern und Kunden häufig und begeistert über die Vision.
❭ **Hindernisse aus dem Weg räumen:** Ändern Sie Menschen, Prozesse oder Protokolle, die Ihre Vision untergraben – nötigenfalls befreien Sie sich von ihnen.
❭ **Schnelle Erfolge erzielen:** Erfolgsgeschichten gleich zu Beginn des Prozesses halten die Leute bei der Stange.
❭ **Erfolge sicherstellen:** Legen Sie die Hände nicht in den Schoß, wenn sich die Leistung verbessert – behalten Sie das langfristige Ziel im Auge.

❱ **Veränderungen verankern:** Machen Sie die Veränderungen zu einem Bestandteil der Organisationskultur.

Die wesentlichen Zutaten für einen erfolgreichen Wandel sind Kotters Ansicht nach harte Arbeit, eine sorgfältige Planung und der Aufbau eines starken Fundaments.

DIE PRAKTISCHE ANWENDUNG

Als Business-Coach sollten Sie die Organisation darüber informieren, dass die Planung des Wandels grundsätzlich einfacher ist als die Umsetzung. Warum das so ist? Weil die Handlungsgliederung lediglich die Sammlung und Auswertung von Daten erfordert, an der Umsetzung jedoch Menschen beteiligt sind. Selbst Kotters Modell betont die Notwendigkeit, die Mitarbeiter zu begeistern, damit sie sich einbringen und Eigenverantwortung übernehmen. Diese Tipps helfen Ihnen dabei, das Modell effektiv zu nutzen:

• Beginnen kann das Unternehmen damit, sich ein Bild davon zu machen, was unternommen werden muss und welche Auswirkung der Wandel auf die Mitarbeiter haben wird. Erinnern Sie es daran, sich nicht nur die Zahlen anzusehen, sondern auch die Wahrnehmung der Mitarbeiter bezüglich des Veränderungsbedarfs.

• Raten Sie dem Unternehmen, einen *Change Agent* zu ernennen, der sich für den Veränderungsprozess einsetzt, und die Schlüsselfiguren zu identifizieren, die den Wandel unterstützen können, und sie mit dem *Change Agent* zusammenarbeiten zu lassen.

• Achten Sie darauf, dass eine eindeutige Vision vorhanden ist, wie die Organisation letztlich aussehen soll. Vielleicht kann diese Vision in einer Stellungnahme ausgedrückt werden. Gelegentlich hört man hierfür den Ausdruck „formulierte Vision" – und dann wird alles zunichtegemacht, indem dieselben Leute eine halbseitige Absichtserklärung vorweisen. Der Teufel steckt nicht im Detail (was aber noch kommen kann), sondern in der Klarheit der Vision.

- Helfen Sie dem Unternehmen, die möglicherweise vorhandenen Hindernisse (Menschen, Prozesse oder Protokolle) zu erkennen und sie entweder zu modifizieren oder (in Extremfällen) sich ihrer zu entledigen.

- Unterstützen Sie das Unternehmen dabei, einige kostengünstige, schnelle Erfolge zu erzielen. Geben Sie zu bedenken, dass einzelne Fehlschläge oder unbeabsichtigte Konsequenzen eine gute Lernerfahrung darstellen können, und ermutigen Sie das Unternehmen, mit diesen offen umzugehen. Versichern Sie ihm, dass diese raschen Erfolge nicht der Anfang vom Ende sind, sondern vielmehr das Ende des Anfangs darstellen; daher sollte es diese konsolidieren und sich weiterhin fest auf das langfristige Ziel konzentrieren. Weisen Sie darauf hin, dass es zeitaufwendig ist.

Einer meiner Freunde ist Geschäftsführer eines alteingesessenen Metallbau-Unternehmens. Er sagte mir, dass er wusste, dass er eine Veränderung der Einstellung bei seinen Arbeitern erreicht hatte, als sie morgens als Erstes „ihre Maschinen einschalteten, noch bevor sie den Wasserkocher aufsetzten". Diesen Punkt zu erreichen, hat ihn lediglich fünf Jahre gekostet!

FRAGEN, DIE SIE SICH STELLEN SOLLTEN

- Habe ich dem Unternehmen vermitteln können, wie wichtig es ist, sich ein Bild davon zu machen, was unternommen werden muss und welche Auswirkung der Wandel auf die Mitarbeiter haben wird?

- Hat das Unternehmen dieses Bild in einer Vision für das zukünftige Unternehmen formuliert?

- Hat es einen geeigneten *Change Agent* bestellt, der den Veränderungsprozess vertritt?

THEORIE 72

ELISABETH KÜBLER-ROSS: DIE FÜNF PHASEN DER TRAUER

Setzen Sie dieses Modell ein, wenn Sie der Organisation die Reaktionen der Menschen auf den Wandel begreiflich machen möchten.

Elisabeth Kübler-Ross beschrieb fünf Reaktionen, die zeigen, wie Menschen sich bei tragischen Nachrichten verhalten. Diese Reaktionen bezeichnete sie als *Bewältigungsmechanismen*, die Menschen normalerweise durchleben müssen, bevor die Akzeptanz der Nachricht einsetzen kann.

DIE EINZELNEN REAKTIONEN KÖNNEN WIE FOLGT ZUSAMMENGEFASST WERDEN:

> **Nicht-wahrhaben-Wollen:** Eine bewusste oder unbewusste Fassungslosigkeit und die Weigerung, die Veränderung zu akzeptieren. Körperliche Reaktionen darauf sind unter anderem Erstarrung und Schock.
> **Zorn:** Sobald Menschen beginnen, die Veränderung als real anzusehen, wandelt sich das Nicht-wahrhaben-Wollen in Unmut oder Angst. Möglicherweise lassen sie ihren Zorn an anderen aus oder verinnerlichen ihn und beginnen, sich selbst zu beschuldigen.
> **Verhandeln:** Dies ist der Wendepunkt, je weiter die Akzeptanz der Veränderung fortschreitet. Man beginnt zu testen und zu erkunden, was die Veränderung für einen selbst bedeutet, und löst entweder die Probleme oder schiebt das Unvermeidliche hinaus.
> **Depression:** Hat das Verhandeln nicht angeschlagen, wird man hier von der Realität eingeholt. An diesem Punkt macht man sich immer stärker etwaige Verluste bewusst, die mit dem Wandel in Verbindung gebracht werden können. Man kann sich niedergeschlagen oder deprimiert fühlen.

❭ **Akzeptanz:** Die Menschen realisieren, dass das Ankämpfen gegen die Veränderung nicht bewirken wird, dass sie sich in Luft auflöst. An diesem Punkt angelangt, spürt man eine Resignation gegenüber der Veränderung und die Bereitschaft, sie umzusetzen.

Kübler-Ross erklärte, dass die Menschen diese Phasen nicht Schritt für Schritt durchlaufen. Manche Menschen bleiben in einer Phase stecken oder kehren zurück in eine Phase, in der sie sich schon einmal befanden.

DIE PRAKTISCHE ANWENDUNG

Mit den folgenden Schritten können Sie Ihre Rolle beim Coachen des Unternehmens in diesem Prozess erkunden:

• **Nicht-wahrhaben-Wollen:** Unabhängig davon, wie gut der Wandel geplant wurde und wie wichtig dieser für das Unternehmen ist – Ihre Aufgabe ist es, zu verdeutlichen, dass Menschen Zeit brauchen, um sich darauf einzustellen. Legen Sie dem Unternehmen nahe, Änderungsvorschläge so bald wie möglich mit der Belegschaft zu besprechen. Raten Sie ihm, darauf zu achten, den Mitarbeitern alle notwendigen Informationen bereitzustellen; und unterstützen Sie es, ihnen die Tragweite dessen zu vermitteln, was vor sich geht, und wo man zusätzliche Hilfestellung erhält.

• **Zorn:** Das hier ist die *Gefahrenzone* für alle Beteiligten. Warnen Sie das Unternehmen vor: Wenn es in dieser Phase patzt, kann das einen freien Fall in die Krise oder ins Chaos bewirken. Achten Sie darauf, dass die Auswirkungen auf und die Bedenken der Mitarbeiter sorgfältig in Betracht gezogen werden. Geben Sie zu bedenken, dass wahrscheinlich nicht alle Einwände ausgeräumt werden können. Aber genau auf das zu hören, was die Mitarbeiter zu sagen haben, und ihre Reaktionen wahrzunehmen, wird ihren Zorn verringern.

• **Verhandeln:** Das kann der Wendepunkt für das Unternehmen und die Einzelpersonen sein. Ermahnen Sie es jedoch, dass das nicht der Anfang vom Ende ist, sondern lediglich das Ende des Anfangs. Erzielt man in dieser Phase erfolgreiche Ergebnisse, wird das die Menschen zur *Akzeptanz* antreiben. Das sollte man sich allerdings nicht zu Kopf steigen lassen, denn wenn während des Verhandelns keine Probleme gelöst werden, könnten die Menschen zurückfallen in die Phase des *Zorns* oder gar in die *Depression* abgleiten.

- **Depression:** Raten Sie dem Unternehmen, nach Anzeichen der Demotivierung und Ungewissheit Ausschau zu halten. Mitarbeiter könnten kündigen oder sie werden unproduktiv. Krankheitsbedingte und sonstige Fehlzeiten können ansteigen. Das mag noch nicht das Ende der geplanten Veränderung sein, doch es erfordert jede Menge Selbstreflexion vom Unternehmen, um entscheiden zu können, ob die Veränderung abgebrochen wird oder ob die Mitarbeiter den Wandel nicht doch widerwillig hinnehmen.

- **Akzeptanz:** Wenn die Mitarbeiter nach der Phase des *Verhandelns* hier angelangt sind, können Sie dem Unternehmen mitteilen, dass es mit hoher Wahrscheinlichkeit seine Mitarbeiter mit im Boot sitzen hat. Kommen die Mitarbeiter aus der Phase der Depression, können sie gegenüber der Veränderung eine resignierte Haltung einnehmen und eine widerwillige Akzeptanz, dass sie auch eintritt. Das wird für die Beteiligten keine allzu glückliche Zeit sein. Raten Sie der Unternehmensleitung daher, einfühlsam damit umzugehen. Machen Sie ihr deutlich, dass auch sie ein Opfer der nächsten Veränderung sein kann.

Erinnern Sie sich an zwei Begebenheiten, wo Sie mit Veränderungen umgehen mussten. Wählen Sie jeweils ein Beispiel mit positivem und eines mit negativem Ergebnis.

FRAGEN, DIE SIE SICH STELLEN SOLLTEN

- **Welchen Beitrag habe ich dazu geleistet, dass das Ergebnis gut oder schlecht war?**
- **Könnte ich jetzt anders mit der Situation umgehen?**

JOHN FISHER:
DIE ÜBERGANGSKURVE

Setzen Sie dieses Modell ein, wenn Sie den Mitarbeitern im Unternehmen helfen möchten, die Reflexion als Auftakt zur Veränderung zu nutzen.

Wie eine Organisation mit Veränderung umgeht, hängt nach John Fisher davon ab, wer der Initiator des Wandels ist und inwieweit die Organisation die fraglichen Ereignisse kontrollieren kann. Unabhängig davon, wie klein die Veränderung ist, trägt sie das Potenzial in sich, große Auswirkungen auf die Mitarbeiter der Organisation, auf ihr Selbstverständnis und die darauf folgende Leistung zu haben. Diese Wirkung beschreibt Fisher in einer Reihe von Ereignissen des Übergangs, die in diesem Beispiel dargestellt sind:

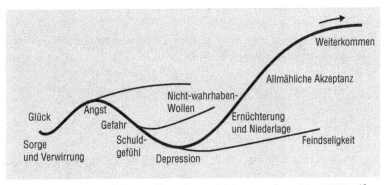

Quelle: www.businessballs.com/freepdfmaterials/processoftransitionJF2012.pdf

DIE EINZELNEN REAKTIONEN KÖNNEN WIE FOLGT ZUSAMMENGEFASST WERDEN:

❭ Sorge und Verwirrung: Das Bewusstsein, dass die Ereignisse außerhalb Ihrer Kontrolle liegen.

❭ Glück: Das Bewusstsein, dass andere Ihre Gefühle teilen.

❭ Angst: Das Bewusstsein, dass der Wandel unmittelbar bevorsteht. Das könnte zu fehlender Akzeptanz gegenüber jedweder Veränderung führen und zum *Nicht-wahrhaben-Wollen*.

❭ Gefahr: Das Bewusstsein, dass die Veränderung sich auf Ihr Kernverhalten auswirken wird.

❭ Schuldgefühl: Das Gefühl, dass Ihr bisheriges Verhalten fragwürdig war. Dies könnte zu dem Bewusstsein führen, dass Ihre Überzeugungen und Werte mit jenen der Organisation unvereinbar sind, und somit zu einem Gefühl der *Ernüchterung und Niederlage*.

❭ Depression: Das Bewusstsein, dass Demotivierung und Verwirrung einsetzen. Das könnte dazu führen, dass man nicht erkennt, wohin die Dinge steuern, sowie zu *Feindseligkeit*.

❭ Allmähliche Akzeptanz: Das Bewusstsein, dass man etwas Positives unternehmen muss, um allmählich *weiterzukommen*.

Fisher warnt vor den Konflikten, die sich ergeben, wenn man vorhandene Werte und Überzeugungen infrage stellt, sowie vor den Gefahren, zu sehr hineingezogen zu werden in die Emotionalität der Veränderung. Dies könnte dazu führen, wichtige Anzeichen für Gefahr, Angst oder Sorge zu missachten.

DIE PRAKTISCHE ANWENDUNG

Um einem Unternehmen effektiv durch den Übergangsprozess zu helfen, müssen Sie verstehen, wie es seine Vergangenheit, Gegenwart und Zukunft wahrnimmt. Sie müssen es fragen: „Welche Erfahrungen haben Sie in der Vergangenheit mit Veränderungen gemacht? Wie sind Sie damit umgegangen? Was können Sie durch die Veränderung verlieren oder gewinnen?" Die Wahrnehmung können Sie vielleicht nicht ändern, konzentrieren Sie Ihre Bemühungen daher darauf, die Folgen für das

Unternehmen selbst mit ihm durchzugehen. Raten Sie zur Selbstreflexion und zur Analyse, warum es diese Auffassung von sich hat.

Smith Brothers Engineering hatte sich einen guten Namen für technisch hochwertige Komponenten nach Maß für die Luftfahrtindustrie gemacht, wobei 80 Prozent ihrer Aufträge von einem Kunden kamen. Aufgrund eines Auftragsrückgangs waren sie unglücklicherweise von der Schließung bedroht.

Ihr Problem lag darin, dass weder Management noch Belegschaft sich ein angemessenes Bild von der Zukunft machen konnten. Ihnen allen war bewusst, dass die Veränderung unabdingbar war, dennoch hatten sie die offene Diskussion, wie man diese bewerkstelligen soll, vermieden. Dadurch konnten Gerüchte in Umlauf geraten und Sorgen und Verwirrung entstehen.

Gelöst wurde das Problem, indem alle entlassen wurden. Diejenigen, die bereit dazu waren, konnten ihre Abfindungen in eine Arbeitnehmergesellschaft einbringen. Das Unternehmen vermietete Räumlichkeiten und Ausrüstung an diese Gesellschaft, die vorhandene Aufträge für die Luftfahrt abarbeitete, aber auch die Freiheit besaß, Verträge mit anderen Firmen verhandeln zu können.

Für alle Beteiligten im Geschäft war dies ein massiver Kulturschock. Doch da die Arbeitnehmergesellschaft noch immer Bestand hat, war es genau die richtige Entscheidung.

FRAGEN, DIE SIE SICH STELLEN SOLLTEN

- Wie gut konnte ich die Menschen dazu bewegen, über ihre vergangenen, gegenwärtigen und potenziellen zukünftigen Erfahrungen nachzudenken?

- Gehe ich effektiv mit den Gefühlen der Furcht oder der Feindseligkeit um, die Menschen Veränderungen entgegenbringen?

7. ZUSAMMEN ARBEITEN

EINFÜHRUNG

V on Natur aus sind Menschen keine Teamarbeiter. Wenn Sie in einer der großartigen Dokumentationen über Wildtiere von David Attenborough ein Rudel Wölfe beobachten, wie es ein schwächeres Mitglied einer Büffelherde isolieren und anschließend die Beute zur Strecke bringen kann, denken Sie vielleicht, wir könnten eine Menge darüber lernen, wie andere Lebewesen als Team funktionieren. Sehen Sie demselben Rudel dabei zu, wie es brutal um ein kleines Stück Futter kämpft, mögen Sie anderer Meinung sein.

Um einen Grund dafür zu finden, warum Menschen als Mitglied eines Teams arbeiten sollten, benötigen sie einen gemeinsamen Zweck und ein Identitätsgefühl. Nimmt man eine Gruppe von Menschen, die zusammen in einem Aufzug sind, dann denken und handeln sie wie Individuen. Erzeugt man eine Krisensituation (eine Störung oder ein Feuer), wird der Drang zu überleben zum gemeinsamen Zweck und jeder Einzelne nimmt eine Rolle ein (Tröster, Problemlöser und so weiter). Sich von einem Team, das irgendwie einigermaßen funktioniert, weiterzuentwickeln zu einem effektiven Team, das optimale Leistungen erbringt, ist ein Prozess, der Verständnis, Verpflichtung und großartige Führung voraussetzt.

In diesem Kapitel möchte ich drei Komponenten dieses Prozesses untersuchen. Zu Beginn betrachten wir Belbins Theorie über die Rollen, die in einem effektiven Team vergeben sein müssen. Anschließend erarbeiten wir Tuckmans Theorie über den Prozess, den ein Team durchlaufen muss, um effektiv zu werden. Vervollständigt wird dieses Kapitel durch die Untersuchung der Auswirkungen, die bestimmte Persönlichkeitstypen in ihrer Funktion als Teamleiter auf die Leistung haben können. Ein Verständnis für die Funktionsweise dieser drei Theorien zu entwickeln sowie für die gemeinsamen Einsatzmöglichkeiten, um ein gutes Team zusammenzustellen, ist das, worin ein guter Coach das Unternehmen unterstützen sollte.

THEORIE 74

MEREDITH BELBIN:
TEAMROLLEN

Setzen Sie diese Theorie ein, wenn Sie der Organisation
die Rollen, die Menschen innerhalb eines Teams
übernehmen, begreiflich machen möchten.

Der Grundgedanke hinter Meredith Belbins Arbeit ist relativ einfach: Damit
ein Team erfolgreich ist, müssen Teammitgliedern bestimmte Funktionen
oder Rollen zugewiesen werden. Damit Teamarbeit effektiv stattfinden
kann, müssen bestimmte Rollen besetzt sein.

DIE TEAMROLLEN NACH BELBIN SIND:

❭ **Der Koordinator/Integrator** bestimmt die Tagesordnung in Bespre-
chungen, klärt die Zielvorgaben des Teams, setzt Prioritäten und er-
möglicht Diskussionen.
❭ **Der Macher** treibt das Team an, die Ziele zu verfolgen, vermittelt Dring-
lichkeit und sorgt dafür, dass der Schwung erhalten bleibt.
❭ **Der Neuerer** entwickelt originelle Ideen.
❭ **Der Beobachter** analysiert, wozu sich das Team verpflichtet, und misst
objektiv den Fortschritt.
❭ **Der Umsetzer** setzt die Strategie in die Tat um.
❭ **Der Wegbereiter** beschafft die notwendigen Ressourcen und kund-
schaftet aus, was der Gegner vorhat.
❭ **Der Teamarbeiter** hilft, zwischenmenschliche und arbeitsbezogene
Probleme innerhalb des Teams zu regeln, und er bringt das Team zu-
sammen.
❭ **Der Perfektionist** nimmt gegen Ende des Projektes eine Schlüsselrolle
ein, wenn einzelne Mitglieder schwächeln und die Feinheiten heraus-
gearbeitet werden müssen.

❭ **Der Spezialist** steuert technische Fachkenntnisse in den entscheidenden Bereichen bei.

Belbin gibt zu bedenken, dass gelegentlich erwartet wird, mehr als eine Rolle zu übernehmen, vor allem in kleineren Teams. Eine Doppelung bestimmter Rollen kann jedoch zu einer Konfliktsituation innerhalb des Teams führen.

Der Film „Gesprengte Ketten" von 1963 beruht auf einer wahren Begebenheit über ein bestimmtes Kriegsgefangenenlager, das 1944 von den Deutschen errichtet wurde und in dem aufrührerische Kriegsgefangene untergebracht waren. Durch den gemeinsamen Zweck der Flucht beginnen die Gefangenen wie ein Team zusammenzuarbeiten: Major Bartlett (gespielt von Richard Attenborough) koordiniert die Aktivitäten; Captain Hilts (Steve McQueen) erweist sich als Triebfeder hinter dem Fluchtwunsch der anderen; Lt. Velinski (gespielt von Charles Bronson) ist der Fachmann für den Tunnelbau; Lt. „Der Schnorrer" Hendley (James Garner) beschafft das Material, das sie brauchen; und Lt. Blythe (gespielt von Donald Pleasence) ist für die gefälschten Pässe zuständig.

DIE PRAKTISCHE ANWENDUNG

Betonen Sie der Organisation gegenüber, wie wichtig es ist, Vorgänge kontinuierlich zu analysieren und sowohl Probleme als auch deren Ursachen zu identifizieren. Dazu können zählen:

• Bei mangelnder Kenntnis, wo das Team zu einem bestimmten Moment steht und was unternommen werden muss, um voranzukommen, fragen Sie, ob das Team den richtigen *Koordinator* hat.

• Wenn nicht klar genug definiert ist, welche Zielvorgaben das Team hat und wie man diese erreichen will, und wenn der Koordinator keine Schuld trägt, dann muss man den *Macher* unter die Lupe nehmen.

• Fehlt es an der Fähigkeit, neue Ideen zu entwickeln, fragen Sie, was der *Neuerer* des Teams tut.

Raten Sie dem Team deshalb: Wenn es ein Problem innerhalb des Teams erkennt, muss es angepackt werden. Eine schlechte Performance zu bewältigen, ist kein Spaziergang und Sie müssen verdeutlichen, dass letzten Endes sogar der Ausschluss eines Mitglieds aus dem Team nötig sein kann. Bitte erinnern Sie die Organisation übrigens nicht daran, dass im Film die meisten Geflüchteten gefangen genommen und erschossen wurden!

FRAGEN, DIE SIE SICH STELLEN SOLLTEN

> • Hat das Team die richtige Mischung von Leuten, um effektiv zu arbeiten?
>
> • Was muss auch ich als Coach des Teams tun, um sicherzugehen, dass alle Teamrollen besetzt sind?

THEORIE **75**

BRUCE TUCKMAN: DAS PHASENMODELL FÜR DIE TEAMENTWICKLUNG

Setzen Sie diese Theorie ein, wenn Sie der Organisation vermitteln möchten, in welchem Entwicklungsstadium sich das Team befindet.

Bruce Tuckman beschreibt in seinem Modell, dass Teams fünf Phasen eines Entwicklungsprozesses durchlaufen müssen, bevor ein voll funktions- und leistungsfähiges Team entsteht. Die Phasen sind:

DIE EINZELNEN PHASEN KÖNNEN WIE FOLGT ZUSAMMENGEFASST WERDEN:

❭ **Forming:** In der Findungsphase beginnen die Mitglieder, miteinander zu interagieren, und sie versuchen herauszufinden, was von ihnen erwartet wird. Aufregung und Begeisterung mischen sich mit Angst und Unsicherheit.

❭ **Storming:** In der Auseinandersetzungsphase kommen persönliche Ansichten ans Licht und es treten Konflikte auf. Einige Mitglieder behaupten sich und beginnen, die Autorität der Führungskraft infrage zu stellen, während andere einfach mitziehen.

❭ **Norming:** In der Regelungsphase findet die Gruppe Möglichkeiten, Konflikte zu lösen, und sie beginnt, sich zu einer Einheit zu entwickeln. Kritik wird konstruktiv formuliert und die Mitglieder beginnen, miteinander zu kooperieren.

❭ **Performing:** In der Leistungsphase wachsen das Selbstvertrauen der Gruppenmitglieder und ihr gegenseitiges Vertrauen, während das Leistungsniveau insgesamt steigt.

❭ **Adjourning:** Nach Abschluss der Aufgabe löst sich das Team auf. In dieser Phase empfinden die Teammitglieder das je nach Ausgang entweder als Verlust oder als Genugtuung. Auch Erleichterung oder Traurigkeit können auftreten.

Tuckman unterstreicht, wie wichtig es ist, das Team gleich zu Beginn der Findungsphase zu lenken. Eindeutig formulierte Ziele und Rollen sind ein wesentlicher Faktor bei der Bestimmung, ob die vorherrschenden Emotionen von Begeisterung oder von Angst hervorgerufen werden.

DIE PRAKTISCHE ANWENDUNG

Tuckmans erster Vorname lautete Bruce, sein zweiter Wayne. Im Jargon der Teambildung könnte man ihn zweifellos als *Superhelden* bezeichnen! Wie die Organisation in den einzelnen Phasen des Teambildungsprozesses reagieren sollte, finden Sie hier:

• Sobald die Gruppe sich in der *Findungsphase* befindet, raten Sie dem Unternehmen, dass sich der Teamleiter mit den Gruppenmitgliedern sowohl einzeln als auch im Team treffen muss, um die allgemeinen „Spielregeln" für die gemeinsame Arbeit auszuhandeln. Bei dieser Besprechung sollte der Leiter erläutern, was er vom Team erwartet, und alle Fragen der Teammitglieder beantworten.

• In der *Storming*-Phase sollten Sie das Unternehmen darüber informieren, dass Konflikte über Werte und das Infragestellen der Autorität des Teamleiters zu erwarten sind. Werden die Meinungsverschiedenheiten zu hitzig, raten Sie dem Teamleiter, ruhig zu bleiben und die Vorfälle, wenn sie auftreten, bestimmt anzugehen. Mit aggressivem oder passivem Verhalten kann er nicht viel erreichen.

• Hat der Manager die *Storming*-Phase effektiv bewältigt, tritt das Team in die *Norming*-Phase ein und beginnt, eigene Möglichkeiten zu entwickeln,

wie es Meinungsverschiedenheiten regelt. Empfehlen Sie dem Teamleiter, sich nun allmählich zurückzuziehen, denn dies wäre der richtige
Zeitpunkt.

- Ist alles nach Plan verlaufen, wird das Team beginnen, in der *Performance*-Phase als Einheit zu agieren. Das Unternehmen sollte den Ablauf
wachsam beobachten. Allerdings sollten Sie betonen, dass es wichtig ist,
dem Teamleiter und seinem Team Handlungsspielraum einzuräumen.
Unterlaufen dem Team Fehler, muss das Unternehmen nicht zwingend
besorgt sein. Es kann das Team aber dabei unterstützen, aus diesen
Fehlern zu lernen.

- Wenn die Aufgabe abgeschlossen ist, feiern Sie die Erfolge des Teams
und erkennen Sie die Leistungen aller an. Raten Sie dem Unternehmen,
das auch dann zu tun, wenn das oberste Ziel des Teams nicht erreicht
wurde.

FRAGEN, DIE SIE SICH STELLEN SOLLTEN

- **Weiß ich, in welchem Entwicklungsstadium sich das Team
befindet?**

- **Was kann ich tun, um es durch die nächste Phase zu
begleiten?**

THEORIE **76**

ICHAK ADIZES: PERSÖNLICHKEITSSTILE IM TEAMMANAGEMENT

Setzen Sie diese Theorie ein, um dem Unternehmen zum richtigen Mix an Fähigkeiten zur Leitung von Teams zu verhelfen.

Ichak Adizes erörterte, dass Rollen im Teammanagement in vier verschiedene Persönlichkeitsstile einzuordnen sind (*Produzent, Administrator, Unternehmer* oder *Integrator*). Diese lassen sich bezüglich ihrer Perspektive (intern oder extern) sowie ihrer Ergebnisse (kurz- oder langfristig) abbilden und wie folgt darstellen:

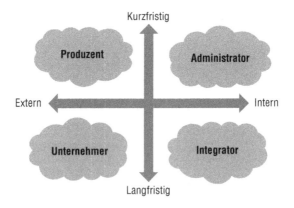

DIE EINZELNEN STILE KÖNNEN WIE FOLGT ZUSAMMENGEFASST WERDEN:

❱ **Der Produzent:** Das sind tatkräftige, aktive Menschen, die sich darauf konzentrieren, greifbare Ergebnisse zu erzielen. Feinplanung, Unklarheiten oder abstraktes Denken lehnen sie ab.

❭ **Der Administrator:** Das sind ruhige, vorsichtige Menschen, die alle Einzelheiten von Prozessen und Verfahren kennen müssen, bevor sie sich selbst
einbringen können. Ihnen missfallen Unklarheiten oder Ungewissheit.
❭ **Der Unternehmer:** Das sind einfallsreiche und charismatische Personen,
die sich auf neuartige Herausforderungen und aufregende Chancen konzentrieren. Sie gehen oftmals als Träumer durch; sind schnell gelangweilt.
❭ **Der Integrator:** Diese Personen können gut organisieren und interne
Konflikte lösen. Da sie sich oftmals um die persönlichen Angelegenhei-
ten der Teammitglieder kümmern, lassen sie sich leicht von der Aufgabe
ablenken.

Adizes macht deutlich, auch wenn die meisten Mitarbeiter Eigenschaften der einzelnen Stilrichtungen entwickeln, kann niemand in allen vier
Bereichen gleich stark sein. Jeder hat mindestens einen dominanten Stil,
manchmal sogar einen zweiten, der beinahe genauso stark ausgeprägt
ist wie der vorherrschende.

DIE PRAKTISCHE ANWENDUNG

Beim letzten Eintrag des Buches angekommen, gibt es wirklich aufregende Neuigkeiten: Man hat entschieden, dieses Buch zu verfilmen! George Clooney (hey, es ist schließlich mein Buch!) soll die Rolle des Autors
übernehmen und Uma Thurman die der Lektorin. Nun müssen wir einen
Regisseur wählen. Die Kandidaten (mit der Typisierung nach Adizes) sind:

• **Woody Allen** (*Produzent*): Schauspieler beschwerten sich über Allens
kaltes und unnahbares Auftreten.

• **Alfred Hitchcock** (*Administrator*): Hitchcock demonstrierte eindrucks-
voll, dass er der Meister der Detailgenauigkeit war. Jede einzelne Einstellung eines Filmes skizzierte er selbst im Vorfeld, und er überließ
nichts dem Zufall.

• **Walt Disney** (*Unternehmer*): Walt Disney war sowohl kreativ als auch
Perfektionist. Seine legendäre Aussage „Wenn du es träumen kannst,
kannst du es auch erreichen" trifft auf viele seiner Filme zu.

- **Quentin Tarantino** (*Integrator*): Tarantino suchte sich seine Hauptdarsteller nach folgendem Kriterium aus: Genoss er ihre Gesellschaft beim Mittagessen, dann waren sie dabei.

Nutzen Sie das Modell und die Analogie der Regisseure, um zu beschreiben, wie verschiedene Persönlichkeitstypen sich auf die Leistung des Unternehmens auswirken können. Im Folgenden finden Sie zwei wesentliche Punkte, die bei der Nutzung dieses Modells zu betonen sind:

- Wundern Sie sich nicht, wenn der von Ihnen gecoachte Manager kein Naturtalent in allen vier Stilen ist. Es ist kein Anzeichen für etwaige Schwächen. Tatsächlich könnte es sogar von Nutzen sein, ihn bei der Entwicklung seines vorherrschenden Stils zu unterstützen, anstatt ihn zu einem Allrounder werden zu lassen.

- Wenn Sie einen Teamleiter coachen, dem eindeutig einige der vom Unternehmen benötigten Qualitäten fehlen und dem es an der Fähigkeit mangelt, sich an den erforderlichen Stil anzupassen, dann muss er sich dieser Tatsache stellen und versuchen, das Unternehmen davon zu überzeugen, ihn mit jemandem arbeiten zu lassen, der seinen Stil ergänzt. Ist das möglich und soll diese Maßnahme wirkungsvoll sein, dann muss jeder Partner die unterschiedlichen Werte und Prioritäten des anderen respektieren und anerkennen, dass unterschiedliche Stile verschiedene Taktiken einsetzen, um zu einem gewünschten Ergebnis zu kommen.

Und dann teilen Sie mir bitte noch mit, wen wir Ihrer Meinung nach als Regisseur wählen sollten (ja, ich weiß, einige von ihnen leben nicht mehr). Meine Oscar-Dankesrede ist jedenfalls schon geschrieben.

FRAGE, DIE SIE SICH STELLEN SOLLTEN

- Hat der von mir gecoachte Manager den richtigen, im Unternehmen benötigten Stil?

ZUSAMMENFASSUNG VON TEIL 3

I m dritten Teil des Buches habe ich versucht, Theorien vorzustellen, die einen Einfluss auf die Art haben können, in der die Organisation auf operative Bedürfnisse reagiert. Gerade die Fähigkeit einer angemessenen Reaktion ist für viele Theoretiker die Besonderheit, die eine *lernende Organisation* kennzeichnet. Die drei Modelle der *lernenden Organisation* beschreiben, wie Unternehmen ihre Organisationsstrukturen in einer Weise entwickeln und Mitarbeiter weiterbilden, die Klarheit, Engagement und Wettbewerbsfähigkeit fördert.

Die Einträge zum Coaching von Organisationen im Hinblick auf das Management der Unternehmenskultur, Strategie, Qualität, des Wandels und von Teams wurden so präsentiert, dass Sie analysieren können, was zu unternehmen und wie es zu bewerkstelligen ist.

Die Kernaussagen aus diesem Teil des Buches sollen die Organisation davon überzeugen,

- dass ihre Fähigkeit, schneller als die Mitbewerber zu lernen, der einzige nachhaltige Wettbewerbsvorteil sein könnte, den sie hat,

- dass es von enormer Bedeutung ist, eine eindeutige Vision zu haben, wo das Unternehmen hinsteuern soll, und jeden auf die Reise dorthin mitzunehmen,

- dass sie sichergehen soll, die Vision des Unternehmens in einer knappen Absichtserklärung auszudrücken,

- wenn Änderungen an der Vorgehensweise der Organisation notwendig sind, nach den unterstützenden Werten und Annahmen zu suchen, die die Menschen mit dem Unternehmen in Verbindung bringen,

- dass es eine äußerst aufschlussreiche Übung sein kann, Mitarbeiter dazu zu bewegen, ihre Ansichten über die Organisation anhand einer Metapher auszudrücken,

- dass das Erreichen einer Vision, wie die Organisation aussehen könnte, mehr einer Reise denn einer Bestimmung gleicht,

- dass durch Veränderungen an einem Aspekt andere Aspekte positiv oder negativ beeinflusst werden,

- dass sämtliche Pläne für den Wandel die Ideen von Mitarbeitern, wie die Organisation aussehen sollte, miteinbeziehen und respektieren sollten,

- den Mitarbeitern nicht zu vermitteln, dass Wandel etwas ist, das ihnen widerfährt,

- dass 80 Prozent ihrer Probleme wahrscheinlich von 20 Prozent ihrer Mitarbeiter ausgehen,

- dass 80 Prozent ihres Umsatzes wahrscheinlich von 20 Prozent ihrer Kunden ausgehen,

- dass der Weg von der Ungewissheit zur Gewissheit bezüglich der Produkt- und Dienstleistungsqualität in einem Unternehmen über die Stationen Aufwachen, Erleuchtung und Weisheit führt,

- dass jeder Einzelne in einem Unternehmen für die Qualitätsverbesserung seinen Beitrag leisten muss,

- dass Teams wesentliche Entwicklungsphasen durchlaufen und sie wissen muss, in welcher Phase sich ihre Teams befinden,

- dass je nach Managementstil andere Taktiken eingesetzt werden, um verschiedene Ergebnisse zu erzielen.

SCHLUSSWORT
ZUM COACHING

SCHLUSSWORT ZUM COACHING

Ich hoffe, Sie sind in diesem Buch fündig geworden und können das ein oder andere einsetzen, entweder als Manager oder als Coach. Die folgenden, allgemein gehaltenen Tipps aus den verschiedenen Kapiteln sollen Ihnen dabei helfen.

- **Klären Sie die Rolle:** Legen Sie fest, wer was wann wo und wie tut. Besprechen Sie mit den von Ihnen gecoachten Personen, welche Erwartungen Sie voneinander haben. Einigen sie sich auf die Grundregeln und stecken Sie die Grenzen der Coaching-Beziehung ab.

- **Organisieren Sie Ziele und Zielvorgaben:** Bewegen Sie die Menschen, mit denen Sie arbeiten, dazu, eine Vision ihres möglichen Ichs zu entwickeln, und definieren Sie Ziele, die ihnen bei der Realisierung dieser Vision helfen. Die Ziele sollten SMART sein (spezifisch, messbar, annehmbar, realistisch und terminiert). Achten Sie darauf, Sitzungs- und langfristige Ziele zu vereinbaren.

- **Handeln Sie mit Überzeugung:** Wählen Sie die besten Methoden für das Coaching einer Einzelperson/Gruppe aus. Vielleicht müssen Sie sie anleiten, ihr zeigen, was zu tun ist, Möglichkeiten vorschlagen, wie sie etwas erreichen kann, oder sie anregen, es selbst zu versuchen. Unabhängig von der gewählten Methode, bleiben Sie mit Überzeugung und Engagement am Ball.

- **Vergewissern Sie sich, dass die Erwartungen erfüllt werden:** Das sollten Sie nicht nur auf das Ende einer Coaching-Sitzung beschränken: Vielmehr sollten Sie immer wieder auch während einer Sitzung Rücksprache halten. Fordern Sie nicht nur zum Ergebnis, sondern auch hinsichtlich des verwendeten Verfahrens Feedback ein, und seien Sie bereit, bei Bedarf Änderungen vorzunehmen.

- **Haben Sie eine Strategie zur Hand für den Umgang mit Rückschlägen:** Sie müssen akzeptieren, dass auch schlimme Dinge geschehen. Dazu gehört zum Beispiel auch, dass es an Ressourcen mangelt, um einen Kunden zu unterstützen, dass man mit Konflikten umgehen oder feststellen muss, dass die eigenen Ideen und Methoden auf Widerstand stoßen. Wie Sie diese Ereignisse angehen, definiert Ihre Persönlichkeit als Mensch und auch als Coach. Darüber nachzudenken, warum Schlechtes eintritt und was Sie beim nächsten Mal unternehmen können, um das zu verhindern, ist wichtig. Die Fähigkeit, schnell zu reagieren und sich mit diesen Schwierigkeiten dann zu befassen, wenn sie auftreten, ist jedoch ebenso bedeutend.

- **Fördern Sie das kreative Denken:** Ermutigen Sie die von Ihnen gecoachte Person, unkonventionell zu denken. Geniale Ideen oder Lernerfahrungen entstehen selten, wenn Menschen tagein, tagaus das Gleiche tun. Menschen zu coachen, um ihre Kompetenz zu erhöhen, ist okay. Aber der wirkliche Wert liegt darin, sie dabei zu unterstützen, kreativ zu werden.

- **Haben Sie niemals Versagensängste:** Wenn die von Ihnen gecoachte Person bei einer Aufgabe scheitert, bedeutet das nicht, dass Sie oder die Person Versager sind: Die Aufgabe wurde nicht erfüllt – das ist alles. Bringen Sie sie dazu, zu analysieren, wie es dazu kommen konnte und was sie beim nächsten Mal anders machen kann. Wenn sie erneut an der Aufgabe scheitert, dann besser als vorher. Achten Sie darauf. Liegt das Versagen an Ihrem Coaching, ist es an Ihnen, zu analysieren, was Sie verändern müssen.

- **Lernen Sie die Person kennen, die Sie coachen:** Bauen Sie eine Beziehung auf, die auf Vertrauen und Respekt beruht. Ist das der Fall, können Sie die Person herausfordern, ihr schwierige Aufgaben oder provokante Fragen stellen – wobei sie sich sicher sein kann, dass es in guter Absicht passiert.

Ich hoffe, Sie haben es ebenso sehr genossen, dieses Buch zu lesen, wie ich, es zu schreiben. Gerne können Sie mir Ihre Gedanken und Anregungen per E-Mail zukommen lassen: **saddlers9899@aol.com**.

WEITERFÜHRENDE
LITERATUR

WEITERFÜHRENDE LITERATUR   337

WEITERFÜHRENDE LITERATUR

THEORIE 1: Knowles, M. (1988): *The Modern Practice of Adult Education: From Pedagogy to Andragogy*, Cambridge Book Company, Cambridge, UK.

THEORIE 2: Fleming, N.D. (2001): *Teaching and Learning Styles*, VARK-Learn, Honolulu.

THEORIE 3: Kolb, D. (1984): *Experiential Learning: Experience as the Source of Learning and Development*, Prentice-Hall, Englewood Cliffs, New Jersey.

THEORIE 4: Myers, I.B. und Briggs, K. (1975): *The Myers-Briggs Type Indicator*, Consulting Psychologist Press, Palo Alto, California.

THEORIE 5: Keller, J.M. (2010): *Motivational Design for Learning and Performance: The ARCS Model Approach.* Springer, New York.

THEORIE 6: McGregor, D. (1985): *The Human Side of Enterprise.* McGraw-Hill, New York.

THEORIE 7: Herzberg, F. (1966): *Work and the Nature of Man.* World Publishing, Cleveland.

THEORIE 8: Argyle, M. (2004): *Bodily Communication* (2nd edn), Routledge, East Sussex.

THEORIE 9: Berne, E. (1964): *Games People Play: The Psychology of Human Relationships.* Penguin, London.

THEORIE 10: Luft, J. und Ingram, H. (1955): *The Johari Window: A Graphic Model of Interpersonal Awareness*, Proceedings der Western Training Laboratory in Group Development, UCLA Extension Office, Los Angeles.

THEORIE 11: Bloom, B.S., Engelhart, M.D., Furst, E.J. et al. (1956): *Taxonomy of Educational Objectives: The Classification of Educational Goals. Handbook I: Cognitive Domain,* David McKay Company, New York.

THEORIE 12: Dave, R.H. (1970): „Psychomotor levels", in: Armstrong, R.J. (ed.) *Developing and Writing Behavioral Objectives,* Educational Innovators Press, Tuscon, Arizona.

THEORIE 13: Krathwohl, D., Bloom, B.S. und Masia, B.B. (1973): *Taxonomy of Educational Objectives: The Classification of Educational Goals. Handbook II: Affective Domain,* David McKay Company, New York.

THEORIE 14: Pavlov, I. (2003): *Conditioned Reflexes,* Dover Publications, Mineola, New York.

THEORIE 15: Guthrie, E.R. (1959): „Association by contiguity", in: Koch, S. (ed.) *Psychology: A Study of a Science,* Vol. 2, McGraw-Hill, New York. S. 158–95.

THEORIE 16: Merton, R.K. (1968): *Social Theory and Social Structure,* Free Press, New York.

THEORIE 17: Maslow, A.H. (1943): „A theory of human motivation", *Psychological Review* 50(4), S. 370–96.

THEORIE 18: Rogers, C. (2004): *On Becoming a Person,* Constable, London.

THEORIE 19: Mezirow, J. (1997): „Transformative Learning: Theory to Practice", *New Directions for Adult and Continuing Education* 74, 5–12.

THEORIE 20: Barber, P. (2001): *Researching Personally and Transpersonally: A Gestalt Approach to Facilitating Holistic Inquiry and Change in Groups and Organisations,* Work Based Learning, School of Educational Studies, University of Surrey, Guildford.

/

THEORIE 21: Pribram, K., Miller, G.A. und Gallanter, E. (1960): *Plans and Structure of Behaviour*, Holt, Rinehart & Winston, New York.

THEORIE 22: Bandura, A. (1977): *Social Learning Theory*, General Learning Press, New York.

THEORIE 23: Hebb, D.O. (1949): *The Organization of Behavior: A Neuropsychological Theory*, Wiley and Sons, New York.

THEORIE 24: Festinger, L. (1957): *A Theory of Cognitive Dissonance*, Harper & Row, New York.

THEORIE 25: Merzenich, M. (2013): *Soft-wired: How the New Science of Brain Plasticity can Change your Life*, (2nd edn.), Parnassus Publishers, San Francisco, California.

THEORIE 26: Lewin, K. (1951): *Field Theory in Social Science: Selected Theoretical Papers*, (Edited by D. Cartwright), Harper & Row, New York.

THEORIE 27: Honey, P. (1994): *101 Ways to Develop Your People Without Even Trying*, Peter Honey Publications, Maidenhead.

THEORIE 28: Hare, R.D. (2003): *The Psychopathic Checklist – Revised*, (2nd edn.), Multi-Health Systems, Toronto.

THEORIE 29: Bandler, R. und Grinder, J. (1979): *Frogs into Princes*, Real People Press, Moab, Utah.

THEORIE 30: Bateson, G. (1973): *Steps to an Ecology of Mind*, Paladin Press, Boulder, Colorado.

THEORIE 31: Broadbent, D. (1958): *Perception and Communication*, Pergamon, Oxford.

THEORIE 32: Brounstein, M. (2000): *Coaching and Mentoring for Dummies*, Wiley Publishing, Hoboken, New Jersey.

THEORIE 33: Costa, A. und Kallick, B. (1983): „Through the Lens of a Critical Friend", *Educational Leadership* 51(2): 49–51.

THEORIE 34: De Bono, E. (1978): *Teaching Thinking*, Penguin, Harmondsworth. De Bono, E. (1985): *Six Thinking Hats*, Little, Brown and Company, New York.

THEORIE 35: Dilts, R. (1994): *Strategies of Genius Volume 1*, Meta Publications, Capitola, California.

THEORIE 36: Egan, G. (2014): *The Skilled Helper: A Problem Management and Opportunity-Development Approach to Helping*, (10th edn.), Brooks-Cole, Belmont, California.

THEORIE 37: Fournies, F.F. (2000): *Coaching for Improved Work Performance*, McGraw-Hill, New York.

THEORIE 38: Gallwey, T. (1986): *The Inner Game of Tennis*, Pan McMillan, London.

THEORIE 39: Gardner, H. (1993): *Multiple Intelligence: The Theory in Practice*, Basic Books, New York.

THEORIE 40: Gilbert, A. und Whittleworth, K. (2010): *The OSCAR Coaching Model*, Worth Consulting Ltd, Monmouth, Wales.

THEORIE 41: Goleman, D. (1998): *Working with Emotional Intelligence*, Bloomsbury, London.

THEORIE 42: Grimley, B. (2013): *Theory and Practice of NLP Coaching*, Sage, London.

THEORIE 43: Grinder, J., Bandler, R. und Delozier, J. (1977): *Patterns of the Hypnotic Techniques of Milton Erickson Volume II*, Meta Publications, Capitola, California.

THEORIE 44: Hale, R. und Hutchinson, E. (2012): *Understanding Coaching and Mentoring*, MX Publishing, London.

THEORIE 45: Hawkins, P, (2006): *Coaching, Mentoring and Organizational Consultancy*, McGraw-Hill, Maidenhead.

THEORIE 46: Kabat-Zinn, J. (2004): *Wherever You Go, There You Are: Mindfulness Meditation for Everyday Life*, Piatkus Books, London.

THEORIE 47: Landsberg, M. (2003): *The Tao of Coaching*, Profile Books, London.

THEORIE 48: Lane, D. und Corrie, S. (2006): *The Modern Scientist-Practitioner: A Guide to Practice in Psychology*, Routledge, East Sussex.

THEORIE 49: McLeod, A. (2006): *Performance Coaching*, Crown House *Publishing*, Bancyfelin, Wales.

THEORIE 50: McPhedran, A. (2009): „Turning Ideas Into Reality", **www .trainingjournal.com** (abgerufen am: 15. August 2014).

THEORIE 51: Parsloe, E. und Wray, M. (2008): *Coaching and Mentoring: Practical Methods to Improve Learning*, Kogan Page, London.

THEORIE 52: Rogers, J. (2004): *Coaching Skills: A Handbook*, McGraw-Hill, Maidenhead.

THEORIE 53: Satir, V. (1988): *The New Peoplemaking*, Science and Behavior Books, Palo Alto, California.

THEORIE 54: Sweller, J. (1994): „Cognitive Load Theory: Learning difficulty, and instructional design", *Learning and Instruction* 4(4): S. 295–312.

THEORIE 55: Whitmore, J. (1998): *Coaching for Performance*, Nicholas Brealey, London.

THEORIE 56: Adair, J. (1979): *Action Centred Leadership*, Gower, Farnham, UK.

THEORIE 57: Bass, B.M. (1985): *Leadership and Performance Beyond Expectations*, Free Press, New York.

THEORIE 58: Boyatzis, R.E. (2013): „Coaching With Compassion: Inspiring health, well-being, and development in organizations", *The Journal of Applied Behavioral Science* 49(2): S. 153–78.

THEORIE 59: Pedlar, M., Burgoyne, J. und Boydell, T. (1997): *The Learning Company*, McGraw-Hill, Berkshire.

THEORIE 60: Argyris, C. und Schön, D. (1974): *Theory in Practice: Increasing Professional Effectiveness*, Jossey-Bass, San Francisco.

THEORIE 61: Senge, P. (1992): *The 5th Discipline*, Century Business, London.

THEORIE 62: Schein, E.H. (1992): *Organizational Culture and Leadership*, Jossey-Bass, San Francisco.

THEORIE 63: Steinhoff, C. und Owens, R. (1989): „The Organizational Culture Assessment Inventory: A metaphorical analysis in educational settings", *The Journal of Educational Administration* 27(3): S. 17–23.

THEORIE 64: Handy, C. (1996): *The Gods of Management*, Oxford University Press, New York.

THEORIE 65: Johnson, G. und Scholes, K. (2005): *Exploring Corporate Strategy* (7th edn.), Financial Times Prentice Hall, Harlow, Essex.

THEORIE 66: Waterman, R.H., Peters, T.J. und Phillips, J.R. (1980): „Structure is not an organization", *Business Horizons* 23(3), S. 14–26.

THEORIE 67: Booms, B.H. und Bitner, M.J. (1981): „Marketing strategies and organisation structures for service firms", in: Donnelly, J. und George, W.R. (eds.), *Marketing of Services*, American Marketing Association, Chicago, Illinois, S. 47–51.

THEORIE 68: Juran, J. (1951): *Quality Control Handbook*, McGraw-Hill, New York.

THEORIE 69: Deming, W.E. (2000): *Out of Crisis*, MIT, Cambridge, Massachusetts.

THEORIE 70: Crosby, P. (1980): *Quality is Free*, Penguin, London.

THEORIE 71: Kotter, J.P. (1990): *A Force for Change: How Leadership Differs from Management*, Free Press, New York.

THEORIE 72: Kübler-Ross, E. (1969): *On Death and Dying*, Macmillan, Toronto.

THEORIE 73: Fisher, J.M. (2003): *The Process of Transition and the Transition Curve*, siehe **www.businessballs.com** [abgerufen am: 1. Dezember 2014].

THEORIE 74: Belbin, R.M. (1993): *Team Roles at Work*, Butterworth Heinemann, Oxford.

THEORIE 75: Tuckman, B.W. (1965): „Development sequences in small groups", *Psychology Bulletin* 3(6). S. 384–99.

THEORIE 76: Adizes, I. (1991): *Corporate Lifecycles*, Liber Publishing, Stockholm.

DANKSAGUNGEN

Ohne eigene Erfahrungen, was die Grundsätze und Methoden des Coaching leisten können, hätte es ein Coach extrem schwer. Daher möchte ich den vielen Menschen danken, die mir wissentlich und unwissentlich mit diesem Buch geholfen haben. Zu ihnen gehören die zahlreichen Coaches – die guten wie die schlechten –, die mein Leben beeinflusst haben.

Sehr gerne erinnere ich mich an Les Still, meinen Sportlehrer in der Schule, der wahrscheinlich der einzige Grund war, warum ich überhaupt bis zum Abitur durchgehalten habe. Ebenso sehr schätzte ich die Unterstützung von Dr. Paul Davies an der Aston University, der mich durch meinen Master-Abschluss gecoacht hat, und von Professor David Hellawell, der das Gleiche während meiner Promotion leistete.

Gleichzeitig möchte ich einen großen Dank an die vielen Personen aussprechen, die ich über die Jahre coachen durfte und die mich so vieles gelehrt haben. Einige sind als Fallbeispiele in dieses Buch eingegangen.

Ich bedanke mich bei Chris Bates für seine Hilfe mit den Grafiken.

Und schließlich geht ein ganz besonderer Dank an Eloise Cook, Lucy Carter und das Team bei Pearson: Euretwegen ist mein Traum, Schriftsteller zu sein, wahr geworden.

Euch allen ein herzliches Dankeschön.

DANKSAGUNGEN DES VERLEGERS

Wir danken den folgenden Personen für die Genehmigung, urheberrechtlich geschütztes Material reproduzieren zu dürfen:

Theorie 3, Abbildung aus *Experiential Learning: Experience as the Source of Learning and Development*, Prentice Hall (Kolb, D.A., 1984), © 1984. Nachdruck und elektronische Verarbeitung mit Genehmigung von Pearson Education, Inc., Upper Saddle River, New Jersey; Theorie 9, adaptierte Abbildung aus *Games People Play: The Psychology of Human Relationships*, Penguin, (Berne, E., 1964); Theorie 17, Abbildung aus „A theory of human motivation", *Psychological Review* 50(4), S. 370–96, (Maslow, A.H., 1943),

Nachdruck mit Genehmigung der American Psychological Association; Theorie 30, Abbildung aus *Changing Belief Systems with Neuro-Linguistic Programming [NLP]*, Meta Publications (Dilts, R., 1990), Meta Publications, P.O. Box 1910, Capitola, CA 95010, USA. E-Mail: metapub@prodigy.net, Website: **www.meta-publications.com**; Theorie 47, Abbildung aus *The Tao of Coaching*, Profile Books (Landsberg, M., 2003), Profile Books Ltd; Theorie 60, Abbildung aus *Theory in Practice: Increasing Professional Effectiveness*, Jossey-Bass (Argyris, C. und Schön, D., 1974), neu veröffentlicht mit Genehmigung von John Wiley & Sons, Inc., Genehmigung vermittelt durch das Copyright Clearance Center, Inc.; Theorie 62, Abbildung aus *Organizational Culture and Leadership*, Jossey-Bass (Schein, E.H., 1992), neu veröffentlicht mit Genehmigung von John Wiley & Sons, Inc., Genehmigung vermittelt durch das Copyright Clearance Center, Inc.; Theorie 66, Abbildung aus „Structure is not an organization", *Business Horizons* 23(3), S. 14–26, (Waterman, R.H., Peters, T.J. und Phillips, J.R., 1980), mit Genehmigung von Elsevier; Theorie 67, Abbildung aus „Marketing strategies and organisation structures for service firms" in *Marketing of Services*, S. 47–51, (Booms, B.H. und Bitner, M.J., 1981 (Hrsg. Donnelly, J. und George, W.R.)), American Marketing Association, neu veröffentlicht mit Genehmigung der American Marketing Association, Genehmigung vermittelt durch das Copyright Clearance Center, Inc.; Theorie 73, Abbildung aus John Fishers Grafik „Prozess des Wandels" (Process of transition), **http://www.businessballs.com/freepdfmaterials/processoftransitionJF2012.pdf**, mit Genehmigung von Businessballs und John M. Fisher.

In manchen Fällen waren die Rechteinhaber des Materials nicht ausfindig zu machen. Daher freuen wir uns über Hinweise, die zu einer Klärung der Urheberrechte führen.

ÜBER DEN AUTOR

Bob Bates war 20 Jahre lang leitender Angestellter im öffentlichen Dienst. In dieser Zeit arbeitete er auch als Beschäftigungs-Coach und Mentor für Menschen mit Behinderungen. Im Jahr 1994 gründete er dann seine eigene Unternehmens- und Fortbildungsberatung, die Arundel Group. Als Unternehmensberater arbeitete er an zahlreichen kommunalen und zentralen Regierungsprojekten sowie mit namhaften Unternehmen der Privatwirtschaft in Großbritannien.

Ende der 1990er-Jahre unterbrach er seine Beratungstätigkeit und übernahm eine Dozentenstelle; in dieser Zeit erwarb er zwei Master-Abschlüsse in Management und erhielt einen Doktortitel in Bildungswesen und Management. Über 1.000 Manager und Lehrer hat er an zwei Universitäten in Master- und Promotions-Studiengängen unterrichtet.

Dies ist Bobs zweites Buch. Sein erstes, „Der 5-Minuten-Manager: Die wichtigsten Management-Theorien auf den Punkt" (Börsenmedien AG, 2014), das er gemeinsam mit Jim McGrath geschrieben hat, stand knapp ein Jahr auf der Sachbuch-Bestsellerliste von WHSmith und wurde in zehn Sprachen übersetzt.

Heute verbindet er das Schreiben mit dem Posten des Vorstandsvorsitzenden einer Wohltätigkeitsorganisation, die Gesundheit und Bildung in Gambia fördert, sowie mit seinem Engagement als Ausbilder für Lehrkräfte in der Erwachsenenbildung und für Coaches und Mentoren im Bewährungsdienst. Aktuell coacht und berät er die Vorsteher eines Dorfes vor Ort in Gambia, wie sie ihr Dorf zur Selbstversorgung hin entwickeln können.

Bob ist per E-Mail unter **saddlers9899@aol.com** zu erreichen.

STIMMEN ZU BOB BATES UND „DER 5-MINUTEN-COACH: DIE WICHTIGSTEN COACHING-MODELLE AUF DEN PUNKT"

„All unsere Manager erhielten ein Exemplar des Buches „Der 5-Minuten-Manager: Die wichtigsten Management-Theorien auf den Punkt". Es ist für uns am Arbeitsplatz zu einer Art Bibel geworden. Über 100 Vollzeit- und freiwillige Coaches, Mentoren und Betreuer arbeiten für YSS, denen wir das Buch wärmstens empfehlen werden."

Lorraine Preece — Vorstand, YSS Training

„Wie schon Bobs erstes Buch sollte dieses zur Pflichtlektüre aller gestressten Manager werden, die das Beste aus ihrer Belegschaft herausholen möchten."

Alan Shaw – Managing Director, Regent Engineering

„Ich habe ein ganzes Bücherregal voller Management- und Coaching-Bücher. Bobs erstes Buch nimmt einen Ehrenplatz ein. Ich freue mich schon auf das nächste."

Jo Morgan – Managing Director, Charlie's Training Academy

„Ein Lesegenuss: Teils lustig, teils traurig geschrieben, regt es doch immer wieder zum Nachdenken an."

Manny Sandhu – Director, Ubique

„Wir werden dieses Buch als Grundlage für unsere Coaching-Sitzungen einsetzen."

John Curtis – CEO, Peer Support Programme

„Mit Bob zu arbeiten war uns eine Freude. In einem gambischen Dorf hat er beim Coaching der Führungsmannschaft wunderbare Arbeit geleistet. Sein Buch habe ich Kollegen an der Universität von Gambia in Banjul als Pflichtlektüre empfohlen."

Ibrahim Jallow – Vorsitzender The Wonder Years Centre of Excellence (Gambia)

„Bob war uns eine Inspiration und eine Unterstützung bei der Bereitstellung eines hochwertigen Coachings und dem Aufbau eines gegenseitigen Unterstützungssystems für ehemalige Soldaten. Ich kann es kaum erwarten, bis sein Buch erscheint."

Len Hardy – Director, The Veterans Contact Point

„Ich würde dieses Buch jedem empfehlen, der eine höhere Ausbildung in Führung und Management absolviert."

Chris Hooper – Training and Development Director, Eurosource Solutions

James McGrath · Bob Bates

Der **5** Minuten Manager

Die wichtigsten
Management-Theorien
auf den Punkt

368 Seiten,
broschiert,
19,99 [D] / 20,59 [A]
ISBN: 978-3-86470-176-4

James McGrath / Bob Bates:
Der 5-Minuten-Manager

James McGrath und Bob Bates stellen die wichtigsten
Management-Ansätze vor, von denen jeder Manager zumindest
einmal gehört haben sollte. Sie erklären, wie sie anzuwenden sind,
und werfen abschließend einige Fragen auf, die der Manager vor
der Anwendung für sich klären sollte. Für alle, die Führungs-
verantwortung haben!

BOOKS4SUCCESS

James McGrath

288 Seiten,
broschiert,
19,99 [D] / 20,59 [A]
ISBN: 978-3-86470-333-1

James McGrath:
Der 5-Minuten-Manager – Praxisbuch

In der Fortsetzung des „5-Minuten-Manager" widmet sich
James McGrath den verschiedensten Bereichen des Manageralltags
und legt dabei den Schwerpunkt auf die alltägliche Praxis im
Unternehmen. Ob Selbst- und Projektmanagement oder Kunden-
und Lieferantenbeziehungen: Praktische Umsetzbarkeit ist Trumpf.

BOOKS 4 SUCCESS